Fachbuch
Klett-Cotta

## Komplexe Krisen und Störungen

*Herausgegeben von Prof. Dr. Günter H. Seidler, Heidelberg, Prof. (apl) Dr. Jonas Tesarz, Heidelberg und Prof. Dr. Annette Streeck-Fischer, Göttingen/Berlin*

Die Reihe setzt sich zur Aufgabe, wichtige psychische Leidenszustände und Störungen in kurzer, überblickshafter und dennoch tiefgehender und wissenschaftlich-umfassender Weise darzustellen. Dazu gehören auch solche, die in den modernen Diagnoseschemata keine Berücksichtigung (mehr) finden, deren Konzepte für ein tieferes Verständnis dennoch wichtig sind.

Die Bände dieser innovativen Reihe bieten hier klinische Orientierung. Große Bedeutung wird der Phänomenologie und der Theorie zum Verständnis des jeweiligen Störungsbildes beigemessen. Die jeweilige Behandlungslehre gibt eine Übersicht über die jeweils in Frage kommenden therapeutischen Möglichkeiten.

Die Autoren sind meist jüngere, in ihren Fachbereichen aber durchaus ausgewiesene ExpertInnen. Adressaten sind die große Zielgruppe der angehenden FachärztInnen unterschiedlicher medizinischer Fachgebiete, insbesondere PsychiaterInnen und PsychosomatikerInnen und Psychologische und Ärztliche PsychotherapeutInnen.

### Die Herausgeber:

*Günter H. Seidler,* Prof. Dr. med., Facharzt für Neurologie und Psychiatrie sowie für Psychosomatische Medizin und Psychotherapie, Lehranalytiker, Gruppen-Lehranalytiker und EMDR-Supervisor. Von 2002 bis 2015 Leiter der Sektion Psychotraumatologie im Zentrum für Psychosoziale Medizin der Universitätsklinik Heidelberg.

*Jonas Tesarz,* Prof. (apl) Dr. med., geschäftsführender Oberarzt der Klinik für Allgemeine Innere Medizin und Psychosomatik am Uniklinikum Heidelberg. Leiter der Station Allgemeine Klinische Medizin (AKM) und der Heidelberger Studienambulanz für Klinische Schmerzforschung der Universitätsklinik Heidelberg.

*Annette Streeck-Fischer,* Prof. Dr. med., war Chefärztin der Abteilung »Klinische Psychotherapie bei Kindern und Jugendlichen« in Tiefenbrunn, ist Psychoanalytikerin, Ärztin für Kinderpsychiatrie und Psychotherapeutische Medizin und Hochschullehrerin an der International Psychoanalytic University Berlin (IPU).

### Die Einzelbände behandeln folgende Themen:

Digitale Störungen bei Kindern und Jugendlichen (Jan van Loh)
Menschen mit Demenz und ihre Angehörigen (Vjera Holthoff-Detto)
Psychosomatik in der Schmerztherapie (Jonas Tesarz)
Ängste bei Kindern und Jugendlichen (Lydia Kruska)
Menschen ohne Obdach (Alex Füller, Sarah Morr)
Weitere Bände in Vorbereitung

Alex Füller, Sarah Morr

# Menschen ohne Obdach

**Reihe Komplexe Krisen und Störungen**

Mit einem Vorwort von Christoph Butterwegge

Klett-Cotta

MIX
Papier aus verantwortungsvollen Quellen
FSC® C083411
www.fsc.org

Klett-Cotta
www.klett-cotta.de

Cover: Bettina Herrmann
unter Verwendung eines Fotos von © istock/Paul Bradbury
Gesetzt von Eberl & Kœsel Studio GmbH, Krugzell
Gedruckt und gebunden von CPI – Clausen & Bosse, Leck
ISBN 978-3-608-98507-8
E-Book: ISBN 978-3-608-12118-6
PDF-E-Book: 978-3-608-20495-7

Bibliografische Information der Deutschen Nationalbibliothek
Die Deutsche Nationalbibliothek verzeichnet diese Publikation in der Deutschen Nationalbibliografie; detaillierte bibliografische Daten sind im Internet über http://dnb.d-nb.de abrufbar.

# Inhalt

# Geleitwort der Reihenherausgeber

In unserer sich rasch verändernden Welt tauchen häufig Fragestellungen auf, die sich schwer beantworten lassen, und Probleme, mit denen schwer umzugehen ist. Welche Auswirkungen hat etwa die rasant wachsende Internetwelt, in der Virtualität und Realität nicht selten ineinander übergehen, auf die Trieborganisation von Menschen, auf ihre Werte, ihre Wünsche und Beziehungsgestaltungen und damit auch auf die »Krankheiten«, die einzelne Individuen entwickeln mögen? Oder: Was ist, wenn der Körper in seinen einzelnen Funktionen versagt und medizinisch durchaus hilfreiche Eingriffe möglich sind, die aber das Leben und Erleben des Betroffenen völlig auf den Kopf stellen? Welche Bedeutungen haben zunehmende Entgrenzungen in Bezug auf Alter, Geschlecht und gesellschaftliches Leben von Menschen, etwa durch Medizin und Gesetzgebung?

Diagnosen für Krankheitsbilder werden nach der jeweils aktuellen Ausgabe der ICD und des DSM vergeben. Für die jüngeren Kolleginnen und Kollegen ist das selbstverständlich; sie sind darin von Beginn ihrer Aus- und Weiterbildung geschult worden. Ältere Kolleginnen und Kollegen wissen, dass es auch anders geht.

Die Orientierung an den großen Manualen bietet ohne Zweifel viele Vorteile. Eine standardisierte Diagnose etwa ist die Voraussetzung für internationale Studien, die dasselbe Krankheitsbild betreffen. Nur mit ihrer Hilfe sind Aussagen über Inzidenz- und Prävalenzzahlen definierter Krankheitsbilder, ihre Verläufe und über die Ergebnisse therapeutischer Interventionen möglich.

Nun gibt es zahlreiche Lebens- und Erlebensbereiche, die sich in ihrer krankhaften Form der Zuordnung zu lediglich einer ICD- oder DSM-Nummer entziehen. Im Einzelfall kann das sehr unterschiedlich bedingt sein: Ein Leidenszustand kann derart viele Lebensbereiche umfassen, dass es nicht möglich ist, ihn nur einer Person als individuelle Krankheit zuzuschreiben. Es kann aber auch sein, dass eine sich sehr schnell verändernde Welt bislang nicht beschriebene und vielleicht auch nicht mit den bisherigen Ansätzen beschreibbare »Störungsbilder« hervorbringt. Stößt möglicherweise der bisherige Krankheitsbegriff (auch) hier an seine Grenzen?

Mit unserer Buchreihe versuchen wir, uns dieser schwierigen Thematik anzunähern. Es geht uns darum, Leidenszustände oder »Störungsbilder« zu beschreiben, die mit ihren vielen Aspekten nur unzureichend mit lediglich einer – oder additiv mit mehreren – ICD- oder DSM-Nummern abgebildet werden können. Eine sicherlich immer gegebene Nähe zu den entsprechenden Darstellungen in den großen Manualen soll so weit wie möglich deutlich gemacht werden. Es wird aber auch immer einen Bereich geben, der über die »offiziellen« Beschreibungen der jeweiligen Störungsbilder hinausgeht.

Die Reihe bewegt sich mit ihren Themen in Grenzbereichen zwischen Normalität und Pathologie. Es geht um Fragen an der Grenze zwischen Medizin, Psychiatrie, Psychotherapie und Gesellschaft, die unser alltägliches Leben bestimmen.

Unser Anliegen besteht darin, mit jedem Band und zu jeder Thematik Anregungen und Informationen zu geben, die einen hilfreichen Umgang mit der jeweils relevanten Problematik geben.

*Günter H. Seidler (Dossenheim/Heidelberg)*
*Annette Streeck-Fischer (Göttingen/Berlin)*
*Jonas Tesarz (Heidelberg)*

# Vorwort von Christoph Butterwegge

Obdachlosigkeit ist neben dem (Ver-)Hungern, (Ver-)Dursten, dem (Er-)Frieren und dem Fehlen einer medizinischen Grundversorgung die krasseste Form der Armut, wobei die genannten Leidenszustände oft miteinander verbunden sind. Entgegen dem vorherrschenden Armutsbild gibt es nicht bloß in Ländern der sogenannten Dritten und Vierten Welt, sondern auch in Deutschland existenzielle Not. Umso mehr erstaunt die Verharmlosung des Problems durch Regierungsvertreter und etablierte Parteien: »Den Menschen in Deutschland ging es noch nie so gut wie heute«, hat Bundeskanzlerin Angela Merkel im Bundestagswahlkampf 2017 wiederholt verkündet. Was für viele Bürger/innen zutrifft, hätte man undifferenzierter und oberflächlicher im Hinblick auf die soziale Lage der Gesamtbevölkerung gar nicht ausdrücken können. Denn die Reichen sind in den vergangenen Jahren reicher und die Armen sind zahlreicher geworden.

Nach einem deutlichen Rückgang während der 1990er Jahre existierten 2018 laut Schätzungen der BAG Wohnungslosenhilfe in Deutschland wieder 678 000 Wohnungslose, darunter fast die Hälfte anerkannte Flüchtlinge. 41 000 Menschen, davon in manchen Großstädten fast die Hälfte osteuropäische EU-Bürger/innen, lebten dem Dachverband der Wohnungslosenhilfe zufolge auf der Straße. Darunter befinden sich immer weniger Berber oder Trebegänger, wie die »klassischen« Obdachlosen genannt wurden. Stattdessen steigt die Zahl der Mittelschichtangehörigen, von (Solo-)Selbstständigen, Freiberuflern und akademisch Gebildeten, die aufgrund sozialer Probleme »in die Gosse« abrutschen. Auch immer mehr gestrandete Arbeitsmigrant/innen und Geflüchtete teilen ihr Schicksal, ungeschützt der Witterung ausgesetzt zu sein.

Exakte Zahlen dazu gibt es nicht. Statistiker/innen des Bundes und der Länder erfassen eher, wie viele Bergziegen und Zwerghasen es hierzulande gibt, als dass sie verlässliche Angaben darüber liefern müssten, wie viele Menschen ohne Wohnung dastehen. Umso notwendiger ist es, für eine solide Datengrundlage zu sorgen, die es bisher nur in zwei Bundesländern gibt. Wenn eine bundeseinheitliche Wohnungsnotfallstatistik geschaffen wird, kann man die zuständigen Behörden und die politisch Verantwortlichen leichter zwingen, das Problem mit der erforderlichen Konsequenz anzugehen.

Eine überraschende Betriebsschließung, die Kündigung des Arbeitsverhältnisses sowie Beziehungskrisen, Ehekonflikte und Suchterkrankungen sind zwar Auslöser, nicht jedoch Ursachen der zunehmenden Wohnungslosigkeit, die man in den bestehenden Gesellschaftsstrukturen, den herrschenden Eigentumsverhältnissen und sich häufenden sozioökonomischen Krisenerscheinungen suchen muss. Da Wohnungen ebenso wie Würstchen, Wandteppiche und Wegwerftaschentücher als Waren be- und gehandelt werden, können sich Menschen ohne bzw. mit geringem Einkommen auf dem entsprechenden Markt nicht behaupten.

Die gegenwärtige Wohnungsmisere und der »Mietenwahnsinn« sind ebenso wenig vom Himmel gefallen wie prekäre Beschäftigung und Niedriglöhne, sondern vielmehr durch politische Entscheidungen zugunsten von Kapitaleigentümern, Immobilienkonzernen und Großinvestoren erzeugt worden. So schafften CDU, CSU und FDP zum 1. Januar 1990 das *Wohngemeinnützigkeitsgesetz* ab. Damit hatte der Staat z. B. genossenschaftlichen Wohnungsbaugesellschaften bis Ende der 1980er Jahre bestimmte Steuervorteile gewährt, sie dafür jedoch zur Beschränkung auf eine Kostenmiete und zur Begrenzung von Gewinnausschüttungen verpflichtet. Vorher preisgebundene Wohnungsbestände gelangten daraufhin auf den Immobilienmarkt, wo es primär um hohe Renditen ging.

Parallel dazu wurde das Mietrecht mehrfach liberalisiert und der in Deutschland für Vermieter traditionell relativ strenge Kündigungsschutz gelockert. Die rot-grüne und die erste Große Koalition schufen die rechtlichen Voraussetzungen für neue Geschäftsmodelle, welche im Immobilienbereich zu »Mietmonopoly« und zum Klassenkampf auf dem Wohnungsmarkt führten.

Großstädte wie Dresden haben, dem neoliberalen Zeitgeist gehorchend, teilweise ihren gesamten kommunalen Wohnungsbestand – häufig zu Schleuderpreisen – an US-amerikanische Investmentgesellschaften, internationale Finanzinvestoren und börsennotierte Immobilienkonzerne verkauft, die – wenn sie überhaupt lange gehalten wurden und noch in ihrem Bestand sind – heute damit hohe Profite machen. Seit 2015 gehört der von »Deutsche Annington« in »Vonovia« umbenannte Immobilienriese zu den 30 wertvollsten Konzernen, die sich im Deutschen Aktienindex (Dax) befinden. Seine exorbitanten Profite erwirtschaftete das Unternehmen durch Wertsteigerungen seines wachsenden Immobilienbestandes, rüde Methoden der »Entmietung« und gesetzlich erlaubte Mieterhöhungen von bis zu 11 bzw. 8 Prozent nach Modernisierungsmaßnahmen.

Da zahlreiche Kapitalanleger nach der globalen Finanz-, Weltwirtschafts- und europäischen Währungskrise weitere Bankpleiten und Börsenzusammenbrüche fürchteten, wurde »Betongold« immer beliebter. Finanzinvestoren haben fortan besonders gern mit Immobilien spekuliert und diesen für die ganze Bevölkerung existenzwichtigen Lebensbereich noch stärker ihrer Profitlogik unterworfen.

Obdachlose sind die »marktfernsten« Gesellschaftsmitglieder, denen aus diesem Grund im Zeichen der neoliberalen Globalisierung bzw. Modernisierung nur sehr geringe Ressourcen und wenige Unterstützungsmaßnahmen wie Notunterkünfte, Nachtasyle und Kältebusse zur Verfügung stehen. Nicht zuletzt deshalb sind über 300 Obdachlose seit der Vereinigung von BRD und DDR der Kälte zum Opfer gefallen, ohne dass Regierung, Verwaltung und (Medien-)Öffentlichkeit mehr als nur sporadisch Notiz von diesen menschlichen Tragödien genommen hätten.

Nirgendwo versagt das kapitalistische Wirtschaftssystem so eklatant wie bei der Wohnungsversorgung. Da sich der Markt als unfähig erwiesen hat, eine adäquate Wohnungsversorgung für alle Bevölkerungsschichten sicherzustellen, muss sie als öffentliche Aufgabe begriffen werden und es muss vom Staat aus Gründen der sozialen Verantwortung für seine Bürger/innen gewährleistet werden, dass niemand wegen seines geringen Vermögens und seines zu niedrigen Einkommens auf der Strecke bleibt.

Mit einer halbherzigen »Mietpreisbremse« für Teilwohnungsmärkte, wie sie die zweite Große Koalition zum 1. Juni 2015 eingeführt hat, war das Problem des Wohnungsmangels für Einkommensschwache nicht zu lösen. Wohngeld hilft als Maßnahme der »Subjektförderung« letztlich weniger bedürftigen Familien als den Eigentümern jener Häuser, in denen sie zur Miete leben, und ist daher eine staatliche Fehlsubvention. Wirkungsvoller wäre die sogenannte Objektförderung: Der soziale Mietwohnungsbau, seit den 1980er Jahren immer stärker eingeschränkt, müsste im großen Stil wieder aufgenommen und zügig vorangetrieben werden, um Geringverdienern, Alleinerziehenden und großen Familien eine angemessene Bleibe zu bieten. Nötig wären eine Wiederbelebung des öffentlichen Wohnungsbaus und eine Wiederherstellung der Wohnungsgemeinnützigkeit, womit die Aktivitäten genossenschaftlicher und kommunaler Wohnungsbaugesellschaften stimuliert würden. Letztlich müssen die Kommunen in die Lage versetzt werden, verstärkt selbst zu bauen, wie das mit den Wiener Gemeindebauten in der österreichischen Hauptstadt seit fast 100 Jahren geschieht.

Die teilweise geradezu skandalösen Zustände auf dem Mietwohnungsmarkt sollten Anlass sein, über eine soziale Wende in der Wohnungspolitik nachzudenken. Da sich Räumungsklagen, Zwangsräumungen und Wohnungsnotfälle mehren, ist die Verankerung eines »Grundrechts auf Wohnraum« in unserer Verfassung überfällig, für das der heutige Bundespräsident Frank-Walter Steinmeier zu Beginn der 1990er Jahre in seiner juristischen Dissertation *Das polizeiliche Regime in den Randzonen sozialer Sicherung. Eine rechtswissenschaftliche Untersuchung über Tradition und Perspektiven zur Verhinderung und Beseitigung von Obdachlosigkeit* plädiert hat. Staat und Behörden müssten, forderte Steinmeier damals, per Grundgesetzauftrag »zum Bau und Erhalt preisgünstigen Wohnraums für breite Bevölkerungskreise« verpflichtet werden, und es dürfe, so Steinmeier weiter, keine Wohnung z. B. wegen aufgelaufener Mietschulden geräumt werden, bevor nicht »zumutbarer Ersatzwohnraum« zur Verfügung stehe.

*Köln, im Frühjahr 2020*
*Christoph Butterwegge*

*Prof. Dr. Christoph Butterwegge hat von 1998 bis 2016 Politikwissenschaft an der Universität zu Köln gelehrt und zuletzt die Bücher »Armut«, »Hartz IV und die Folgen. Auf dem Weg in eine andere Republik?« sowie »Die zerrissene Republik. Wirtschaftliche, soziale und politische Ungleichheit in Deutschland« veröffentlicht.*

KAPITEL 1

# Einführung

> *»Menschen, die abgerissen, ungewaschen und übelriechend, verfroren und durch Krankheiten aller Art gezeichnet in Stadtzentren oder Parks sitzen mit oder ohne Gepäck, Fahrräder und (Einkaufs-)Wägelchen durch Straßen humpeln, diese Menschen waren zuvor Menschen ›wie du und ich‹, bis sie in eine aussichtslose Randposition geraten waren.«*
> *(Faust 2008, S. 2)*

Eine Vielzahl von Berichten, Reportagen, Dokumentationen und Meinungsäußerungen legen es nahe, in Schilderungen dieser Art die Spitze eines Eisbergs von erheblichem Ausmaß zu erkennen. Es ist ein gesellschaftliches Problem, wenn in einem Sozialstaat einer großen Zahl von Bewohnern durch Wohnungslosigkeit ein menschenwürdiges Leben verwehrt wird. Dieses Problem wird allerdings häufig verdrängt, und zwar insbesondere mit Hilfe von Schuldzuschreibung an die Betroffenen, die angeblich durch eigenes Versagen an den Rand der Gesellschaft geraten sind.

Für die Betroffenen bedeutet Wohnungslosigkeit ein Leben in Mangel, Abhängigkeit und Ausgrenzung, aber auch Krankheiten und Gebrechen. Viele von ihnen müssen auf einen sicheren und schützenden Raum für ihr alltägliches Leben verzichten. Dieses Leben ist durch vielerlei Einschränkungen und Notlagen gekennzeichnet. Die Menschen sind abhängig von Unterstützungs- und Hilfeleistungen und unterliegen mehr oder weniger rigiden Regelungen und Kontrollen. Damit unterscheiden sie sich von der »Normalbevölkerung«

und unterliegen dem Risiko, stigmatisiert und ausgesondert zu werden. Die Wohnungslosen sind also ganz besonders »arm dran«. Allerdings gibt es Anzeichen dafür, dass die Grenzen zwischen dieser extrem benachteiligten Bevölkerungsgruppe und den übrigen Armen durch fließende Übergänge gekennzeichnet ist.

Die Zunahme von Wohnungsnotfällen, die bedrückende Lebenslage wohnungsloser Menschen oder der spektakuläre Erfrierungstod eines Obdachlosen mitten in einer Großstadt veranlassen zu einer Auseinandersetzung mit den Umständen der Wohnungslosigkeit sowie ihren gesellschaftlichen und individuellen Ursachen und Folgen. In diesem Buch geht es zunächst um eine Klärung der Begriffe: Wer ist wohnungslos, wer obdachlos, wer nichtsesshaft, welche Menschen sind von Wohnungslosigkeit bedroht? Was weiß man über die Dimension und Differenzierungen dieser Gruppe? Hat sie sich verändert – im Laufe der Zeit und im regionalen und überregionalen Vergleich?

Ein Hauptaugenmerk des Buches ist zwar auf diejenigen Menschen ohne Unterkunft gerichtet, die auf der Straße leben (und die meist als »obdachlos« bezeichnet werden). Diese stellen jedoch nur einen Teil des Problems dar. Wohnungslosigkeit schließt alle Menschen ohne vertraglich abgesicherte Wohnverhältnisse ein. Gerade diese sowie die von Wohnungslosigkeit bedrohten Menschen werden von ihren Mitbürgern oftmals gar nicht wahrgenommen. Sie selbst ziehen sich – vielfach aus Scham, meist aber aufgrund unzulänglicher Handlungsmöglichkeiten – geduckt zurück. Sie vermeiden es, beachtet zu werden.

An den sozialstatistischen Daten fallen unter anderem die relativ niedrigen Anteile älterer Personen im Verhältnis zu der relativ hohen Quote von Jugendlichen, sowie die geringe Anzahl verheirateter Personen und die relativ vielen wohnungslosen Menschen mit Migrationshintergrund auf. Hinzu kommen die unterschiedlich hohen Anteile wohnungsloser Menschen in verschiedenen Regionen und Städten. Das legt viele Fragen nahe:

- Ist das vermehrte Auftreten von Straßenkindern und drogenabhängigen Jugendlichen vielleicht ein bedenklicher Indikator für Orientierungsprobleme in zerbrechenden Familienstrukturen?

- Weist die relativ niedrige Anzahl älterer Menschen unter den Wohnungslosen auf ein erhöhtes Erkrankungs- und Sterberisiko eines Lebens ohne gesicherte Bleibe hin?
- Ist ein Leben ohne feste Bindung ein erhöhtes Risiko für den Verlust der Wohnung?
- Welche sozialen und ökonomischen Bedingungen beeinflussen die Versorgung mit bezahlbarem Wohnraum?

Darüber hinaus machen die Angaben zur schulischen und beruflichen Qualifikation deutlich, dass zwischen den Ausprägungen der Sozialstruktur Wohnungsloser und derjenigen von Menschen in Armut keine scharfe Grenze zu ziehen ist. Vielmehr kann dies als Hinweis darauf verstanden werden, dass durch Armut geprägte Lebensverhältnisse – neben dem Mangel an bezahlbarem Wohnraum – ein erhebliches Risiko für die Entstehung von Wohnungslosigkeit sind. Viele wohnungslose Menschen lernten bereits in ihrer Jugend Not, Entbehrung, aber auch Streit, Gewalt, Alkohol, Drogen, sowie Missachtung durch ihre Umgebung kennen.

Es soll aber auch gezeigt werden, dass der Absturz in diese außerordentlich prekäre Lage »extremer Armut« nicht allein durch benachteiligte Verhältnisse zu erklären ist. Den allermeisten wohnungslosen Menschen sind vor und während ihres Lebens auf der Straße von verschiedenen Seiten schwere seelische und oft auch körperliche Wunden zugefügt worden. Ihre Misere ist in vielen Fällen auf eine unerfreuliche Kindheit, eine ungünstige Sozialisation in der Jugend, belastenden Arbeitsbedingungen, Arbeitslosigkeit, Lebenskrisen und Verlusterfahrungen zurückzuführen. Hierzu wird ein Blick auf die politischen, ökonomischen, psychischen und sozialen Ausgangssituationen bei der Entstehung von Wohnungslosigkeit geworfen. Lassen sich Personen, Ereignisse und Strukturen kennzeichnen, die den Weg in die Wohnungslosigkeit begünstigen oder aber verhindern?

Bei der Beschreibung wichtiger Aspekte der Lebenslage wohnungsloser Menschen sind zunächst ihre geringen finanziellen Möglichkeiten, die nur wenige Handlungsspielräume zulassen, zu nennen. Soweit sie überhaupt in einem Arbeitsverhältnis stehen, bedingt dieses selten Entscheidungsmöglichkeiten, häufig aber erhöhte körperliche und psychische Belastungen. Seit Jahren wächst die Zahl der Menschen ohne eigene Wohnung, die dauerhaft in städtischen Notwohngebieten, in Schlichtwohnungen oder Pensionen notdürftig untergebracht sind. Dazu kommen die Menschen, die in Abbruchhäusern, Kellern und Garagen, Gartenlauben, Waldhütten und Wohnwagen, in Bahnhofshallen und Bankvorräumen oder unter Brücken und in Hauseingängen nächtigen. Ein Leben auf der Straße mit einem geringen Schutz vor Kälte, Nässe, Hitze und Staub, mit ständigem Schlafmangel und der oft vergeblichen Suche nach einem sicheren Schlafplatz verursacht ständige Sorgen und Stress. Dazu kommt die dauernde und begründete Angst vor gewalttätigen Übergriffen. Diese beruht zum Teil auf eigenen Gewalterfahrungen und denjenigen von Bekannten.

Die Möglichkeiten einer guten Ernährung, der Körperhygiene und der Kleiderpflege sind für Menschen auf der Straße sehr begrenzt: Das Risiko der Entstehung unterschiedlicher Erkrankungen steigt an. Zugleich wirkt dadurch ihr Erscheinungsbild auf viele Mitmenschen verwahrlost und abstoßend und scheint vorhandene Vorurteile gegen die »Penner« zu bestätigen. Die Kontakte zu ihrer früheren Umgebung, zur Familie, Verwandten und Bekannten vermindern sich oder werden – oft aus Scham – gekappt: hilfreiche Unterstützer in Notfällen bleiben aus.

Sich kumulierende psychische und körperliche Belastungen und Verwundungen machen es ihnen schwer bis unmöglich, eine stabile Persönlichkeitsstruktur und gesellschaftlich akzeptierte Verhaltensmuster zu entwickeln. Mit ihren vielfältigen sozialen Schwierigkeiten passen sie im Laufe der Zeit immer weniger in die »normale« soziale Umgebung: Sie werden missachtet und ausgestoßen. Von Behörden werden sie meist herablassend als Objekte der Bevormundung und Überwachung behandelt. Kleine Abweichungen werden zu Vergehen, kleine Vergehen, wie beispielsweise Schwarzfahren, zu strafbaren Delikten. Ihre Handlungsspielräume verengen sich, und auch die Sicherung ihrer elementaren Grundbedürfnisse ist gefährdet.

Aufgrund ihrer Lage schwindet schließlich das von vornherein wenig ausgeprägte Selbstwertgefühl der wohnungslosen Menschen, sie ziehen sich aus dem gesellschaftlichen Leben zurück, versinken in ein gleichförmiges, passives Leben ohne innere Struktur, geprägt durch Resignation, Apathie, Einsamkeit, Misstrauen und Angst. Viele von ihnen verlieren die Motivation, auf sich selbst und ihre Umwelt zu achten. Zur Bewältigung ihrer trostlosen Wirklichkeit benutzen sie schließlich noch mehr die verschiedensten Suchtmittel, insbesondere Alkohol und Drogen – und verschlechtern damit zugleich ihre ohnehin ungünstige gesellschaftliche, psychische und gesundheitliche Lage. Diese verfestigt sich und kann kaum mehr revidiert werden. Einmal vorhandene Potenziale und Ressourcen bleiben, soweit sie nicht ganz verschwunden sind, zum großen Teil unter einer stetigen Lethargie verborgen.

Ein Leben auf der Straße mit seinen Entbehrungen, Belastungen und Bedrohungen führt auf lange Sicht fast zwangsläufig zum Verschleiß der Kräfte sowie zu schweren psychischen und körperlichen Krankheiten. Dass unter den Wohnungslosen vermehrt Angststörungen, Zwangshandlungen, Psychosen und Depressionen auftreten, scheint nahezuliegen. Neurologische Erkrankungen und Krankheiten der Organe des Stoffwechsels können unter anderem Folgen von Suchtmitteln sein. Auch die hohe Prävalenz von Herz-Kreislauf-Erkrankungen und von Krankheiten des Skeletts und der Muskulatur können als Resultat eines wenig gesundheitsbewussten Lebensstils und von erhöhter Beanspruchung der Körperfunktionen interpretiert werden. Viele der Krankheiten werden chronisch, und sie treten oftmals in Verbindung mit weiteren Gesundheitsstörungen auf. Sie sind vielfach schmerzhaft und verursachen häufig Entstellungen und Behinderungen. Einer zunehmenden Verelendung und Verwahrlosung folgt ein meist viel zu frühes, einsames, würdeloses Sterben.

Nicht zuletzt die psychische Verelendung und die hohe Erkrankungsrate und verkürzte Lebenserwartung wohnungsloser Menschen geben den Anstoß zu Reflexionen, Aktionen und Programmen. Deshalb sollen Konzepte und Projekte vorgestellt und diskutiert werden, die Zugänge zu den Problemen und Belastungen von betroffenen Menschen ermöglichen und die Lebenslage wohnungsloser Menschen verbessern helfen. Dabei wird der Blick nicht zuletzt auch auf die Möglichkeiten unterschiedlicher Akteure und Institutionen in der Gesellschaft gerichtet, die Kontakte zu Menschen in schwierigen Lebenssituationen haben. Dazu gehören insbesondere Ärzte, Sozialarbeiter, Wohlfahrtsverbände, Bürgerinitiativen, Sozialbehörden, Beratungsstellen, Kliniken, Pflegedienste und Beschäftigungsgesellschaften. Bei der Auseinandersetzung mit konkreten Aktionen zugunsten der Wohnungslosen zeigen sich allerdings schwer zu überwindende strukturelle Grenzen. Dazu gehören vor allem das Fehlen erschwinglicher Wohnungen in den Städten und die unzulängliche finanzielle und personelle Ausstattung helfender Institutionen.

Das Buch möchte dazu anregen, einen intensiveren Blick auf Menschen zu richten, deren Lebenswelt für den Großteil der Leserschaft fremd sein dürfte. Anhand von Beispielen wird gezeigt, dass diese Menschen es wert sind, sich mit ihnen zu beschäftigen und sich für sie zu engagieren, weil es ihnen damit gelingen kann, ein selbständiges Leben als selbstbewusste Mitbürger zu führen. Der Blick auf das Leben wohnungsloser Menschen kann und soll aber auch dazu motivieren,

- sich mit Überlegungen, Konzepten und Aktionen auseinanderzusetzen, durch die eine Entstehung von Wohnungslosigkeit verhindert oder zumindest erschwert wird, sowie
- über Spaltungstendenzen in einer Gesellschaft nachzudenken, in der die Geltung der Menschenwürde für jedes ihrer Mitglieder eingefordert werden kann.

Grundlage der Arbeit sind einerseits veröffentlichte Informationen aus wissenschaftlichen Erhebungen, verfügbaren Statistiken und Berichten von Behörden und Verbänden. Hinzu kommen Berichte und Überlegungen von Initiativen und Organisationen der Wohnungslosenhilfe.

Darüber hinaus dienen Gespräche mit wohnungslosen und ehemals wohnungslosen Menschen sowie mit Experten als Informationsquelle. Sie werden durch Presseberichte und publizierte Schilderungen von Betroffenen sowie eigene Notizen der Autoren ergänzt, die auf teils langjährigen Erfahrungen in der Obdachlosenarbeit in Heidelberg beruhen.

KAPITEL 2

# Nichtsesshafte oder Wohnungslose – Wechsel der Perspektiven

Sowohl in der Definition von Wohnungslosigkeit als auch beim Umgang mit den betroffenen Menschen vollzog sich in den letzten Jahrzehnten ein Perspektivenwechsel. Definitionen, die Ausgrenzungen, Diskriminierungen und Kriminalisierung der Betroffenen implizierten, wurden durch eine Definition ersetzt, die auf die Notlage armer Menschen und die Einschränkung ihrer Chancen und Rechte Bezug nimmt. Beim Umgang mit den Betroffenen steht die Unterstützung bei der Bewältigung sozialer Defizite und Probleme – anstelle der Korrektur von Verhaltensweisen – im Vordergrund.

## 2.1 Von der Nichtsesshaftigkeit zur Wohnungslosigkeit

Ein Leben ohne feste Bleibe, ohne Dach über dem Kopf und auf der Straße galt lange Zeit (und gilt zum Teil immer noch) als Bedrohung der bestehenden gesellschaftlichen Ordnung. Nichtsesshafte, Wohnungslose und Obdachlose verhielten sich nach dieser Sichtweise ordnungswidrig oder sogar gesellschaftsschädlich und mussten dementsprechend behandelt werden. Erst nach dem Ende des Nazi-Regimes setzte sich allmählich eine neue Bewertung des Problems der Wohnungslosigkeit durch. Im Vordergrund der Betrachtung stehen hier nicht mehr das individuelle – und vermeintlich asoziale und schuldhafte – Verhalten der betroffenen Menschen, sondern ihre prekäre soziale Lage und die Defizite in der Versorgung mit erschwinglichem Wohnraum.

### 2.1.1 Ausgrenzung und Korrekturen

Den in der Neuzeit entstehenden modernen Staat und seine Repräsentanten begann die Situation der Arbeitslosen, Bettler und Vaganten zu beunruhigen. Sie suchten die Massenarmut mit polizeitechnischen Methoden anzugehen: So entstand in London 1555 das sogenannte »Workhouse« zur Unterbringung und Beschäftigung von wohnungslosen Armen, aus dem später das »house of correction« hervorging. Andere Städte, wie Amsterdam, Bremen, Lübeck, Hamburg folgten. Zur Bewältigung des Armutsproblems richteten sie Arbeits- bzw. Zuchthäuser ein. Dem preußischen Landrecht von 1794 gemäß wurden Arme in »Armenhäuser« gesperrt, denn sie galten als arbeitsscheu und faul, als Müßiggänger, die der Korrektur bedurften (vgl. Klee 1979, S. 25 f.). Eine Korrektur hin zur erzwungenen Arbeit wurde allerdings von den Angehörigen der Oberklasse auch deshalb für notwendig erachtet, damit sie selbst ein »würdiges Leben«, d. h. für ihre Standesgenossen akzeptables Dasein, führen konnten (vgl. Butterwegge 2016, S. 81). Bemerkenswert an den Auseinandersetzungen mit dem Armutsproblem ist, dass unter dem Begriff »Arme« überwiegend Wohnungslose, Vaganten, Ortsungebundene, Nichtsesshafte und Mittellose verstanden wurden. Diese Menschen sollten durch Armenfürsorge sesshaft gemacht werden.

Im Zuge der durch die sozialen und ökonomischen Umwälzungen zunehmenden Verarmung großer Gruppen der Bevölkerung waren im 19. Jahrhundert viele Menschen auf der Suche nach Arbeit, einer Bleibe und einer generellen Möglichkeit der Existenzsicherung. Manche suchten ihr Glück in der Emigration, viele andere blieben als unfreiwillige Wanderer im Land. Diese wachsenden Massen von verarmten, verelendeten und wandernden Bevölkerungsgruppen beunruhigten Gesellschaft, Staat und Kirche. Mit Reformen wurde versucht, die Gefahren für Sicherheit und Ordnung der ständisch organisierten Gesellschaft abzuwehren – und revolutionären Tendenzen entgegenzutreten.

So wies bereits 1849 der christliche Sozialreformer Johann Hinrich Wichern (Innere Mission) auf die »Probleme und Gefährdungen« der wandernden Bevölkerung hin; sein Hauptziel war es, Handwerksgesellen »vor dem sozialen Abstieg in das Vagabundenleben« zu bewahren (vgl. Scheffler 2005). Es entstehen »Herbergen zur Heimat« und »Naturalverpflegungsstationen« (auf örtlicher Ebene). Diese sollen das »Betteln an der Haustür verhindern und die ›Wanderarmut‹ unter Kontrolle bringen« (Klee 1979, S. 29). Pastor Friedrich von Bodelschwingh unterteilte diese Wanderer in »wirklich unglückliche Leute, ohne Schuld« auf der Landstraße, und Vagabunden, die mehr »Zucht und Ordnung« benötigen (vgl. Klee 1979, S. 30). Er gründete 1882 die erste »Arbeiterkolonie« in Bethel bei Bielefeld.

> »Die Unterstützung der Wanderer beruhte auf dem Prinzip ›Arbeit statt Almosen‹ (…) Wer die Arbeit (…) verweigerte, galt als ›Vagabund‹, der mit Recht von der Polizei verhaftet werden konnte.« (Scheffler 2005)

In diesen Einrichtungen wurde von den Nutzern und Bewohnern eine weitgehende Unterordnung unter ein christlich paternalistisches Reglement bis hinunter zur detaillierten Einhaltung der Hausordnung und des Tagesablaufs eingefordert.

Vagabunden, Landstreicher, Bettler und stellensuchende Arbeitslose wurden demgegenüber als Kriminelle behandelt. Nach dem Reichsstrafgesetzbuch von 1870 konnten sie mit »Haft und Nach-Haft«, d. h. der Einweisung in ein »Korrektionshaus« bestraft werden (vgl. Klee 1979, S. 25 ff.). Ein derartiges rigides Vorgehen des Staates entsprach auch dem damaligen Menschen- und Gesellschaftsbild, das von Wichern und anderen christlichen Sozialreformern geprägt wurde. Denn an ihrem Elend galten diese armen Menschen als selbst schuld – und nicht etwa die sozialen und ökonomischen Verhältnisse. Arme und insbesondere die »unterste« Gruppe unter ihnen, die Nichtsesshaften, wurden als Bedrohung der gesellschaftlichen (und moralischen) Ordnung und auch des Eigentums betrachtet. Diese Ordnung wurde als unveränderlich und statisch angesehen, als gottgewollt, religiös fundiert. Allein durch ihre bloße Existenz könnten diese unmoralischen Personen die überkommene gute Ordnung in Frage stellen und sogar ins Wanken bringen (vgl. Klee 1979). Eine Verbesserung der bestehenden Arbeits- und Lebensbedingungen stand – anders als etwa eine moralische Aufrüstung – nicht im Fokus der meisten Sozialreformer des 19. Jahrhunderts.

Es darf allerdings nicht unerwähnt bleiben, dass zur selben Zeit von Friedrich Engels die elenden Behausungen der »arbeitenden Klasse« in England kritisiert wurden. Der Arzt und liberale Politiker Rudolf Virchow machte 1848 auf Zusammenhänge zwischen unzumutbaren Lebens- und Wohnverhältnissen und tödlichen Erkrankungen unter der armen Bevölkerung in Oberschlesien aufmerksam und postulierte Reformen in Medizin und Gesellschaft (vgl. Mielck 1993, S. 53 f.; Schagen & Schleiermacher 2005).

### 2.1.2 Versuch der Selbstorganisation und »Aktion Arbeitsscheu«

Nach dem Ende der Monarchie, in den zwanziger Jahren des vergangenen Jahrhunderts, begannen sich die »Kunden«, wie sich die Nichtsesshaften selbst nannten, gegen den Umgang mit ihnen zur Wehr zu setzen. Einige Aktive verwendeten bewusst diesen Begriff aus der Gaunersprache, mit dem seit Beginn des 19. Jahrhunderts arbeitssuchende und bettelnde Handwerksgesellen bezeichnet wurden (Duden 1996, S. 440). Diese organisierten sich und traten an die Öffentlichkeit: In dem Stuttgarter Kongress »Der Kunde« 1929 wurde zum »Kampf der kapitalistischen Gesellschaft und dem Wohlfahrtswesen« aufgerufen und als Argument dafür formuliert: »Die meisten sind nicht freiwillig aus der Gesellschaft ausgetreten. Sie wurden aus der Gesellschaft ausgestoßen als Arbeitslose, Wohnungslose, Rechtlose«. Betroffene wagten es nun, die Lage der Wohnungslosen offen als völlig menschenunwürdig zu kritisieren:

> »Wandernd sahen wir uns in den Sauställen der christlich-staatlichen Herbergen, trafen uns in den Obdachlosenasylen, gedemütigt, geduldet, entrechtet, aller Menschenwürde beraubt, standen in Wohlfahrtsämtern, bittend (...) und fortgejagt.« (Klee 1979, S. 31)

Diese Menschen wollten ihre Behandlung nicht mehr einfach hilflos hinnehmen, sondern sich durch aktives Handeln zur Wehr setzen:

> »Der Kunde tritt aus seiner Wurstigkeit heraus und (…) greift zur Selbsthilfe.« (Klee 1979, S. 31)

Nach der Machtergreifung durch die Nationalsozialisten 1933 folgte jedoch die zuvor bereits angebahnte »Lösung« des Problems der Nichtsesshaftigkeit, und zwar durch

- gezielte und erzwungene Eingliederung der Arbeitswilligen in das Arbeitsleben, z. B. in den Reichsarbeitsdienst, und
- Säuberung der Landstraße von »Parasiten und Volksschädlingen« im Zuge der »Endlösung« (vgl. Klee 1979, S. 32).

Dies geschah durch die »Aktion Arbeitsscheu« im Jahr 1938. Dabei wurden ca. 11 000 Wanderer, Bettler und Obdachlose verhaftet und als »Asoziale« in Konzentrationslager eingeliefert. Bei dieser Aktion arbeitete die Polizei mit den Arbeitsverwaltungen und den Einrichtungen der »Wandererfürsorge« zusammen (vgl. Scheffler 2005).

### 2.1.3 Menschen- und Grundrechte für Nichtsesshafte und Wohnungslose

Auch nach dem Ende des »Dritten Reichs« und der Gründung der Bundesrepublik, der Verabschiedung des Grundgesetzes und der Unterzeichnung der Deklaration der Menschenrechte, galten »Nichtsesshafte« als Personen, die schuldhaft von den anerkannten und allgemein gültigen Rechtsnormen abwichen. Einer Gefährdung der Öffentlichkeit, insbesondere der Jugend, durch die anstößige Lebensweise dieser Personen suchten seit dem 19. Jahrhundert kirchlich-caritative Einrichtungen und staatliche Behörden durch die Einrichtung von Arbeitshäusern zu begegnen, aber auch durch das bis 1974 geltende explizite und mit Strafandrohung verbundene Verbot der Nichtsesshaftigkeit (vgl. Paulgerg-Muschiol 2009, S. 7). Damit glaubte man, die durch diese Personen gestörte öffentliche Ordnung wiederherstellen zu können.

Noch im Jahr 1976 charakterisiert der sogenannte Randgruppenbericht des Bundesministeriums für Jugend, Familie und Gesundheit (BMJFG) die zu diesem Zeitpunkt ca. 50 000 bis 60 000 »Nichtsesshaften« abwertend als »völlig bindungslos gegenüber Familie und Beruf«. Diese Personen scheuten angeblich feste Arbeitsverhältnisse, verhielten sich gemeinschaftswidrig, lebten nach eigenen Wertvorstellungen. Sie wichen folglich von den allgemein anerkannten Normen der Gesellschaft ab (vgl. Klee 1979, S. 37 f.). Jede Hilfe würde hier nur »eine Verschleuderung von Steuergeldern« bedeuten (Klee 1979, S. 59). Immerhin wurde damals jedoch vom BMJFG anerkannt, dass die »Wohnungslosigkeit« mit mindestens einer halben Million Betroffenen ein beachtliches Ausmaß erreicht habe und auf gesellschaftliche Ursachen zurückzuführen sei.

Obwohl das 1962 in Kraft getretene Bundessozialhilfegesetz (BSHG) an den Prinzipien des sozialen Rechtsstaates orientiert ist, wurde den Bedürftigen kein Anspruch auf Hilfe eingeräumt. Der Gesetzestext des § 72 BSHG beschreibt den Gefährdeten als »Objekt«, das zu »gewöhnen«, »hinzuführen«, d. h. zu korrigieren ist, und zwar unter Umständen auch unter Zwang. Vom Bundesverfassungsgericht wird diese Möglichkeit jedoch für nichtig erklärt, denn »der Staat hat aber nicht die Aufgabe, seine Bürger zu bessern« (BAG W 2018a, S. 3). Das Bundesverwaltungsgericht räumt 1987, orientiert am Grundrecht der Menschenwürde, den Bedürftigen einen Rechtsanspruch auf Hilfeleistungen, in der Regel in Form von Geldleistungen, ein. Allerdings stößt die Verwirklichung auch heute immer wieder an Grenzen, sei es aufgrund von Einschränkungen der Ansprüche durch Vertreter der zuständigen Instanzen oder bloß in Form von Verweisen auf den »aktivierenden Sozialstaat« mit seinen »Maßnahmen« und Sanktionen (vgl. BAG W 2018a, S. 3).

## 2.2 »Wohnungslosigkeit« und »Obdachlosigkeit«

Mit den gesellschaftlichen Veränderungen in den 1970er Jahren, vor allem im Zusammenhang mit der zunehmenden Verankerung der Grundrechte und der Festigung von Sozialstaatsprinzipien, änderte sich die Definition der Wohnungslosigkeit. Sie verlor ihren diskriminierenden Charakter und bezog weitere Personengruppen ein, deren Wohnsituation notdürftig, prekär und armselig ist. Damit wird zumindest indirekt auf die politische Verantwortung eines Sozialstaats für die Versorgung mit menschenwürdigen Wohnungen aufmerksam gemacht.

### 2.2.1 Diskriminierung durch Definition

Der bis zum Ende des 20. Jahrhunderts gebräuchliche Begriff »nichtsesshaft« beruht auf den Erfahrungen während der sozialen und ökonomischen Umbrüche während des 19. Jahrhunderts. Darunter wurden im Wesentlichen diejenigen Menschen subsumiert, die als sogenannte »Wanderarme« zumindest zeitweilig ohne Unterkunft und ohne Bindung an einen festen Ort und auf der Straße lebten oder gelebt hatten – jedoch nicht diejenigen armen Menschen, die mit ihren Familien von den Behörden in Schlicht- und Notwohnungen eingewiesen wurden.

Die »Nichtsesshaften« wurden mit diskriminierenden Merkmalen und dementsprechenden Bezeichnungen wie »Penner«, »Landstreicher«, »Tippelbrüder«, »Stadtstreicher« charakterisiert. In Wien heißen sie »Sandler«, viele von ihnen nennen sich selbst »Kunden« oder auch »Berber«. Mit den Benennungen werden negative Qualitäten wie faul, arbeitsscheu, unsauber, unehrlich, unzuverlässig assoziiert.

### 2.2.2 Hilfebedarf bei »besonderen sozialen Schwierigkeiten«

Unter Berücksichtigung der umfangreichen und verschiedenartigen Schädigungen wohnungsloser Menschen wird der Begriff der »Nichtsesshaftigkeit« seit den 1970er Jahren von Seiten der Akteure der Wohnungslosenhilfe neu umschrieben. Die Betonung liegt dabei auf der Lebenssituation und Hilfebedürftigkeit dieser Menschen:

> »Nichtsesshaftigkeit ist ein von gesellschaftlichen Normen abweichendes Verhalten, das gekennzeichnet ist durch das Fehlen einer gesicherten Bleibe in Verbindung mit einer ungenügenden wirtschaftlichen Lebensgrundlage. Nichtsesshaftigkeit ist ein Symptom für tieferliegende Störungen und kann durch

Verflechtung und belastende Kumulation in sozialen Verhältnissen und individuellen Gegebenheiten – z.B. durch Krankheiten und Behinderungen – ausgelöst werden. Menschen, die unter Nichtsesshaftigkeit leiden, sind hilfsbedürftig.« (Klee 1979, S. 61)

An diese Umschreibung schließen das Sozialgesetzbuch (SGB) XII mit den §§ 67 ff. sowie die Definition der Wohnungslosigkeit des Deutschen Städtetags von 2005 an. Dabei wird auf den diskriminierenden Begriff »nichtsesshaft« verzichtet, dieser ist stattdessen durch »wohnungslos« ersetzt worden. Von Wohnungslosigkeit betroffen sind vorwiegend »Menschen mit besonderen sozialen Schwierigkeiten« (vgl. BAG W 2018a).

Soziale Schwierigkeiten beruhen auf besonderen, belastenden Lebensverhältnissen, durch die die betroffenen Menschen geprägt sind. Zu ihren Kennzeichen gehören:

- eine fehlende oder nicht ausreichende Wohnung
- eine ungesicherte wirtschaftliche Lebensgrundlage
- gewaltgeprägte Lebensumstände

»Besondere soziale Schwierigkeiten« liegen nach diesem Verständnis darüber hinaus dann vor, wenn ein Leben in der Gemeinschaft durch ausgrenzendes Verhalten wesentlich eingeschränkt ist, insbesondere im Zusammenhang mit der Erhaltung oder Beschaffung einer Wohnung, mit der Erlangung oder Sicherung eines Arbeitsplatzes, mit familiären oder anderen sozialen Beziehungen oder mit Straffälligkeit (vgl. Bundesministerium für Justiz und Verbraucherschutz 2001). Es handelt sich also um Menschen, denen persönliche und soziale Ressourcen fehlen, die zur Lebensführung, insbesondere in kritischen Situationen gebraucht werden. Dieser relativ unscharfe Begriff umfasst, wenn auch zum großen Teil, so doch nicht ausschließlich aktuell wohnungslose Menschen. So sind zwar de facto die meisten Menschen mit »besonderen sozialen Schwierigkeiten« auch wohnungslos, es können jedoch auch nicht aktuell wohnungslose Personen die vorgesehenen Hilfen erhalten. Andererseits gibt es auch wohnungslose und hilfebedürftige Menschen, die die notwendige Hilfe nicht erhalten (vgl. GISS 2015, S. 55).

### 2.2.3 Obdachlos, wohnungslos, Wohnungsnotfall

Der Begriff »Wohnungslosigkeit« wird von der Sozialadministration und der Wohnungslosenhilfe inzwischen als Teilbereich der »Wohnungsnotfälle« gesehen. Er orientiert sich stärker an den Defiziten in der Versorgung mit Wohnungen und weniger an persönlichen Merkmalen als der frühere Begriff »nichtsesshaft«. Mit dem Begriff »wohnungslos« sind allerdings nicht nur diejenigen Menschen gemeint, die ohne feste Unterkunft meist auf der Straße leben, dort nächtigen und gemeinhin auffallen – also die »Nichtsesshaften«, »Obdachlosen«, »Stadtstreicher«, »Penner«. Der Begriff bezieht weitaus mehr Menschen ein, nämlich alle Personen, die nicht über einen durch einen *Mietvertrag* abgesicherten Wohnraum verfügen.

Im Sinne der Charta der Menschenrechte, nach der das Recht auf Wohnen für alle Menschen eine wesentliche Grundlage für ein menschenwürdigen Leben ist (vgl. Allgemeine Erklärung der Menschenrechte 1948), definiert die Bundesarbeitsgemeinschaft Wohnungslosenhilfe e. V. (BAG W) jeden Mangel im Bereich des Wohnens als Notfall. Wohnungslosigkeit gilt demnach als aktueller »Wohnungsnotfall« (vgl. BAG W 2011).

Als *aktuell wohnungslos* gelten nach der Definition der BAG W aus dem Jahr 2011 Menschen ohne mietrechtlich abgesicherten Wohnraum:

1. Im Bereich des *Ordnungsrechts* sind dies Personen, die aufgrund ordnungsrechtlicher Maßnahmen ohne Mietvertrag, d. h. lediglich mit Nutzungsverträgen in Wohnraum eingewiesen oder in Notunterkünften untergebracht sind.
2. Im Bereich des *Sozialhilferechts* fallen hierunter Menschen, die sich in »besonderen sozialen Schwierigkeiten« befinden, d. h.
   - Personen, die sich in Heimen, Anstalten, Notübernachtungen, Asylen, Frauenhäusern aufhalten, weil keine Wohnung zur Verfügung steht;

- Personen, die als Selbstzahler in Billigpensionen leben;
- Personen, die bei Verwandten, Freunden und Bekannten vorübergehend unterkommen;
- Personen, die in Containern, Gartenhäusern, Wohnwagen, Hüttendörfern Unterschlupf finden;
- Personen, die »obdachlos« und ohne jegliche Unterkunft sind, »Platte machen« und auf der Straße leben.

3. Im Bereich der *Zuwanderer* gehören dazu Menschen, die in Aussiedlerunterkünften untergebracht sind.

Unter »Wohnungsnotfällen« werden darüber hinaus folgende weitere Problemlagen verstanden:

4. *Unmittelbar drohende Wohnungslosigkeit*, z.B. wegen Kündigung oder Räumungsklage, Zwangsräumung oder Umbau, Sanierung oder Abbruch des Wohngebäudes, oder aufgrund von eskalierten sozialen Konflikten oder Gewalt. Auch diese Menschen haben also mit »besonderen sozialen Schwierigkeiten« zu tun.
5. *Unzumutbare Wohnverhältnisse*, die in folgenden Fällen bestehen:
   - Bei Unterbringung von Wohnungsnotfällen in Schlicht- und anderen Substandardwohnungen mit regulärem Mietvertrag zur Vermeidung von Obdachlosigkeit
   - In außergewöhnlich beengtem Wohnraum
   - In Wohnungen mit völlig unzureichender Ausstattung (z.B. Fehlen eines WCs in der Wohnung)
   - In baulich unzumutbaren bzw. gesundheitsgefährdenden Wohnungen
   - In konfliktbeladenen und durch Gewalt geprägten Lebensumständen
6. *Verdeckte Wohnungslosigkeit*, von der insbesondere Frauen betroffen sind (vgl. BAG W 2011).

Zwischen den Formen und Ausprägungen der *aktuellen* Wohnungslosigkeit (1–3) und anderen Arten von »Wohnungsnotfällen« (4–6) bestehen fließende Übergänge (auch im Zeitverlauf).

### 2.2.4 Wohnungslose ohne Unterkunft: Obdachlose

Obwohl Menschen, die ohne Unterkunft leben, kein »Dach über dem Kopf« haben und in wörtlichem Sinne obdachlos sind, in einer besonders beklagenswerten Lage sind, zählen diese innerhalb der von der Bundesarbeitsgemeinschaft Wohnungslosenhilfe e.V. verwendeten Definition als Teilgruppe (Menschen, die auf der Straße leben; Menschen ohne Unterkunft) zu den »Wohnungslosen«. Damit wird deutlich gemacht, dass sich eine viel größere Anzahl von Menschen in einer Wohnungsnotlage befindet als nur diejenigen, die auf der Straße leben.

Der üblicherweise in der Öffentlichkeit verwendete Begriff der *»Obdachlosen«* wird im Übrigen mit unterschiedlichem Inhalt genutzt: Als »obdachlos« werden bisweilen auch Menschen bezeichnet, die aufgrund ordnungsrechtlicher Regelungen in einer Wohnung oder einer Pension mit Nutzungsvertrag untergebracht wurden (vgl. Paulgerg-Muschiol 2009, S. 9 f.).

Auf der anderen Seite werden in der öffentlichen Diskussion überwiegend diejenigen Menschen als »obdachlos« bezeichnet, die »ohne Dach über dem Kopf« auf der Straße leben (vgl. Abgeordnetenhaus von Berlin 1999; BAG W 2011). Auch in den vorliegenden Ausführungen wird der Begriff »obdachlos« für wohnungslose Menschen, die ohne Unterkunft auf der Straße leben, gebraucht.

KAPITEL 3

# Erkenntnisse, Schätzungen, Informationsquellen

Es ist bemerkenswert, dass die bisher vorliegenden Erkenntnisse über Dimension und Struktur von Wohnungslosigkeit, Obdachlosigkeit und Wohnungsnotfällen bisher weitgehend auf Schätzungen beruhen. Diese stammen weniger von amtlichen Einrichtungen als von Verbänden der Wohnungslosenhilfe. Über die mit den Lebensverhältnissen zusammenhängenden Alltagsprobleme informieren Studien, Erhebungen und Analysen aus unterschiedlichen Forschungsbereichen sowie Beobachtungen von Experten der Wohnungslosenhilfe. Die Erhebung solcher Daten ist in der Praxis allerdings nicht einfach. Das Wissen um diese Schwierigkeiten ist jedoch wichtig, um die Zahlen und Fakten, mit denen man in den Medien und der Fachliteratur konfrontiert wird, adäquat einordnen zu können.

## 3.1 Probleme bei der Informationsgewinnung

Unsicherheiten über Ausmaß und Struktur der Wohnungslosigkeit beruhen zu einem erheblichen Teil auf der Heterogenität und der schwierigen Erreichbarkeit des betreffenden Personenkreises. Hinzu kam über lange Zeit auch das fehlende Erkenntnisinteresse des Staates. Immer differenziertere Schätzungen vermitteln inzwischen ein ungefähres Bild des Problems.

Um belastbare Ergebnisse über den Umfang von Wohnungslosigkeit oder auch über die individuellen Lebenslagen und Befindlichkeiten von Wohnungslosen zu gewinnen, ist mit erheblichen methodischen Schwierigkeiten zu rechnen. Dies betrifft zunächst die

Eingrenzung der Zielgruppe. Bereits die Ausführungen in Kapitel 2 verdeutlichen die Vielfalt und Verschiedenartigkeit der Lebenslagen, die sich hinter dem Begriff »Wohnungslosigkeit« verbergen können. Als wohnungslos gelten beispielsweise Menschen, die ordnungsrechtlich in Notwohnungen untergebracht sind oder auch diejenigen, die sich in betreuten Wohneinrichtungen, Übergangswohnheimen, Gewaltschutzhäusern, in günstigen billigen Pensionen oder im Haushalt von Verwandten oder Bekannten aufhalten. Hinzu kommen Menschen, die in sogenannten Ersatzunterkünften wie Abbruchhäusern, Wohnwagen oder Gartenhütten unterkommen, sowie diejenigen, die ohne jegliche Unterkunft auf der Straße leben und beispielsweise unter Brücken, in Hauseingängen oder in Parks übernachten. Nicht zuletzt werden auch anerkannte Asylbewerber, die in Sammelunterkünften leben, zur Gruppe der Wohnungslosen gezählt.

Damit ist es nahezu unmöglich, Lebensbedingungen, Gesundheitszustand und Lebensweisen der Wohnungslosen in ihrer Gesamtheit zu erfassen, da allein dieser Begriff eine Vielzahl von Lebenslagen umfasst, die sich zu großen Teilen erheblich voneinander unterscheiden. Zudem handelt es sich beim Phänomen der Wohnungslosigkeit häufig um ein episodenhaftes Geschehen, weshalb Querschnittsstudien lediglich einen Ausschnitt des tatsächlichen Problems beschreiben können.

Eine weitere Schwierigkeit besteht in der Erreichbarkeit der Betroffenen. Die Akquise von Teilnehmern für Befragungen, Erhebungen und Untersuchungen kann am ehesten über stationäre oder ambulante Einrichtungen der Wohnungslosenhilfe erfolgen. Somit sind jedoch meist nur diejenigen erreichbar, die auch an das Hilfesystem der Wohnungslosenhilfe angebunden sind. Nach Erfahrung der Autoren existiert jedoch eine nicht unerhebliche Anzahl an wohnungslosen Menschen, die teilweise seit mehreren Jahren ohne Unterkunft auf der Straße leben und aus diversen Gründen die Angebote des Hilfesystems ablehnen oder schlichtweg nicht benötigen, da sie in ihrer Lebensführung entweder in hohem Maße selbstständig sind oder ausreichende Unterstützung durch das direkte soziale Umfeld erfahren. Dieser Personenkreis ist für wissenschaftliche Erhebungen kaum zugänglich. Aber auch unter denjenigen Personen, die an das Hilfesystem angebunden sind, sind insbesondere Betroffene mit augenscheinlich ausgeprägten psychischen Schwierigkeiten vergleichsweise seltener bereit, an entsprechenden Untersuchungen teilzunehmen, was insbesondere bei gesundheitsbezogenen Studien zum Problem werden kann (vgl. Brönner et al. 2013, S. 70).

Neben den genannten Schwierigkeiten dürfen auch regionale Unterschiede und Besonderheiten nicht vernachlässigt werden. Die in der Vergangenheit durchgeführten Studien zur Erhellung der Situation wohnungsloser Menschen beziehen sich überwiegend auf Großstädte. Für Berlin, Köln oder Frankfurt kann beispielweise ein hoher Anteil von EU-Bürgern festgestellt werden, die mittellos auf der Straße leben. Zudem liegt die Vermutung nahe, dass die Anzahl der Wohnungslosen und ihre Zusammensetzung grundsätzlich auch von den regionalen Versorgungsstrukturen abhängen.

Die Gesamtheit der Wohnungslosenpopulation kann daher aufgrund ihrer Heterogenität und ihrer unterschiedlichen Erreichbarkeit sowie aufgrund regionaler Unterschiede nur annäherungsweise bestimmt werden und es ist mit einer hohen Dunkelziffer zu rechnen. Somit ist auch die Bildung repräsentativer Stichproben mit erheblichen Schwierigkeiten verbunden.

## 3.2 Schwaches Erkenntnisinteresse

Bis heute existiert keine bundesweite Wohnungsnotfall-Statistik. Die Bundesregierung hat eine lückenhafte Informationslage über das Ausmaß von Wohnungs- und Obdachlosigkeit in Deutschland eingeräumt. Um das Problem zu erfassen, stützt sie sich bisher allein auf die jährlichen Schätzungen der BAG W. Da hierbei die Daten jedes Jahr kumulativ erfasst würden, seien allerdings Mehrfacheinträge möglich. Zudem könne nicht unterschieden werden zwischen Wohnungslosen, die diese Phase nach einer gewissen Zeit wieder überwunden haben, und Personen, die länger oder dauerhaft wohnungslos sind. Die Bundesregierung habe weder Kenntnisse noch Erkenntnisinteressen dieses Problem betreffend, kritisierte die Grüne

Bundestagsfraktion (vgl. Sorge 2019). Inzwischen legte allerdings das Bundeskabinett einen Gesetzentwurf zur Einführung einer Wohnungslosenstatistik durch das Statistische Bundesamt vor. Die erste Statistik soll im Januar 2022 erscheinen (vgl. Bundesministerium für Arbeit und Soziales 2019).

Das Zögern der Politik bei der Erfassung und Übermittlung von Daten zur Wohnungslosigkeit geschieht nicht ohne Grund. So hält beispielsweise die Frankfurter Stadtverwaltung eine Studie zur Lebenswirklichkeit von obdachlosen, auf der Straße lebenden EU-Bürgern seit 2018 unter Verschluss, weil darin Aussagen der Erfassten enthalten sein sollen, die ein ungünstiges Licht auf die städtischen Behörden werfen könnten (vgl. Voigts 2020). Als Ausdruck einer anderen, gegensätzlichen Position kann hingegen eine Initiative der Berliner Sozialverwaltung verstanden werden, die mit Hilfe einer umfassenden Zählaktion gezielt den Unterstützungsbedarf von Menschen ohne Unterkunft ermittelt. Diese Maßnahme wurde am 29. Januar 2020 durch 2601 Freiwillige durchgeführt. In dieser »Nacht der Solidarität« konnten an den erreichbaren und öffentlich zugänglichen Orten insgesamt 1976 obdachlose Menschen in Berlin kontaktiert werden. Dabei geht die Sozialverwaltung von einer noch größeren Anzahl von obdachlosen Menschen aus, die bei der Aktion nicht erreicht werden konnten (vgl. ZEIT Online 2020).

## 3.3 Schätzungen als Wissensgrundlage für Forschung und Politik

Die jährlichen Schätzungen der Bundesarbeitsgemeinschaft für Wohnungslosenhilfe (BAG W), an denen sich auch die Bundesregierung orientiert, stützen sich primär auf die Ergebnisse einer Studie der Gesellschaft für innovative Sozialforschung (GISS), in der für ganz Deutschland hochgerechnete Zahlen für das Jahr 1992 vorgelegt wurden. Davon ausgehend wurde ein eigenes Schätzmodell entwickelt. Kern dieses Modells sind Veränderungen des Wohnungs- und Arbeitsmarktes, der Zuwanderung, der Sozialhilfebedürftigkeit sowie regionaler und lokaler Wohnungslosenstatistiken.

Dieses Modell wurde 2018 durch ein neues ersetzt, »das auf den empirisch validen Daten der jährlichen Wohnungsnotfallberichterstattung in Nordrhein-Westfalen aufsetzt und deren Daten auf Deutschland hochrechnet« (vgl. BAG W 2019a, S. 1). Mit diesem Verfahren wurde für 2018 die Anzahl von gut *237 000 wohnungslosen Menschen*, zusammen mit den in spezifischen Unterkünften wohnenden anerkannten Flüchtlingen sogar die Gesamtzahl von 678 000 Wohnungslosen geschätzt (vgl. BAG W 2019b, S. 1).

## 3.4 Informationen zu den Lebensverhältnissen

Die Beschreibung der sozialen Lage, der Lebensbedingungen, der Lebensweisen sowie der gesundheitlichen Situation wohnungsloser Menschen stützt sich auf ein Bündel von Informationsquellen. Zum einen handelt es sich dabei um bundesweite Erhebungen bei Klienten von Einrichtungen der Wohnungslosenhilfe, zum anderen auch um eine Erfassung von ordnungsrechtlich untergebrachten Wohnungslosen. Darüber hinaus liegen wissenschaftliche Studien als Informationsquellen vor, die sich vor allem mit den Obdachlosen, also der Gruppe von Wohnungslosen in der schwierigsten Lebenslage befassen. Auf diese Quellen stützen sich weitgehend die Aussagen zu den Lebensweisen und vor allem zur Gesundheit der Wohnungslosen. Zu diesen Informationen kommen Erfahrungsberichte aus der Wohnungslosenhilfe und eigene Beobachtungen der Autoren hinzu.

### 3.4.1 Erhebung in Einrichtungen der Wohnungslosenhilfe durch die BAG W

Um Informationen zur Herkunft, Sozialstruktur und Lebenssituation wohnungsloser Menschen zu erhalten, sammelt die Bundesarbeitsgemeinschaft Wohnungslosenhilfe e. V. (BAG W) jedes Jahr Daten von verschiedenen Einrichtungen und Diensten der Wohnungslosenhilfe in ganz Deutschland. Aus dem Jahr 2016 liegt eine statistische Auswertung der Angaben von 176 bundesdeutschen ambulanten und stationären Einrichtungen der Wohnungslosenhilfe vor (vgl. BAG W 2018b).

Hier wurden die Daten von 34721 Klienten dieser Einrichtungen mit Hilfe eines Fragenkatalogs erhoben, dokumentiert und ausgewertet. Die Quoten der beantworteten Fragen sind unterschiedlich hoch; die Ergebnisse lassen daher für sich allein nur Tendenzaussagen zu. Bei den Angaben werden die erfassten Personen – als Wohnungsnotfälle – nicht danach unterschieden, ob sie von Wohnungslosigkeit bedroht sind, ordnungsrechtlich untergebracht sind oder Hilfen nach den §§ 67 ff. des Sozialgesetzbuchs XII erhalten. Knapp 80 Prozent, also der weit überwiegende Teil davon, waren Klienten von Fachberatungsstellen, 12 Prozent solche aus stationären und teilstationären Einrichtungen und 4 Prozent lebten in ambulant betreuten Wohngruppen (vgl. BAG W 2018b). Die Daten dieser Erhebung dienen als wesentliche Grundlage der folgenden Darstellung.

### 3.4.2 Studie zur Lebenslage Wohnungsloser in Diakonischen Einrichtungen

Die Angaben aus der Erhebung der BAG W werden ergänzt durch die Ergebnisse einer repräsentativen Studie zur Lebenslage wohnungsloser Menschen in der Bundesrepublik. Dabei wurden im Jahr 2018 70 Einrichtungen der diakonischen Wohnungslosenhilfe in allen 16 Bundesländern mittels Matching-Verfahren ausgewählt, um eine möglichst hohe Repräsentativität der Teilnehmer zu erreichen. Insgesamt 1135 aktuell wohnungslose Klienten dieser Einrichtungen wurden zu ihrer Lebenssituation befragt (vgl. Gerull 2018). Als Erhebungsinstrument wurde ein eigens erarbeiteter Fragebogen eingesetzt. Mit den Ergebnissen dieser Studie können die Aussagen der Statistiken der BAG W auf ihre Plausibilität hin eingeschätzt und hinsichtlich ihrer Relevanz ergänzt werden.

### 3.4.3 Studie zur Wohnungslosigkeit in Baden-Württemberg

Als wichtige Ergänzung zu bundesweiten Statistiken lassen sich Daten aus Ländern und Kommunen hinzuziehen. So wurde in Baden-Württemberg im Auftrag des dortigen Sozialministeriums im Jahr 2014 eine repräsentative Studie zur Wohnungslosigkeit durchgeführt (vgl. GISS 2015). Ihre Ergebnisse beruhen auf Angaben von 343 Kommunen zu den ordnungsrechtlich untergebrachten wohnungslosen Menschen und auf den Daten von 341 Angeboten der Wohnungslosenhilfe für Wohnungslose, die nicht ordnungsrechtlich untergebracht sind. Hierbei wurden die Daten von insgesamt 22789 Personen erfasst. Darunter befinden sich: 14320 (63 Prozent) ordnungsrechtlich untergebrachte Wohnungslose, und 7259 (32 Prozent) Wohnungslose, die als Personen mit »besonderen sozialen Schwierigkeiten« Hilfen nach §§ 67ff. SGB XII erhalten, sowie 1210 (5 Prozent) Wohnungslose mit zusätzlichen Hilfen gemäß einer anderen Rechtsnorm (vgl. GISS 2015, S. 31–33). Mit dieser Differenzierung und vor allem der Einbeziehung ordnungsrechtlich untergebrachter Wohnungsloser unterscheidet sich die Erhebung in Baden-Württemberg von der Erhebung der BAG W und derjenigen in den Einrichtungen des Diakonischen Werks.

### 3.4.4 Berichte von Experten der Wohnungslosenhilfe und Interviewstudien

Darüber hinaus stammen wesentliche Informationen über die Lebensbedingungen, Verhaltensmuster, Einstellungen und Orientierungen wohnungsloser Menschen aus Erfahrungsberichten von Experten der Wohnungslosenhilfe (vgl. Malyssek & Störch 2009; Klee 1979; Hank & Hopp 2011; Steiger 2010; Fichtner 2005), und aus (nicht repräsentativen) qualitativen soziologischen Studien (vgl. Girtler 1980; Müller 2006; Paulgerg-Muschiol 2009).

Die entsprechenden Aussagen beruhen allerdings ausschließlich auf Gesprächen und Interviews mit Menschen in Großstädten wie Wien oder München, die durchweg auf der Straße leben oder gelebt hatten, also mit Personen in einer extrem schlechten Lebenslage.

Die Resultate der Berichte und Studien werden ergänzt durch

Aufzeichnungen von Beobachtungen und Gesprächen der Autoren mit wohnungslosen Menschen sowie durch veröffentlichte Berichte aus der Wohnungslosenhilfe. Diese Informationen können dazu beitragen, das vorliegende Zahlenmaterial verständlich zu machen.

### 3.4.5 Erhebungen zur gesundheitlichen Situation

Ab den achtziger Jahren des vergangenen Jahrhunderts begannen sich Allgemeinärzte, Pathologen, Psychiater und Epidemiologen für die gesundheitliche Lage wohnungsloser Menschen zu interessieren (vgl. Trabert 1995; Fichter et al. 2000; Salize et al. 2002; Völlm et al. 2004; Püschel & Nawka 2011; Bäuml et al. 2017; Asseln 2019). Die entsprechenden Untersuchungen (Befragungen, körperliche Untersuchungen) wurden, ebenso wie in den Studien zur Lebenslage, bei Wohnungslosen durchgeführt, die in Großstädten wie Mainz, Hamburg, Mannheim, Dortmund oder München zum großen Teil auf der Straße lebten oder Klienten der Wohnungslosenhilfe waren (s. Kap. 7.1). Auch bei diesen Studien steht die Lage von Menschen in besonders prekärer Lage im Fokus.

KAPITEL 4

# Ausmaß und Sozialstruktur der Wohnungslosigkeit in Deutschland

Die neuesten Schätzungen der Bundesarbeitsgemeinschaft Wohnungslosenhilfe e.V. (BAG W) machen auf ein beträchtliches und zunehmendes Ausmaß der Wohnungslosigkeit aufmerksam. Aufgrund von Erhebungen in Einrichtungen der Wohnungslosenhilfe werden Merkmale in der Sozialstruktur dieser Bevölkerungsgruppe erkennbar, die sich deutlich von der Gesamtbevölkerung unterscheiden. Die Ausprägungen dieser Merkmale, wie Alter, Geschlecht, Nationalität, Haushaltsstruktur oder persönliche Qualifikation, werden im Folgenden dargelegt und erörtert. Dabei wird auch hinterfragt, inwieweit sie Ergebnisse oder auch Entstehungsfaktoren der Wohnungslosigkeit sind.

## 4.1 Dimensionen der Wohnungslosigkeit

Neuere Erhebungen und Analysen zeigen – trotz einiger Unschärfen –, dass die Wohnungslosigkeit und noch mehr die Wohnungsnotfälle eine Dimension von erheblichem sozialpolitischem Gewicht erreicht haben. Denn in einer Wohnungsnotlage befinden sich nicht nur die (nach der Schätzung von 2018) 678 000 wohnungslosen Menschen, sondern auch die Menschen, die in »unzumutbaren Wohnverhältnissen« leben müssen oder diejenigen, die »von Wohnungslosigkeit bedroht« sind (s. Kap. 2.2.3). Diese von »verdeckter Wohnungslosigkeit« betroffenen Menschen dürften zumindest einen größeren Teil der ca. 3 Millionen Einwohner Deutschlands ausmachen, die mit extremen materiellen Einschränkungen und teilweise massiver Überschuldung auskommen müssen – und dann bei einer Mieterhöhung finanziell überfordert sind (vgl. Statistisches Bundesamt 2019).

### 4.1.1 Aktuelle Zahlen

Nach Schätzung der BAG W waren 2018 in Deutschland ca. *678 000 Menschen* und damit etwa *0,8 Prozent der gesamten Bevölkerung* wohnungslos. Darunter befanden sich ca. *441 000 anerkannte Flüchtlinge*, die in Gemeinschaftsunterkünfte eingewiesen sind. Diese wohnungslosen Flüchtlinge sind wie die übrigen wohnungslosen Menschen Nachfragende auf dem ohnehin schon angespannten Wohnungsmarkt. Ohne die Gruppe der anerkannten Flüchtlinge betrug die Anzahl wohnungsloser Menschen in Deutschland im Jahr 2018 ca. 237 000 Personen, also 0,29 Prozent der Gesamtbevölkerung. Unter diesen *237 000 wohnungslosen Menschen mit deutscher Staatsangehörigkeit* befinden sich

- ca. *41 000 Obdachlose*, die auf der Straße leben (17 Prozent),
- ca. 59 000 Frauen (25 Prozent),
- ca. 166 000 Alleinstehende (70 Prozent),
- ca. 71 000 Personen, die mit Partnern oder Kindern zusammenleben (30 Prozent),
- ca. 19 000 Minderjährige (8 Prozent) (vgl. BAG W 2019b).

Unter den 2014 von der im Auftrag des baden-württembergischen Sozialministeriums erfassten 22789 wohnungslosen Menschen in Baden-Württemberg waren

- ca. zwei Drittel (63 Prozent) ordnungsrechtlich untergebracht, und
- etwas mehr als ein Drittel (37 Prozent) erhielt Hilfen wegen »besonderer sozialer Schwierigkeiten« nach §§ 67 ff. SGB XII (vgl. GISS 2015).

Bei diesen Daten liegen allerdings Überschneidungen vor: Auch ein Teil der ordnungsrechtlich untergebrachten Menschen erhält Hilfen nach §§ 67ff. SGB XII, und ein Teil der nach §§ 67ff. SGB XII Unterstützten lebt in normalen Wohnungen mit Mietvertrag, ist also nicht wohnungslos, wenn auch wahrscheinlich ein Wohnungsnotfall (vgl. GISS 2015).

### 4.1.2 Zunahme der Wohnungslosigkeit

Die Anzahl der Wohnungslosen in Deutschland stieg in den zehn Jahren zwischen 2006 und 2016 um 70 Prozent an (vgl. BAG W 2018b). Für diese »dramatische« Zunahme der Anzahl von Wohnungslosen in Deutschland innerhalb von 10 Jahren sind nicht nur das Mietrecht oder das Verhalten der Vermieter, sondern auch, und zwar in hohem Ausmaß, die rasant gestiegenen Mietpreise und die auf dem Wohnungsmarkt fehlenden adäquaten Angebote für einkommensschwache Bevölkerungsgruppen verantwortlich (s. Kap. 8.2.4; vgl. Der Spiegel 2019; BAG W 2017).

Die Kommunen stehen dieser von der Wohnungspolitik der vergangenen zwanzig Jahre erzeugten Problemlage zur Zeit weitgehend hilflos gegenüber – Instrumente, wie die Bestände kommunaler Wohnungen, wurden veräußert oder sind, wie die Mietpreisbremse, unzulänglich. Daher können die meisten Kommunen – von Ausnahmen abgesehen (s. Kap. 4.2.4) – einmal wohnungslos gewordenen Mietern nur Notwohnungen (nach dem Ordnungsrecht) anbieten – für diese Menschen eine bedrückende Erfahrung.

Das Problem der Wohnungslosigkeit wird zusätzlich durch Veränderungen in der Sozialstruktur der Bevölkerung verstärkt. Der mit 17,3 Millionen Menschen besonders großen und zuletzt angewachsenen Gruppe der Einpersonenhaushalte stehen im Jahr 2018 nur 5,4 Millionen verfügbare Ein- und Zweizimmer-Wohnungen gegenüber. Diese Diskrepanz wirkt sich auch bei den Singles unter den Wohnungslosen aus, deren Anzahl sich in den vergangenen 10 Jahren verdoppelt hat (vgl. BAG W 2019b).

#### 4.1.3 Blick über Grenzen

Internationale Vergleiche sind zurzeit noch schwierig, da die jeweiligen Definitionen von Wohnungslosigkeit und ihre Erfassung stark variieren. So rührt zum Beispiel der Anteil Wohnungsloser an der Gesamtbevölkerung von nur 0,17 Prozent in Österreich daher, dass nur Menschen mit »Vermerk des Obdachlosenstatus« und registrierte Bewohner von Obdachloseneinrichtungen erfasst worden sind (vgl. OECD 2017).

### 4.2 Sozialstrukturelle Merkmale der Wohnungslosigkeit

Anhand einer Erörterung von Merkmalen der Sozialstruktur, wie Geschlecht, Alter, Familienstand, geographische Lage wird ein erster Versuch gemacht, die für viele Leser wahrscheinlich eher fremde Bevölkerungsgruppe der Wohnungslosen näher zu bringen. Unterschiede zu den Verhältnissen in der Gesamtbevölkerung und spezifische Entwicklungstendenzen geben Anlass zu Fragen, Vermutungen und Hypothesen:

- In welchem Zusammenhang mit Wohnungslosigkeit stehen die jeweiligen sozialstrukturellen Merkmale?
- Lassen sich in diesen Merkmalen Folgen der prekären Situation Wohnungsloser erkennen?
- Welche Merkmale können zur Verursachung von Wohnungslosigkeit beitragen?

#### 4.2.1 Geschlecht

Unter der Gruppe der Wohnungslosen und insbesondere der Menschen ohne Unterkunft, den Obdachlosen, traten Frauen lange Zeit kaum in Erscheinung und noch immer bilden Männer die ganz überwiegende Mehrheit. In den letzten Jahren ist allerdings der Anteil der Frauen deutlich gestiegen. Lebenserfahrungen, gesellschaftliche Veränderungen, Probleme der Wohnungsversorgung, das Verhalten der

Behörden und die Berücksichtigung auch der verdeckten Wohnungslosigkeit kommen als Gründe für die Zunahme des Frauenanteils (und ihrer Wahrnehmung) in Betracht.

**Männer noch in der Überzahl**

Unter den Wohnungslosen in Deutschland sind nach wie vor Männer in der Überzahl. Nach der Schätzung der BAG W waren im Jahr 2018 knapp drei Viertel (73 Prozent) Männer und 27 Prozent Frauen (vgl. BAG W 2019b). Allerdings geht ihr Anteil zurück und derjenige der Frauen steigt, von 25 Prozent im Jahr 2017 auf 27 Prozent im darauffolgenden Jahr. 1990 lag ihr Anteil noch bei ca. 10 Prozent und stieg bis 2008 auf 20 Prozent (vgl. Malyssek & Störch 2009).

Bei einer Differenzierung der Wohnungslosen nach der Rechtsgrundlage ihrer Unterstützung zeigen sich signifikante Unterschiede in der Verteilung der Geschlechter: Bei den ordnungsrechtlich untergebrachten Wohnungslosen in Baden-Württemberg beträgt der Anteil der Frauen 34 Prozent, bei den nach Sozialrecht (§§ 67 ff. SGB XII) untergebrachten Wohnungslosen liegt der Frauenanteil hingegen bei nur 25 Prozent (vgl. GISS 2015, S. 44).

**Mehr Frauen ohne Wohnung**

Zu den Ursachen des geringeren, jedoch zunehmenden Frauenanteils liegen lediglich Vermutungen vor. Zum einen scheinen Frauen bessere Netzwerke und Beziehungen zu entwickeln und zu pflegen, was auch die Angaben zu den persönlichen Kontakten bestätigen (s. Kap. 5.5.1). Nach einem Verlust der Wohnung erhalten Frauen eher als Männer Unterstützung durch die Ordnungsämter: Sie werden zu einem größeren Teil in Ersatzwohnungen untergebracht, was sich in dem relativ hohen Frauenanteil unter den ordnungsrechtlich untergebrachten Wohnungslosen niederschlägt. Ein Grund hierfür könnte ihr Status als alleinerziehende Mütter sein. Dieser Umstand veranlasst die Behörden zu besonderer Sorge, vor allem wegen der Kinder (vgl. Abgeordnetenhaus von Berlin 1999).

Ein weiterer Anteil wohnungslos gewordener Frauen kommt, oft vorübergehend, bei Verwandten, Freunden und Bekannten unter. Des Weiteren achten Frauen eher auf eine schützende Umwelt und zögern daher in einer Notlage, eine Wohnung zu kündigen. Einige suchen darüber hinaus beschützende Partner, die dann allerdings nicht selten (oft sexuelle) Gegenleistungen erwarten und beanspruchen – mit meist fatalen und traumatischen Folgen.

Die Lebensverhältnisse alleinstehender wohnungsloser Frauen sind geprägt durch psychische Probleme und ein erhöhtes Risiko sozialer Degradierung. Häufig haben sie mit Gewalt und Diskriminierungen Erfahrungen gemacht und schämen sich ihrer Notlage. Manche reagieren dann eher mit Rückzug als mit der Suche nach Hilfe und Unterstützung. Damit hängt möglicherweise die bei Frauen vermutlich ausgeprägte »verdeckte Wohnungslosigkeit« zusammen.

Insofern dürfte die Wohnungsnotlage von Frauen durch diese »verdeckte Wohnungslosigkeit« höher sein als die bekannten Daten angeben (vgl. Abgeordnetenhaus von Berlin 1999). Als eine Ursache für die inzwischen zunehmende Wohnungslosigkeit von Frauen werden veränderte Lebensrisiken im Zuge des gesellschaftlichen Wandels vermutet: Doppelbelastungen in der Arbeitswelt und der Familie können zu psychischer und physischer Überforderung der betroffenen Frauen führen. Hinzu kommt, dass Frauen nach einer Trennung im Allgemeinen aufgrund geringerer Einkünfte noch mehr gefährdet sind, in eine finanzielle Enge mit Mietschulden zu geraten. So werden sie vermehrt zu Opfern des wachsenden Notstandes auf dem Wohnungsmarkt (vgl. Malyssek & Störch 2009, S. 29).

### 4.2.2 Altersgruppen

Die in der Öffentlichkeit präsentierten Bilder von wohnungslosen Menschen zeigen meist gebeugte, verhärmte, graubärtige ältere Männer. Da überrascht es zunächst, dass der Anteil älterer Menschen unter den Wohnungslosen weit niedriger ist als derjenige in der Gesamtbevölkerung. Er reflektiert damit offensichtlich sehr deutlich den erhöhten und frühzeitigen körperlichen und psychischen Verschleiß, an dem diese Menschen im Laufe ihres Lebens leiden und der ihre Lebenserwartung verkürzt. Überraschend und auch erschreckend ist demgegenüber der relativ hohe und ansteigende Anteil jüngerer Menschen unter den Wohnungslosen und hier der relativ hohe Frauenanteil. Es muss hier offen bleiben, ob und inwieweit diese Situation mit der ökonomisch und psychisch ungesicherten Lebenslage junger Menschen, mit dem Missbrauch von Suchtmitteln oder mit der zunehmend prekären Lage auf dem Wohnungsmarkt zusammenhängt.

**Wohnungslose in mittlerem Alter**

Der größte Teil der Wohnungslosen, nämlich 60 Prozent, ist zwischen 30 und 60 Jahre alt (Tabelle 1). Der Anteil dieser Gruppe unterscheidet sich nur wenig von demjenigen in der repräsentativen Studie in den Einrichtungen der Diakonie, der hier 66 Prozent beträgt (vgl. Gerull 2018).

**Zunahme der Wohnungslosigkeit bei Jüngeren**

Mit einem Drittel (34 Prozent) ist der Anteil der unter Dreißigjährigen relativ hoch. Immerhin ein Fünftel (20 Prozent) ist sogar noch keine 25 Jahre alt, und 8 Prozent noch minderjährig (vgl. BAG W 2019b). Der (mit 25 Prozent) noch höhere Frauenanteil unter den jüngeren Wohnungslosen fällt auf. Er deutet einen generellen Zuwachs des Frauenanteils in der wohnungslosen Bevölkerung an.

In der Studie aus Baden-Württemberg sind die annähernd 3000

**Tabelle 1:** Altersgruppen nach Geschlecht – Angaben in Prozent (Quelle: BAG W 2018b, S. 2)

| Altersgruppe | Männer | Frauen | Gesamt |
|---|---|---|---|
| Unter 25 Jahre | 19 | 25 | 20 |
| 25–30 Jahre | 14 | 13 | 14 |
| 30–40 Jahre | 23 | 22 | 23 |
| 40–50 Jahre | 21 | 20 | 21 |
| 50–60 Jahre | 17 | 14 | 16 |
| Über 60 Jahre | 7 | 6 | 7 |
| N (Anzahl) | 25131 | 9443 | 34574 |

ordnungsrechtlich untergebrachten – wohnungslosen – Kinder und Jugendliche (mit einem Anteil von 21 Prozent) bemerkenswert (vgl. GISS 2015, S. 45). Bereits in den 1990er Jahren hat die Berliner Sozialverwaltung die Problematik wohnungsloser Kinder thematisiert. Sie sah sich dazu veranlasst, wohnungslosen Familien eine erhöhte Aufmerksamkeit zu widmen und ihnen und speziell den Kindern spezifische Unterstützungsangebote zukommen zu lassen (s. Kap. 9.2).

Es stellt sich die Frage nach den Ursachen für den beachtlich hohen Anteil junger Menschen unter den Wohnungslosen. Beobachtungen geben Hinweise darauf, dass ein »Abrutschen«, also der Anschluss an die Drogen- und Alkohol-Szene dabei eine große Rolle spielt (vgl. Brox 2017; eigene Aufzeichnungen, z. B. Herr J., s. Kap. 6.3). Allerdings sind die Abhängigkeit von Suchtmitteln und der Anschluss an die entsprechenden Szenen häufig die Folge »besonderer Probleme« in der Sozialisation, wie z. B.:

- Mangelnde Zuwendung und Anerkennung oder Ablehnung in der Kindheit
- Scheitern oder Versagen in der Schule, der Ausbildung und am Arbeitsplatz (s. Kap. 4.2.6)
- Ablehnung und Ausgrenzung in primären Bezugsgruppen (vgl. Girtler 1980)

#### Das Phänomen der Straßenkinder

Im Zusammenhang mit dem beachtlichen Anteil jüngerer Menschen unter den Wohnungslosen ist auf das Phänomen der »Straßenkinder«, insbesondere in den Großstädten, zu achten. In der Frage nach der Unterbringung der von der BAG W erfassten Wohnungslosen geben 11 Prozent der unter 25-jährigen Wohnungslosen an, keinerlei Unterkunft zu haben. Hochgerechnet sind dies etwa 6000 junge Menschen bundesweit. Das Deutsche Jugendinstitut ermittelte 2017 sogar 6500 »minderjährige Straßenjugendliche« (vgl. Beierle & Hoch 2017, S. 11).

Diese jungen Menschen kommen meist aus desolaten Familienverhältnissen oder Heimen. Einem überdurchschnittlichen Teil dieser jungen Menschen fehlt ein Schulabschluss, viele von ihnen sind arbeitslos und überschuldet (vgl. Beierle & Hoch 2017, S. 11). Ihr Leben ist oftmals geprägt durch Alkohol- und Drogenkonsum, kleine Vergehen und/oder psychische Probleme. Sie sind geflohen oder wurden ausgestoßen und verbringen ihr Leben auf der Straße ohne feste Unterkunft (vgl. Malyssek & Störch 2009, S. 23).

Die trostlose Situation von Straßenkindern wird in dem folgenden Bericht des Leiters eines Beratungszentrums eindringlich beleuchtet:

> »Bei den Fällen von Heranwachsenden auf der Straße sehe ich in meiner Praxis die verlorenen Kinder vor mir, die massive psychische Probleme durch Rauschmittel haben und die nach Zerwürfnissen mit ihren wiederum zerstrittenen Eltern und Stiefeltern von zuhause geflüchtet sind, von Ort zu Ort vagabundieren und nichts auf die Reihe kriegen. Sie sind Verzweifelte, Ausgestoßene, Verlorene mit fehlendem Urvertrauen. Diese jungen Menschen suchen einen Platz, wo sie zur Ruhe kommen und Auswege aus ihrer Orientierungslosigkeit finden können.« (zitiert nach Malyssek & Störch 2009, S. 25)

»Selbst haltlos suchen sich diese Menschen gegenseitig Halt zu geben« (Malyssek & Störch 2009, S. 25). Die Befürchtung liegt allerdings nahe, dass bei dieser Ausgangslage die Entwicklungs- und Lebenschancen vieler dieser jungen Menschen – ohne gezielte Förderung und Unterstützung – eher begrenzt sind.

**Wohnungslose altern früher**

Der Anteil der Älteren, der über Sechzigjährigen, war mit 7 Prozent relativ niedrig. Auch der in Baden-Württemberg ermittelte Anteil von 11 Prozent unter den älteren Wohnungslosen, die nach § 67 ff. SGB XII unterstützt werden, sowie die Quote von 15 Prozent in der Erhebung bei der Diakonie (vgl. Gerull 2018, S. 1 Anhang) sind weitaus niedriger als die entsprechende Quote von 27 Prozent in der Gesamtbevölkerung (vgl. GISS 2015; Statistisches Bundesamt 2018).

Diese in allen vorliegenden Statistiken weit unterdurchschnittlichen Prozentsätze spiegeln die geringere Lebenserwartung wider.

Die meist erheblich belastenden Lebensverhältnisse wohnungsloser Menschen, insbesondere derjenigen ohne Unterkunft, haben vielfach einen körperlichen und psychischen Verschleiß zur Folge. Damit sind meist auch Abbauerscheinungen verbunden, wie eine verminderte Selbstachtung, Verschmutzung, Verelendung und Verwahrlosung (vgl. Malyssek & Störch 2009, S. 142 f.). Dies wird auch von den Betroffenen selbst indirekt hingenommen und akzeptiert:

> So drückte Herr Th. sein großes, unerwartetes Glück darüber aus, dass er trotz langjährigen Lebens auf der Straße und seiner Belastung durch mehrere chronische Krankheiten den 70. Geburtstag feiern konnte. (Eigene Aufzeichnung der Autoren)

Der folgende Bericht, der die Situation eines knapp sechzigjährigen ehemaligen Obdachlosen skizziert, verdeutlicht die Entwicklung von komplexen psychischen und sozialen Problemen bei älteren obdachlosen Menschen:

> »Als Herr T. vor vielen Jahren seine Arbeit und auch die damit verbundene Wohnmöglichkeit in Heidelberg verloren hatte, wusste er nicht, wie es für ihn weitergehen sollte. Seitdem war er ohne festen Wohnsitz, er übernachtete bei unterschiedlichen Bekannten, bis er den Weg zu OBDACH e. V. fand. Wir konnten ihm ein Zimmer in einer Wohngruppe anbieten. (…) In der ganzen Zeit gab es keine Beschwerden über ihn, weder von den Mitbewohnern, noch von den Nachbarn. Schleichend und langsam hat er sich in den letzten Monaten aber verändert« (Bamarni 2018, S. 16 ff.). Sein Verhalten, sein Ton, der Umgang mit Nachbarn wurde schwieriger, es gab Streitigkeiten. Er wurde schließlich auffällig, ging im Bademantel auf die Straße, entwickelte Ängste, wusch die Haare mit Spülmitteln, weigerte sich aber lange Zeit, zum Arzt zu gehen. Der dann doch aufgesuchte Arzt diagnostizierte schließlich eine »organische Wesensveränderung« (im Sinne einer Demenz, AF). Die von dem danach besuchten Psychiater empfohlene stationäre Behandlung lehnte er ab. »Dieser Krankheitszustand zwischen Demenz und einer psychischen

Erkrankung hat das Leben von Herrn T. elementar verändert«. Sehr hilfreich für ihn war das Verhalten seiner Mitbewohner, die nach ursprünglichen Schwierigkeiten sein verändertes Verhalten tolerierten und ihn sogar im Alltag unterstützten (vgl. Bamarni 2018, S. 16 ff.).

Um ein menschenwürdiges Leben führen zu können, benötigen diese älteren Menschen Hilfen in erweitertem Umfang und stärkerer Intensität (vgl. Abgeordnetenhaus von Berlin 1999). Damit aber ein frühzeitiger Abbau vermieden oder hinausgezögert werden kann, bedarf es präventiver Maßnahmen, zumindest aber medizinischer und sozialpädagogischer Unterstützung der Betroffenen.

### 4.2.3 Nationalität: mehr Wohnungslose mit »Migrationshintergrund«

Der größte Teil der wohnungslosen Menschen hat sowohl in der Erhebung der BAG W mit 71 Prozent als auch in der Studie bei den Diakonischen Einrichtungen mit 70 Prozent die deutsche Staatsbürgerschaft (vgl. BAG W 2018b, S. 3; Gerull 2018). Ähnlich hoch ist die Quote mit 68 Prozent bei den nach §§ 67 ff. SGB XII unterstützten Menschen in Baden-Württemberg (GISS 2015, S. 47). Das heißt aber auch, dass überdurchschnittlich viele, nämlich ein knappes Drittel der Wohnungslosen keine deutschen Staatsbürger sind. 11 Prozent der erfassten Personen sind EU-Bürger, und weitere 18 Prozent stammen aus Nicht-EU-Ländern (BAG W 2018b, S. 3). Dabei ist anzumerken, dass die Angaben zur Staatsangehörigkeit der Wohnungslosen wohnungslose anerkannte Flüchtlinge nicht einschließen. Der Anteil von Menschen mit Migrationshintergrund (mit oder ohne deutsche Staatsbürgerschaft) unter den ordnungsrechtlich untergebrachten Wohnungslosen in Baden-Württemberg ist mit beinahe der Hälfte (46 Prozent) erschreckend hoch (vgl. GISS 2015). Diese Tatsache veranlasst zu Fragen nach der gesellschaftlichen Diskriminierung dieser Menschen, insbesondere auf dem Wohnungsmarkt, im Arbeitsleben und im Bildungssystem.

Es fällt auf, dass sich unter den EU-Ausländern – insbesondere in den Metropolen – relativ viele Menschen befinden, die ohne Unterkunft auf der Straße, in Hüttendörfern oder Elendssiedlungen leben. Diese Menschen bilden in einigen Großstädten unter den Obdachlosen einen Anteil von mehr als 50 Prozent (vgl. BAG W 2019b, S. 2). Es handelt sich dabei vor allem um Bürger aus südosteuropäischen Staaten – häufig sind dies Sinti und Roma. Viele kamen als Saisonarbeiter z. B. in der Bauwirtschaft oder in der Fleischindustrie unter, also in Arbeitsbereichen mit hohen körperlichen Belastungen und Risiken (vgl. Friedrichsen & Huck 2018, S. 32 f.). Wenn diese Menschen dann irgendwann nicht (mehr) erwerbsfähig sind, genießen sie keinen Versicherungsschutz, sollten sie ihr Arbeitsverhältnis selbst gekündigt oder den Arbeitsplatz wegen Fehlverhaltens verloren haben. Dann sind sie in Gefahr, langfristig ihre Gesundheit zu schädigen und zu verelenden (vgl. Malyssek & Störch 2009, S. 32; BAG W 2019c). Im Übrigen wird damit gerechnet, dass das Problem gestrandeter Personen aus der Gruppe der Sinti und Roma weiter zunehmen wird, da diese Menschen in ihrer Heimatregion massiv und noch stärker als in Deutschland diskriminiert werden und sie dort keinerlei Perspektiven haben (vgl. Brenner 2019).

### 4.2.4 Regionale Verteilung: Konzentration in großen Städten

Die meisten Wohnungslosen leben in Großstädten – es scheint sie vor allem dorthin zu ziehen. Einerseits können sie dort in eine gewisse Anonymität abtauchen und zugleich auf Menschen in einer ähnlichen Situation treffen, die ihnen Informationen und Ratschläge geben. Andererseits finden sie dort eher Einrichtungen und Dienste, an die sie sich zur Not wenden und von denen sie Unterstützung erhalten können, als in kleineren Gemeinden. Hinzu kommt, dass das Angebot an bezahlbaren Wohnungen gerade in den Großstädten immer geringer wird, während die Mieten durchweg ansteigen, was bei finanziell überforderten Mietern zum Wohnungsverlust führen kann. Dies zeigt sich zum Beispiel in Baden-Württemberg, wo der Anteil wohnungsloser Menschen in größeren Städten deutlich höher ist als in kleinen Gemeinden (s. Tabelle 2).

**Tabelle 2:** Anzahl ordnungsrechtlich untergebrachter Wohnungsloser pro 1000 Einwohner in Gemeinden in Baden-Württemberg (Quelle: GISS 2015)

| Anzahl der Einwohner in den Gemeinden | Anzahl Wohnungsloser pro 1000 Einwohner |
|---|---|
| Über 100 000 | 1,9 |
| 20 000 bis 100 000 | 1,7 |
| 5000 bis 20 000 | 1,2 |
| Unter 5000 | 0,5 |
| Landesdurchschnitt | 1,3 |

Wenn die nach §§ 67 ff. SGB XII unterstützten Menschen hinzugefügt werden, liegen einige, jedoch nicht alle großen Städte/Stadtkreise in Baden-Württemberg deutlich über dem Landesdurchschnitt (vgl. GISS 2015, S. 34 ff.). Wohnungslose Menschen pro 1000 Einwohner lebten in:

- Heidelberg: 6,1
- Stuttgart: 5,7
- Freiburg: 3,8
- Pforzheim: 2,6
- Heilbronn: 2,1
- Karlsruhe: 2,0
- Mannheim: 1,6
- Ulm: 1,4
- im Landesdurchschnitt: 2,1

Auffallend ist dabei der hohe Anteil wohnungsloser Menschen (sieht man von Stuttgart, der größten Stadt des Landes, ab) in den großen Universitätsstädten Heidelberg und Freiburg. Demgegenüber sind die Quoten in Mannheim und Ulm relativ niedrig. Dies könnte sowohl Folge einer besonders rigiden Sozialpolitik als auch einer etwas günstigeren Versorgung mit bezahlbarem Wohnraum oder einer am Gemeinwohl orientierten Wohnungspolitik sein. Die Stadt Ulm versucht dies schon seit Jahrzehnten, und zwar offenbar mit einigem Erfolg, dadurch zu erreichen, dass jedes potenzielle Baugebiet erst dann geplant und realisiert wird, wenn dieses völlig im Besitz der Gemeinde ist. Die Grundstücke bleiben dadurch insbesondere für die städtische Wohnungsbaugesellschaft UWS und für Baugenossenschaften erschwinglich. Diese besitzen insgesamt 33 Prozent der Mietwohnungen im Stadtgebiet und können diese relativ preisgünstig anbieten (vgl. Stadt Ulm 2019). Darüber hinaus werden hier Käufer der Grundstücke dazu verpflichtet, sich an die Auflagen der Stadt hinsichtlich der Mieten zu halten (vgl. Deutscher Verband für Wohnungswesen, Städtebau und Raumordnung 2016, S. 48 f.).

### 4.2.5 Familien- und Haushaltsstruktur

#### Familienstand

Weit überdurchschnittlich hoch ist der Anteil der Ledigen unter den wohnungslosen Menschen. Dabei unterscheiden sich allerdings Männer und Frauen deutlich: 73 Prozent der männlichen, aber nur 58 Prozent der weiblichen Wohnungslosen sind ledig (s. Tabelle 3).

Diese Anteile der Ledigen unter den wohnungslosen Männern und Frauen sind etwa doppelt so hoch wie diejenigen in der erwachsenen Gesamtbevölkerung mit 35 Prozent der Männer und 26 Prozent der Frauen (vgl. Statistisches Bundesamt 2018).

In einer Vielzahl von sozialwissenschaftlichen und psychologischen Studien konnte nachgewiesen werden, dass eine feste Partnerschaft sowohl zur psychischen als auch zur gesundheitlichen Stabili-

Tabelle 3: Familienstand – Angaben in Prozent (Quelle: BAG W 2018b)

| Status | Männer | Frauen | Gesamt |
|---|---|---|---|
| Ledig | 73 | 58 | 69 |
| Verheiratet/eingetragene Lebensgemeinschaft | 8 | 13 | 10 |
| Getrennt lebend | 5 | 8 | 6 |
| Geschieden | 13 | 18 | 14 |
| Verwitwet | 2 | 3 | 2 |
| N (Anzahl) | 22974 | 8737 | 31716 |

tät beiträgt, ihr Mangel oder Verlust hingegen zu Vereinsamung und zu einer Verminderung von psychischen und körperlichen Abwehrkräften sowie zu einer generellen Beeinträchtigung der Gesundheit führen können (vgl. Waltz 1981; s. auch Kap. 5.5.3).

Womit der überdurchschnittliche hohe Anteil lediger Personen unter den Wohnungslosen zusammenhängt, muss zunächst unklar bleiben:

- Liegt es an einer in der Kindheit und Jugend erworbenen Schwierigkeit, Kontakte zu knüpfen und aufrecht zu erhalten?
- Erschweren es der niedrige Sozialstatus mit der geringen schulischen und beruflichen Qualifikation, eine unsichere Position im Arbeitsleben mit befristeten Anstellungsverhältnissen oder im Niedriglohnsektor, eine feste Partnerschaft zu beginnen und aufrechtzuerhalten?
- Oder ist ein schwaches Selbstwertgefühl dafür verantwortlich, dass Wagnisse, wie eine feste Beziehung, vermieden werden?

Wenn diese Merkmale für den Familienstand »ledig« verantwortlich sind, dann sind sie zumindest indirekt auch Einflussfaktoren für die damit zusammenhängende soziale Isolation wohnungsloser Menschen.

Verheiratet sind unter den Wohnungslosen nur relativ wenige, nämlich 8 Prozent der Männer und 12 Prozent der Frauen. Geschieden sind 13 Prozent der Männer und 18 Prozent der Frauen. Diese Anteile sind erheblich höher als diejenigen in der (erwachsenen) Gesamtbevölkerung. Hier sind 8 Prozent der Männer und 10 Prozent der Frauen geschieden (vgl. Statistisches Jahrbuch 2019).

Die Vermutung liegt nicht fern, dass bei den Scheidungen und Trennungen häusliche Konflikte, auch gewaltsamer Art, eine bestimmende Rolle gespielt haben (vgl. Girtler 1980, S. 67). Als Einflussfaktoren kommen psychische Determinanten, aber auch belastende und gewaltgeprägte Lebensbedingungen in Betracht. Ein Beleg für die These, dass gewaltsame Konflikte für den hohen Anteil getrennt lebender oder geschiedener Frauen verantwortlich sind, ist auch, dass Gewalt durch den Partner von Frauen siebenmal häufiger als von Männern als Begründung für den Auszug aus der Wohnung angegeben wird (s. Kap. 8.4.1).

#### Haushaltsstruktur

Die meisten Wohnungslosen leben allein, nämlich insgesamt 70 Prozent (BAG W 2019b). Dies entspricht dem hohen Anteil lediger und getrennt lebender Personen unter den Wohnungslosen. Insgesamt sind 5 Prozent alleinerziehend. Unter den wohnungslosen Frauen sind es immerhin 15 Prozent, jedoch nur 1 Prozent in der Gruppe der wohnungslosen Männer. Die genannten 5 Prozent Alleinerziehende leben – hochgerechnet auf der Basis der insgesamt ca. 237 000 Wohnungslosen – mit mindestens 12 000 Kindern unter der Bedingung der Wohnungslosigkeit zusammen. Zu diesen Kindern kommen noch weitere hinzu: Insgesamt 22 Prozent der Wohnungslosen haben eigene Kinder außerhalb ihres eigenen Haushaltes. All diese Kinder sind in Gefahr, als »abgehängtes Prekariat« die Armutsquote zu erhöhen und das Ausmaß der Wohnungslosigkeit noch zu steigern.

### 4.2.6 Schulische und berufliche Qualifikationen

#### Schulische Qualifikation

Von zwei Dritteln (22762 Personen) der erfassten Wohnungslosen liegen Angaben zur schulischen »Qualifikation« vor (s. Tabelle 4). Demnach ist der Anteil der Wohnungslosen mit einer niedrigen schulischen Qualifikation mit 63 Prozent mehr als doppelt so hoch wie derjenige in der deutschen Gesamtbevölkerung. Hiervon tragen wiederum insbesondere diejenigen ohne Schulabschluss von vornherein ein sehr hohes »Verarmungsrisiko« (vgl. Pfahl 2010).

Die Anteile derjenigen mit mittlerem und höherem Bildungsabschluss sind dementsprechend mit 17 Prozent und 10 Prozent deutlich niedriger. Auffallend ist das etwas höhere Qualifikationsniveau bei den wohnungslosen Frauen.

Diese Ergebnisse zeigen zwar, dass Wohnungslose insgesamt eine deutlich unterdurchschnittliche Bildungsqualifikation aufweisen, aber auch, dass immerhin ein beträchtlicher Teil, nämlich mehr als ein Viertel (27 Prozent) der Erfassten eine mittlere oder höhere Qua-

Tabelle 4: Bildungsqualifikation – Angaben in Prozent (Quelle: BAG W 2018b)

| Qualifikation | Männer | Frauen | Gesamt |
|---|---|---|---|
| Niedrig | 64 | 64 | 63 |
| Mittel | 16 | 19 | 17 |
| Hoch | 9 | 12 | 10 |
| Sonstige | 11 | 6 | 10 |
| N (Anzahl) | 16679 | 6047 | 22726 |

Anmerkung: Als niedrige Qualifikation gelten hier kein Schulabschluss, Sonderschul- oder Hauptschulabschluss.

lifikation erreicht hatte. Dies bedeutet, dass der erreichte Bildungsgrad kein allein determinierender Faktor, sondern (nur) ein relevanter Risikofaktor für die Entstehung von Wohnungslosigkeit und anderer Notlagen ist.

**Berufliche Qualifikation**

Mehr als die Hälfte (56 Prozent) der Wohnungslosen hat keinen Berufsabschluss und weitere 7 Prozent haben nur eine Anlernausbildung absolviert (BAG W 2018b, S. 5). Diese Gruppe ist mit insgesamt 64 Prozent der erfassten Wohnungslosen mehr als viermal so hoch wie der Bundesdurchschnitt des Jahres 2017 mit einem Anteil von 17 Prozent (vgl. Statistisches Bundesamt 2018).

Ein knappes Drittel (30 Prozent) der Wohnungslosen hat eine praxisbezogene Ausbildung absolviert und (nur) 4 Prozent haben einen hochschul- oder fachhochschulbezogenen Abschluss. Diese Ergebnisse zeigen zusammen mit der im Durchschnitt erreichten schulischen Qualifikation einen relativ niedrigen Sozialstatus an, der in den meisten Fällen auch mit erheblich größeren Problemen auf dem Arbeitsmarkt und einem geringeren Einkommen verknüpft ist (s. Kap. 5.1; vgl. Bude 2008).

Bereits im »Bericht über die Eingliederung von Personen mit besonderen sozialen Schwierigkeiten« des Bundesministeriums für Jugend, Familie und Gesundheit (BMJFG) aus dem Jahr 1976 werden die sozialen und ökonomischen Voraussetzungen wohnungsloser Menschen als außerordentlich bescheiden charakterisiert.

Diese zeichnen sich demnach durch folgende Mangellagen aus:

- niedriges Bildungsniveau
- keine ausreichende berufliche Qualifikation
- wirtschaftliche Benachteiligung (vgl. Klee 1979, S. 35)

An der hier dargestellten Situation hat sich seitdem grundsätzlich wenig geändert, wie unter anderem die Erhebungen der Bundesarbeitsgemeinschaft Wohnungslosenhilfe e. V. von 2016 dokumentieren.

Welche Faktoren für die geringen persönlichen Ressourcen verantwortlich sind, bleibt hier offen. Die zur Familien- und Haushaltsstruktur erörterten Daten sowie Erfahrungsberichte weisen jedoch darauf hin, dass ungünstige Konstellationen bei der Sozialisation in Kindheit und Jugend (häufig in benachteiligten Milieus) sowie sprachliche und kulturelle Barrieren wesentliche Ursachen dafür sein dürften. Sozialbehörden richten aus diesem Grund eine erhöhte Aufmerksamkeit auf die Lage wohnungsloser Familien und Kinder (vgl. Abgeordnetenhaus von Berlin 1999).

KAPITEL 5

# Lebenslagen wohnungsloser Menschen

Wie die Erörterung demographischer und sozialer Merkmale erkennen lässt, unterscheidet sich die Lebenssituation wohnungsloser Menschen in vieler Hinsicht von derjenigen der durchschnittlichen Wohnbevölkerung, und zwar durchweg zu ihrem Nachteil. Der größte Teil von ihnen ist zumindest zeitweilig arbeitslos oder im Niedriglohnsektor beschäftigt. Ihre Einkünfte reichen bestenfalls dazu, das eigene Leben geradeso zu erhalten. Bei einigen fehlt jegliche finanzielle Grundlage, nicht selten sogar die vertragliche Basis zur Erhaltung der – auch durch viele äußere Bedingungen gefährdeten – Gesundheit. Viele leben schutzlos auf der Straße und noch mehr sind in Notquartieren, oftmals menschenunwürdig, untergebracht. Ihre Kontakte zu anderen Menschen sind meist nur spärlich und in den immer wieder auftretenden Notlagen finden sie nicht immer adäquate Hilfe und zugewandte Helfer. Von der Öffentlichkeit werden sie bemitleidet, missachtet und oft als »Fremde« und Störenfriede diskriminiert und ausgegrenzt. Spezifische Vorschriften, Verbote und Anordnungen der Behörden schränken ihre Rechte und ihre ohnehin begrenzten Handlungsspielräume ein (vgl. Lepenies 2017; Leßmann 2006).

## 5.1 Arbeit und Beschäftigung

Bei einem relativ niedrigen schulischen und beruflichen Qualifikationsniveau sind Schwierigkeiten auf dem Arbeitsmarkt zu erwarten. Für diese Menschen bleiben wenig anspruchsvolle, gering vergütete, oft unsichere Arbeitsplätze (Zeitarbeit, Leiharbeit, Teilzeitbeschäftigung) mit vielfach belastenden Arbeitsbedingungen übrig. Damit sind häufige Wechsel des Arbeitsplatzes, zeitlich begrenzte Phasen der Beschäftigung und ein hohes Risiko der Arbeitslosigkeit verknüpft:

> »Wer sich mit einfachen Arbeiten in instabilen Beschäftigungsverhältnissen durchschlagen muss, ist im Zweifelsfall arm dran.« (Bude 2008, S. 40)

Die von der BAG W ermittelte Arbeitslosenquote bei den Wohnungslosen ist allerdings erschreckend hoch (s. Tabelle 5): 87 Prozent der erfassten Wohnungslosen gaben an, arbeitslos zu sein, und nur 9 Prozent übten eine Beschäftigung auf dem ersten Arbeitsmarkt aus.

Zusätzlich bemerkenswert ist der mit 57 Prozent hohe Anteil von Langzeitarbeitslosen unter den arbeitslosen wohnungslosen Menschen insgesamt. Dies entspricht einer Quote von 50 Prozent Langzeitarbeitsloser bezogen auf die Gesamtheit der Wohnungslosen. Die entsprechende Quote von 52 Prozent in der Untersuchung bei den Diakonischen Einrichtungen ist nur wenig höher (vgl. Gerull 2018, S. 21).

Diese Ergebnisse werden durch diejenigen bestätigt, die 2014 von der Studie des Sozialministeriums Baden-Württemberg erbracht wurden. Demnach gingen unter den nach §§ 67 ff. SGB XII geförder-

**Tabelle 5:** Arbeits- und Beschäftigungssituation – Angaben in Prozent (Quelle: BAG W 2018b)

| Beschäftigung | Männer | Frauen | Gesamt |
|---|---|---|---|
| Arbeitslos | 89 | 84 | 87 |
| 3. Arbeitsmarkt | 1 | 1 | 1 |
| 2. Arbeitsmarkt | 1 | 1 | 1 |
| 1. Arbeitsmarkt | 8 | 13 | 9 |
| Selbständig | 1 | 1 | 1 |
| N (Anzahl) | 18922 | 7179 | 26101 |

ten Wohnungslosen (Hilfen zur Überwindung »besonderer sozialer Schwierigkeiten«) nur 17 Prozent irgendeiner Beschäftigung nach (GISS 2015, S. 48 f.). Davon befinden sich knapp 40 Prozent (d. h. 7 Prozent der Gesamtheit) in einem sozialversicherungspflichtigen Arbeitsverhältnis. An »tagesstrukturierenden (d. h. alltagsgestaltenden und beschäftigungsvorbereitenden, AF) Maßnahmen« nahmen 36 Prozent (d. h. ca. 6 Prozent der Gesamtheit) dieser wohnungslosen Menschen teil. Weitere 24 Prozent (d. h. etwa 4 Prozent der Gesamtheit) waren Teilnehmer an Qualifizierungsprogrammen. Demgegenüber waren mehr als vier Fünftel dieser Personen, nämlich 83 Prozent, »ohne jedes Arbeits- und Beschäftigungsverhältnis« (vgl. GISS 2015, S. 49).

Einzelne Befragungen von wohnungslosen Menschen ohne Unterkunft ergaben, dass diese, soweit sie körperlich und psychisch dazu in der Lage sind, bisweilen zeitlich befristete Gelegenheitsjobs ausüben, um finanziell besser über die Runden zu kommen, z. B. als Spüler, Umzugshelfer sowie als Prospektverteiler, Blutspender oder als Interviewer in der Marktforschung (vgl. Müller 2006, S. 156). Ein dauerhaftes Arbeitsverhältnis wird von manchen Obdachlosen abgelehnt – als etwas, das mit den Wertvorstellungen eines »Sandlers« (eines Obdachlosen in Wien) wenig kompatibel ist. Im Gegenteil: Für diese Person beruht die eigene Identität und Zugehörigkeit zur Gruppe der »Sandler« sogar auf Nicht-Arbeit (vgl. Girtler 1980, S. 56 f.). Andere Betroffene entziehen sich »dem Zwangscharakter von Sozialhilfeansprüchen und den damit verknüpften Verpflichtungen zur Teilnahme an sogenannten gemeinnützigen Arbeitsleistungen« (Malyssek & Störch 2009, S. 117), indem sie sich bewusst dafür entscheiden, die Bedarfe des täglichen Lebens durch Betteln zu decken und auf ein gesichertes Einkommen zu verzichten.

Die Ablehnung von Arbeit muss allerdings keine grundsätzliche sein, sondern kann auch aus der Erfahrung des Wohnungslosen resultieren, dass ihm nur Arbeiten angeboten werden, die wenig Prestige, Anerkennung und Befriedigung vermitteln und kaum Handlungsspielräume ermöglichen (vgl. Girtler 1980, S. 64). Damit dürfte auch die Unzufriedenheit von knapp zwei Dritteln (63 Prozent) der Wohnungslosen mit ihrer bisherigen Erwerbssituation zu erklären sein. Diese Angabe stammt aus der o.g. Untersuchung in Einrichtungen des Diakonischen Werkes (vgl. Gerull 2018).

Dass Arbeitslosigkeit und insbesondere Langzeitarbeitslosigkeit mit Armut sowie mit psychischen, sozialen und auch gesundheitlichen Problemen einhergehen, ist seit Jahrzehnten belegt und vielfach beschrieben, beispielsweise in der deutschen Gesundheitsberichterstattung (vgl. Grobe & Schwartz 2003). Bereits in den dreißiger Jahren des letzten Jahrhunderts konnte nachgewiesen werden, dass die Menschen nach einer längeren Phase der Arbeitslosigkeit den Mut und die Hoffnung auf Veränderungen verlieren, sich zurückziehen und keine Initiative mehr zeigen: ein Teufelskreis, aus dem es für die Betroffenen kaum Auswege zu geben scheint. Sie nehmen sich als die »Entbehrlichen« und »Überflüssigen« in der Gesellschaft wahr (vgl. Butterwegge 2016, S. 82). Die gefühlte Chancenlosigkeit trägt zu einer Haltung von Apathie, Passivität und Resignation bei – und damit auch zum Verlust von Bindungen und sozialer und emotionaler Unterstützung, sowie zu sozialer Isolierung und Vereinsamung (vgl. Jahoda et al. 1975). Auf diese Weise wird auch »das soziale Immunsystem« geschwächt, »das die psychische und physische Gesundheit schützt« (Waltz 1981, S. 74).

Die Situation vieler dieser Menschen, die arbeitslos sind oder sich in einem prekären Beschäftigungsverhältnis befinden, bleibt vielfach über Generationen hinweg bestehen: Ihre Kinder besuchen zu einem sehr großen Teil Sonderschulen und erlangen nur ein geringes schulisches und berufliches Qualifikationsniveau (vgl. Klee 1979, S. 36; s. Kap. 4.2.6).

## 5.2 Lebensunterhalt, Einkommen

Die Lebenslage wohnungsloser Menschen und die Möglichkeiten, ihren Alltag zu gestalten, werden ganz wesentlich durch ihre begrenzten finanziellen Möglichkeiten bestimmt. Auch bei diesem benachteiligten Personenkreis liegen jedoch Abstufungen der Chancen und Risiken vor. So beziehen einige ein regelmäßiges Einkommen aus einem Arbeitsverhältnis oder Zuwendungen aus Transferleistungen, andere müssen sich hingegen ohne eigenes Einkommen improvisierend über Wasser halten. Manche behelfen sich in ihrer Not auch mit Ratenkäufen und Krediten, die ihnen jedoch nur vorläufig Erleichterung bringen, da die meisten zu einer Überschuldung und damit zu dauerhaften und unüberwindlichen Einschränkungen führen.

Eine erhebliche Bedrohung gewohnter – bescheidener – Lebensbedingungen und des Lebens selbst geht bei einigen Wohnungslosen von Erkrankungen aus, vor allem dann, wenn diese Menschen nicht durch die Mitgliedschaft in einer Krankenversicherung abgesichert sind.

### 5.2.1 Einkommensquellen

Nach den Angaben der durch die BAG W 2016 Befragten entspricht die Einkommenssituation wohnungsloser Menschen in Deutschland ihrer Beschäftigungssituation und ist äußerst dürftig (s. Tabelle 6). Demnach bezogen nur 9 Prozent der erfassten Menschen ein »normales«, auf Erwerbsarbeit beruhendes Einkommen. Beinahe zwei Fünftel (39 Prozent) lebten von ALG II (»Hartz IV«), und wei-

**Tabelle 6:** Einkommenssituation vor Kontakten mit dem Hilfesystem – Angaben in Prozent (Quelle: BAG W 2018b)

| Art des Einkommens | Männer | Frauen | Gesamt |
|---|---|---|---|
| Erwerbs- oder Berufstätigkeit | 8 | 11 | 9 |
| ALG I | 4 | 3 | 3 |
| Rente/Pension | 6 | 7 | 7 |
| ALG II | 38 | 40 | 39 |
| Sozialhilfe/Grundsicherung | 7 | 5 | 6 |
| Sonstige öffentliche Unterstützung | 2 | 4 | 3 |
| Kein Einkommen | 32 | 26 | 30 |
| Unterhalt durch Angehörige | 1 | 2 | 1 |
| N (Anzahl) | 21 047 | 7811 | 28 858 |

tere 6 Prozent erhielten eine andere öffentliche Unterstützung, z.B. Grundsicherung oder Sozialhilfe, Erwerbslosenrente, Altersrente, Wohngeld.

Ein sehr großer Teil, nämlich 30 Prozent der durch die Befragung der BAG W erfassten Personen gab jedoch an, gar kein Einkommen zu beziehen.

### 5.2.2 Leben ohne Einkommen

Im Vergleich zu den Ergebnissen der Studie in Baden-Württemberg ist die Gruppe der (von der BAG W erfassten) wohnungslosen Menschen ohne Einkommen mit 30 Prozent gegenüber 5 Prozent allerdings sehr hoch (GISS 2015, S.48). Diese Diskrepanz lässt sich möglicherweise so erklären, dass es sich bei der BAG W-Erfassung um die Einkommenssituation *vor* Beginn der Hilfe handelte. Die GISS-Studie umfasst jedoch Betroffene, die sich bereits im Hilfesystem befinden. Es ist davon auszugehen, dass Letztere zum Erhebungszeitpunkt bereits Unterstützung bei der Beantragung von Transferleistungen und dementsprechende Zahlungen erhalten haben (anderenfalls wäre die Hilfe auch nicht bewilligt worden). Für diese Sichtweise spricht auch, dass bei der BAG W-Erhebung über 30 Prozent der Betroffenen zum Erhebungszeitpunkt über kein eigenes Bankkonto verfügten, was eine große Hürde bei der Beantragung von Transferleistungen darstellt.

Zu den Transferleistungen finden nicht alle wohnungslosen Menschen den notwendigen Zugang. Manchen Wohnungslosen fehlen die erforderlichen Nachweise oder eine Meldeadresse, für andere sind die sozialen oder sprachlichen Hürden auf dem Weg zu den Ämtern und bei der Antragsstellung zu hoch. Von dieser Misere sind vor allem Menschen mit geringen Bildungsvoraussetzungen, nicht zuletzt aber auch Wohnungslose ohne deutschen Pass betroffen. Besonders erschwert wird deren Lage auch dadurch, dass sie nicht krankenversichert sind und damit keinen Anspruch auf Leistungen im Krankheitsfall haben.

Wohnungslose (obdachlose) Menschen, die auf der Straße leben und zum Teil kein Einkommen beziehen, befinden sich auf jeden Fall in einer extremen Notsituation. Der Erwerb von Gütern des täglichen Bedarfs (Nahrung, Kleidung, Hygieneartikel, Körperpflege, auch Medikamente) und von Dienstleistungen (Friseurbesuch, Kinobesuch, Fahrausweise) ist unter diesen Bedingungen nahezu unmöglich, zumindest jedoch erheblich erschwert – und mit Sorgen und psychischen Belastungen verbunden. Manche obdachlosen Menschen versuchen, mit ihrer misslichen Lage dennoch irgendwie zurecht zu kommen. Sie sorgen zum Teil auf »alternative« Weise für ihren Lebensunterhalt, wie zum Beispiel durch:

- Betteln, »Sitzung machen« auf der Straße (von den durch die Liga der Freien Wohlfahrtsverbände in Hessen befragten Wohnungslosen gaben 9 Prozent an, sich durch Betteln zu finanzieren, vgl. Bebenburg 2018)
- Rückgabe gesammelter Pfandflaschen
- »Untersuchung« leerer Schließfächer in Bahnhöfen
- Verkauf selbstgemalter Bilder und anderer Produkte
- Straßenmusik
- Sammeln weggeworfener Lebensmittel aus den Abfallcontainern von Supermärkten (»Containern«) oder von Kleidung und Schuhen aus caritativen Sammlungen
- Nutzung von Suppenküchen, Tafelläden und ähnlichen Einrichtungen der Nothilfe

Einige Obdachlose riskieren in der Not kleine Delikte, wie »Mundraub«, Ladendiebstahl oder Schwarzfahren (vgl. Müller 2006, S. 156 ff.). Damit und mit einigen anderen dieser Unterhaltsquellen befinden sich die obdachlosen Menschen allerdings nahe am Bruch oder sogar jenseits von gültigen Rechtsnormen, z. B. wenn sie »containern«, aggressiv betteln oder Schließfächer auf Brauchbares »untersuchen«. Dabei können sie durchaus ins Visier der Ordnungshüter geraten. Dies gilt besonders dann, wenn sie durch das Dealen von Drogen ihren Lebensunterhalt verdienen.

Um zu vermeiden, mit dem Gesetz in Konflikt zu kommen, versuchen einige obdachlose Menschen, durch ihre selbst gewählte Lebensweise bewusst mit den Regeln und Werten der Konsumgesellschaft zu brechen. So bemühen sich einige von ihnen um ein außerordentlich sparsames Leben, indem sie beispielsweise auch lange Strecken zu Fuß zurücklegen (vgl. Müller 2006, S.156 ff.) oder auf »Luxusgüter«, wie Tabak, Alkoholika, ein Mobilfunktelefon, sowie Dienstleistungen wie Friseurbesuche zu verzichten versuchen.

### 5.2.3 Risiko Überschuldung

Ein Entkommen aus der Misere der Einkommensarmut dürfte dann besonders schwierig sein, wenn die finanzielle Lage zusätzlich durch Schulden belastet ist (vgl. Gerull 2018, S.21). Diese entstehen vor allem durch die meist hilflosen Versuche der betroffenen Menschen, einer augenblicklichen finanziellen Notsituation durch Fremdfinanzierung zu entkommen, ohne dabei die langfristigen Risiken abzuschätzen.

Unter den Befragten der BAG W waren 57 Prozent »überschuldet« (vgl. BAG W 2018b) und unter den Teilnehmern der Studie in den Diakonischen Einrichtungen war nur ein Drittel schuldenfrei, aber mehr als ein Drittel hatte Schulden von mehr als 5000 Euro, darunter 13 Prozent mit mehr als 20 000 Euro Schulden (vgl. Gerull 2018). Diese problematische Lage eines großen Teils der Wohnungslosen legt die Vermutung sehr nahe, dass damit erhebliche psychosoziale Belastungen der Betroffenen verknüpft sind: Es entsteht ein Teufelskreis aus Schulden, Erwerbslosigkeit, mangelnden Perspektiven und wenig Hoffnung auf ein »besseres« Leben, der zu einem Verharren in der prekären Lage führt.

Die finanziellen Verhältnisse der Wohnungslosen und insbesondere die Belastung durch Überschuldung sind im Übrigen vielfach nicht nur Begleiterscheinung, sondern Ursache und Hintergrund der Wohnungslosigkeit: Nach einer mit Sanierungsmaßnahmen begründeten Mieterhöhung sind nicht wenige Mieter finanziell überfordert und von Kündigung oder sogar Zwangsräumung bedroht. Diese Gefahr wird dann besonders virulent, wenn die finanzielle Situation durch hohe Schulden belastet ist und das eigene Einkommen sich vermindert, z.B. infolge eines Arbeitsplatzverlustes oder einer schweren Erkrankung des Betroffenen selbst oder eines Familienangehörigen.

Insbesondere in boomenden Städten mit angespanntem Wohnungsmarkt (s. Kap. 4.2.4) finden sich kaum bezahlbare Alternativen: die Einweisung in eine Notunterkunft, der Weg auf die Straße oder der Versuch, in einer anderen Stadt einen Ausweg zu finden, sind die möglichen und deprimierenden Konsequenzen.

### 5.2.4 Leben ohne Krankenversicherungsschutz

Seit dem Jahr 2007 besteht für gesetzlich Versicherte in Deutschland eine Pflichtmitgliedschaft in Krankenkassen, und seit 2009 eine vergleichbare Regelung für Mitglieder in Privatkrankenkassen. Dennoch leben nach Schätzungen immerhin etwa 0,4 Prozent der deutschen Bevölkerung ohne Schutz durch eine Krankenversicherung (vgl. Preuß 2020). Unter den Wohnungslosen liegt dieser Anteil nach den Ergebnissen der Befragung der BAG W bei 21 Prozent. Bei weiteren 8,5 Prozent ist der Krankenversicherungsstatus ungeklärt (vgl. BAG W 2018b). Von dieser Problematik sind vor allem Wohnungslose ohne Unterkunft sowie solche mit Migrationshintergrund betroffen, und zwar am ehesten diejenigen ohne Einkommen. Manche Wohnungslose verlieren ihren Versicherungsschutz nach einem Arbeitsplatzverlust, oder wenn Beiträge, vor allem bei Privatversicherten, zu teuer geworden sind (vgl. Schaak 2009). Der fehlende Versicherungsschutz stellt (neben psychosozialen Hürden) im Krankheitsfall eine erhebliche Barriere auf dem Weg zum Arzt dar und begründet, (zumindest teilweise) eine erhöhte Morbidität der wohnungslosen Menschen: Akute Erkrankungen werden vor allem aus Angst vor den damit verbundenen Kosten nicht oder zu spät behandelt, sodass sie sich zu chronischen Krankheiten entwickeln oder dauerhaft die Gesundheit schädigen und sogar lebensgefährlich werden können (s. Kap. 7.3.2).

## 5.3 Wohnen und Unterkunft

Wesentliches Kennzeichen der Wohnungslosigkeit ist das Fehlen einer Wohnung, die durch Eigentumsrechte oder Mietvertrag gesichert ist. Wohnungslosigkeit kann demnach auch ein Leben in Wohnungen (mit bloßem Nutzungsvertrag) einschließen, die eine relative Geborgenheit ermöglichen, aber auch Unterkünfte mit »unzumutbaren« Verhältnissen. Im Extremfall fehlt Wohnungslosen jeglicher schützende Raum; als »Obdachlose« haben sie kein Dach über dem Kopf.

### 5.3.1 Aktuelle Wohnsituation

Unter den in der Erhebung der Bundesarbeitsgemeinschaft Wohnungslosenhilfe e.V. (BAG W) erfassten wohnungslosen Menschen hatte vor Beginn der Kontakte mit dem Hilfesystem immerhin der größte Teil, nämlich 85 Prozent, zumindest ein Dach über dem Kopf (s. Tabelle 7). Andererseits hatten 15 Prozent der wohnungslosen Menschen (14 Prozent nach der Erhebung bei den diakonischen Einrichtungen, vgl. Gerull 2018) keine Unterkunft und mussten ihr Leben auf der Straße zubringen. Dabei handelt es sich überwiegend um Männer (mit einem Anteil von 18 Prozent gegenüber einem Anteil von 7 Prozent unter den wohnungslosen Frauen).

**Tabelle 7:** Unterbringung vor Kontakten mit dem Hilfesystem – Angaben in Prozent (Quelle: BAG W 2018b)

| Unterkunft | Männer | Frauen | Gesamt |
|---|---|---|---|
| Wohnung | 21 | 32 | 24 |
| Bei Familie, Partner | 10 | 15 | 11 |
| Bei Bekannten | 30 | 28 | 29 |
| Sonstige Unterkunft | 21 | 18 | 20 |
| Ohne Unterkunft | 18 | 7 | 15 |
| N (Anzahl) | 23582 | 9107 | 32689 |

### 5.3.2 Ordnungsrechtlich untergebrachte Wohnungslose

Soweit ordnungsrechtlich untergebrachte Menschen eine Unterkunft haben, befindet sich diese allerdings auch heute noch vielfach in Armutssiedlungen, häufig am Stadtrand gelegen, in sozialen Brennpunkten, Ghettos, oft ohne Anbindung, an stark befahrenen Ausfallstraßen, in Gleisdreiecken, am Rand von Gewerbegebieten oder Kasernen, oft ohne Infrastruktur. Bei den Behausungen handelt es sich um Notunterkünfte, ehemalige Kasernen, Baracken, Lager oder Schlichtbauten der Nachkriegszeit. In seltenen Fällen befinden sich in der Nähe solcher Siedlungen Anbieter von Gütern für den täglichen Bedarf – die Versorgung hiermit wird so für die Menschen erheblich aufwendiger, umständlicher und auch teurer.

In vielen Kommunen ist die topographische Lage der Unterkünfte für wohnungslose Menschen mit einer Stigmatisierung der Betroffenen durch die »bürgerliche Gesellschaft« verbunden. Damit sind die gesamten Lebenschancen dieser Menschen, insbesondere auf dem Arbeitsmarkt und im Freizeitbereich, von vornherein deutlich eingeschränkt. Vor allem die Kinder von Wohnungslosen werden vielfach ausgegrenzt, an ihrer Entwicklung und ihrem Fortkommen behindert. »Bürgerliche« Eltern verbieten ihren Kindern, mit den »Gassenkindern«, »Kasernenkindern«, »Baracklern« Kontakt aufzunehmen: »Spiel nicht mit den Schmuddelkindern«, sang Franz Josef Degenhardt über dieses Umgangsverbot.

In Baden-Württemberg sind beinahe zwei Drittel (63 Prozent) der in der 2014 durchgeführten Erhebung erfassten wohnungslosen Menschen ordnungsrechtlich untergebracht (vgl. GISS 2015, S. 32). Darunter bilden Kinder und Jugendliche einen Anteil von 21 Prozent.

Im Rahmen dieser Studie wurde die aktuelle Wohnsituation von ordnungsrechtlich eingewiesenen Personen in Gemeinden mit mehr als 20 000 Einwohnern eigens untersucht (vgl. GISS 2015, S. 50 f.). Von diesen Menschen lebt immerhin fast die Hälfte (45 Prozent) in »normalem« Wohnraum (mit Nutzungsvertrag) und ein knappes Fünftel (19 Prozent) in Schlichtwohnungen (s. Tabelle 8). Von den Kindern und Jugendlichen in den eingewiesenen Haushalten lebt zwar der größte Teil (80 Prozent) in abgeschlossenen Wohnungen, nämlich 56 Prozent in »normalen« Wohnungen und 24 Prozent in

Tabelle 8: Ordnungsrechtliche Unterbringung wohnungsloser Menschen in Gemeinden mit mehr als 20 000 Einwohnern in Baden-Württemberg (Quelle: GISS 2015)

| Art der Unterkunft | Wohnungslose, Anteile in Prozent |
|---|---|
| »Normale« Wohnung | 45 |
| Schlichtwohnung | 19 |
| Übergangswohnheim | 15 |
| Hotel/Pension | 9 |
| Not- oder Behelfsunterkunft (Container, Baracke) | 9 |

Schlichtwohnungen (vgl. GISS 2015, S. 51). Nichtsdestoweniger leben von diesen ordnungsrechtlich eingewiesenen wohnungslosen Kindern immerhin 9 Prozent in Baracken, Containern und anderen Behelfsunterkünften sowie weitere 9 Prozent in billigen Pensionen – die denkbar schlechtesten Rahmenbedingungen für die psychische und soziale Entwicklung dieser Kinder.

Dabei unterscheidet sich allerdings die Wohnsituation in den mittelgroßen von derjenigen in den Großstädten (über 100 000 Einwohner) deutlich: Die Wohnangebote in Großstädten sind besser als diejenigen in den mittelgroßen Städten. In den Großstädten leben weitaus mehr Eingewiesene in »normalen« Wohnräumen, nämlich 56 Prozent, als in den kleineren Orten (34 Prozent). Demgegenüber leben in den kleineren Städten mit 24 Prozent doppelt so viele Wohnungslose in Schlichtwohnungen als in den Großstädten (12 Prozent). In den Großstädten sind 9 Prozent in Hotels und Pensionen mit meist relativ niedrigem Standard untergebracht, in den kleineren Städten sind es weniger als 1 Prozent (vgl. GISS 2015, S. 50). Demgegenüber befinden sich dort dreimal so viele Menschen (22 Prozent) in Wohnheimen wie in den Großstädten (7 Prozent).

In Größe und Ausstattung sind die den wohnungslos gewordenen Menschen in Baden-Württemberg zur Verfügung gestellten Unterkünfte zu einem erheblichen Teil sehr bescheiden, wenn nicht gar »unzumutbar«. 44 Prozent der Menschen leben in beengten Verhältnissen und verfügen über eine Wohnfläche von weniger als 10 Quadratmeter. Ein Viertel der Betroffenen muss seinen Wohnraum mit einem (oder mehr) Mitbewohner teilen. 51 Prozent müssen die sanitären Anlagen mit benachbarten Haushalten teilen; eine geschlechterdifferenzierte Nutzung ist dabei nur in 13 Prozent der Unterkünfte möglich. Die Möglichkeiten der persönlichen Hygiene und Körperpflege sind für diese Menschen eingeschränkt (vgl. GISS 2015, S. 51 f.). Als zusätzliche Erschwernis kommt hinzu, dass die von den Behörden dort eingewiesenen Menschen nicht durch das Mietrecht geschützt sind, sondern vielmehr durch deren Mitarbeiter meist »verwaltet und kontrolliert« werden (vgl. Klee 1979, S. 35). Die Befürchtung liegt nahe, dass sich mit zunehmender Wohnungsnot die Lage der Unterbringung ordnungsrechtlich eingewiesener Menschen noch verschlechtern wird.

Zu den in der genannten Erhebung erfassten wohnungslosen Menschen zählen darüber hinaus noch diejenigen Personen, die noch nicht wohnungslos sind, jedoch »unmittelbar von Wohnungslosigkeit bedroht« und »Wohnungsnotfälle« (s. Kap. 2.2.3) sind. So wurden 2014 in Baden-Württemberg von den in den Städten zuständigen Stellen rund 8000, von den Landkreisen etwa 2500 derartige Notfälle registriert (vgl. GISS 2015, S. 14). An diesen Zahlen wird deutlich, dass vor allem in den großen Städten Menschen von Wohnungslosigkeit bedroht sind, und zwar vor allem aufgrund des zunehmenden Mangels an bezahlbarem Wohnraum.

### 5.3.3 Unterkünfte für Menschen »mit besonderen sozialen Schwierigkeiten«

Von den Menschen in Baden-Württemberg, die Hilfen nach §§ 67 ff. SGB XII empfangen, lebt annähernd ein Drittel (31 Prozent) in der eigenen Wohnung. Sie sind also keine aktuellen Wohnungsnotfälle, sondern waren oder sind von Wohnungslosigkeit bedroht.

Die Wohnsituation der wohnungslosen Menschen, die aufgrund »besonderer sozialer Schwierigkeiten« nach §§ 67 ff. SGB XII unterstützt werden, unterscheidet sich deutlich von derjenigen der ordnungsrechtlich untergebrachten Menschen (vgl. GISS 2015, S. 54 f.). Von den 7259 wohnungslosen Empfängern dieser Leistungen in

Baden-Württemberg (33 Prozent der Wohnungslosen insgesamt) leben 28 Prozent in einem betreuten Wohnprojekt, d.h. in einer Wohngemeinschaft, in einem Aufnahmehaus, in einer betreuten Einzelwohnung oder mit teilstationärer Hilfe. 18 Prozent sind in einer stationären Einrichtung untergebracht. Mehr als die Hälfte dieser Menschen hatte jedoch keine Unterkunft (9 Prozent) oder übernachtete bei Bekannten (13 Prozent), bei Verwandten (5 Prozent), in Gartenhütten, Wohnmobilen, Abbruchhäusern (3 Prozent), in Hotels und Pensionen (5 Prozent) oder in Notunterkünften und Übernachtungsstellen (12 Prozent) (vgl. GISS 2015, S. 54 f.).

Wegen der Regeln, Zwänge, Auflagen und Kontrollen sowie der räumlichen Enge und der bescheidenen Ausstattung ist die Unterbringung in einer stationären Einrichtung mit Heimcharakter nur für wenige wohnungslose Menschen attraktiv und akzeptabel. Viele bevorzugen mit einem gewissen Stolz, solange es geht, ein Leben ohne feste Unterkunft als Obdachlose oder »Sandler« (vgl. Girtler 1980, S. 46 f.).

Die Unterbringung in einem Heim, einer Gemeinschaftsunterkunft oder einem gemeindeeigenen Notwohnraum erfolgt nach Erfahrung der Autoren überwiegend in Mehrbettzimmern. Auch sanitäre Anlagen und Kochgelegenheiten werden von den Bewohnern gemeinschaftlich genutzt. Unter den hier bestehenden erschwerten hygienischen Bedingungen ist die Gefahr der Übertragung von Erkrankungen erhöht. Darüber hinaus fördern die beengten Wohnverhältnisse und der mangelnde Rückzugsraum die Entstehung von Konflikten, die teilweise auch gewaltsam ausgetragen werden. Außerdem werden hier häufig Diebstähle und Sachbeschädigungen beklagt.

Das »Leben im Heim« wird von vielen der wohnungslosen Menschen, die in ihrem strapaziösen Leben auf der Straße körperlich und seelisch verschlissen sind, somit höchstens noch als Endstation ihres scheinbar »freien« und ungebundenen Daseins in Kauf genommen (vgl. Girtler 1980, S. 46; Malyssek & Störch 2009, S. 23).

Hingegen bieten Angebote des betreuten Wohnens für manche wohnungslosen Menschen eine Chance, den Status der Wohnungslosigkeit zu verlassen und einen Neustart in der bürgerlichen Gesellschaft zu initiieren – sofern solche Angebote am Ort verfügbar sind (vgl. Abgeordnetenhaus von Berlin 1999).

### 5.3.4 Leben ohne Obdach

Unter den Wohnungslosen befinden sich diejenigen Menschen, die ohne jede Unterkunft auf der Straße leben, in einer extrem prekären Lage. Zu dieser Gruppe gehörten 2018 nach Schätzung der BAG W 41 000 Personen, d.h. 17 Prozent der insgesamt 237 000 wohnungslosen Menschen. Die Erhebung der BAG W von 2016 kommt mit 15 Prozent auf einen etwas geringeren Anteil. Eine beinahe identische Quote (14 Prozent) ergab auch die Befragung der Klienten der Wohnungslosenhilfe des Diakonischen Werkes (vgl. Gerull 2018, S.4). Diese Menschen leben im öffentlichen Raum, dem sie nicht ausweichen können und dem sie schutzlos ausgeliefert sind.

#### Öffentliche Orte und ihre Funktionen

Im öffentlichen Raum sind typischerweise Parks, Fußgängerzonen, Unterführungen, Plätze und nicht zuletzt Bahnhöfe und U-Bahnstationen ihre ständigen Aufenthaltsorte. Insbesondere in Bahnhöfen finden obdachlose Menschen spärliche Gelegenheiten, ihre elementaren Bedürfnisse zu befriedigen (sofern sie nicht durch Hausverbote daran gehindert werden). Hier finden sie

- Schutz vor Kälte und Nässe (vor allem im Herbst und Winter),
- sanitäre Anlagen, in denen sie für Körperhygiene und Sauberkeit sorgen können,
- eine Möglichkeit, ihre Kleidung unbeobachtet zu wechseln (vgl. Müller 2006, S.156 ff.).

Die öffentlichen Orte sind für die obdachlosen Menschen auch Orte der Kommunikation und wichtiger Informationen (s. Kap. 5.5.4). Aufgrund der hohen Frequentierung durch Passanten werden insbesondere an zentral gelegenen Orten, z.B. am Stachus oder im Münchner Hauptbahnhof, auch Einkünfte durch »Sitzung machen«, das heißt durch Betteln, erzielt (vgl. Müller 2006, S.123).

**Einschränkungen und Belastungen**

Manche der von Obdachlosen frequentierten Orte sind allerdings mit Regelungen, mit Geboten, Satzungen und Verboten zur Sicherheit der sie »in ordnungsgemäßer Art« nutzenden Bürger belegt. Für Wohnungslose und Obdachlose entsteht hier dadurch ein erhöhtes Risiko der scharfen Beobachtung und strengen Kontrolle durch die Hüter der Ordnung. Verwarnungen und Vertreibungen, Ermittlungen und Anzeigen wegen Hausfriedensbruchs, Platzverweise und Hausverbote schließen sich oft an. Die Folgen sind eine ständige Verunsicherung der Menschen und die Anstrengung, sich unsichtbar und unscheinbar zu verhalten. Um den Belastungen durch ständige Kontrollen zu entgehen oder diese zu minimieren, werden neben den bekannten und viel frequentierten Plätzen alternative Orte, wie Parkanlagen, Teestuben und andere Anlaufstellen für Wohnungslose aufgesucht. Manche der Obdachlosen in München ziehen sich beispielsweise »für einen Teil des Tages in Büchereien zurück und verbringen ihre Zeit mit Lesen« (Müller 2006, S. 146).

Weitere Strategien zur Vermeidung von Unannehmlichkeiten sind ein gepflegtes Äußeres und besonders höfliche, respektvolle und freundliche Umgangsformen mit den Ordnungshütern. Dies bringt Herr L.G. aus München folgendermaßen zum Ausdruck:

> »Außerdem leg ich noch Wert drauf, dass man mich als Obdachloser nicht so erkennt, dass ich immer sauber angezogen bin.« (Müller 2006, S. 149)

Dass dieses Verhalten erfolgreich ist, wird von Münchner Sozialarbeitern bestätigt. Es verlangt von den Betroffenen allerdings erhebliche Anstrengungen, da sie nur begrenzte Möglichkeiten zur Körperhygiene (Duschen) und zur Kleiderpflege haben (vgl. Müller 2006; s. auch Kap. 6.2.2).

Obdachlose Menschen, die gezwungen sind, sich dauernd im Freien aufzuhalten, sind zudem ständig den belastenden Einflüssen von Wind, Wetter, Abgasen und Lärm ausgesetzt und damit durch gesundheitliche Beeinträchtigungen bedroht, unter denen grippale Infekte das Harmloseste sind (s. Kap. 7.1).

Umweltmedizinische Untersuchungen zeigen, dass Luftschadstoffe, insbesondere durch Straßenverkehr, sowie Lärm zu erheblichen und nachhaltigen Gesundheitsschäden führen können. Von den Auswirkungen der Emissionen sind vor allem die Atemwege, aber auch die Haut, das Herz-Kreislauf-System sowie das Immunsystem betroffen (vgl. Heinrich et al. 1998, S. 36).

### 5.3.5 Ersatzunterkünfte für Migranten

Unter den Obdachlosen ohne Unterkunft befinden sich, mit wachsender Tendenz, viele EU-Bürger, insbesondere aus Südosteuropa. In einigen Metropolen bilden sie fast die Hälfte dieser Bevölkerungsgruppe (s. Kap. 4.2.3; vgl. BAG W 2019b). Nicht nur ein Leben auf der Straße ist für die Betroffenen bedrückend, sondern auch die Unterbringung in »Ersatzunterkünften« widerspricht meist massiv dem Anspruch auf ein menschenwürdiges Leben. Ein Beispiel unter vielen ist »das Elendslager obdachloser Rumänen« (die meisten sind Sinti und Roma) im Frankfurter Gutleutviertel:

> Auf einer überdachten Laderampe am Rand einer ungenutzten Industriefläche haben die Menschen ein Dutzend niedriger Hütten aus Brettern und Sperrmüll errichtet. Wasseranschlüsse und Toiletten fehlen, stattdessen stapelt sich in der Umgebung Schrott und Müll. Für die meisten der Bewohner dieser Siedlung ist dies die zweite Station nach ihrer Vertreibung aus einem anderen Hüttendorf im gleichen Stadtteil. Aber auch hier ist ihre Zeit begrenzt: die nächste Räumung ist bereits angekündigt. Welche Bleibe darauf folgt, ist offen; entweder eine städtische Notunterkunft, Leben auf der Straße oder Rückkehr in die Heimat (vgl. Voigts 2018a).

### 5.3.6 Bleibende Wohnungslosigkeit

Knapp drei Viertel (74 Prozent) der von der BAG W erfassten Wohnungslosen machten Angaben zur Häufigkeit der eigenen Wohnungslosigkeit. Unter ihnen waren 80 Prozent vor der Suche nach Hilfe bereits schon mindestens einmal wohnungslos gewesen und hatten Hilfe gesucht. Dieses Ergebnis dokumentiert, dass einmal wohnungslos gewordene Menschen nur geringe Chancen haben, ihre missliche Lage zu verbessern (vgl. BAG W 2018b).

Unter der Gruppe der ordnungsrechtlich untergebrachten Wohnungslosen in Baden-Württemberg war mehr als die Hälfte (54 Prozent) bereits länger als 5 Jahre wohnungslos (GISS 2015, S. 53). Die Wohnungslosigkeit ist hier verstetigt und weitgehend unabänderlich – wer einmal wohnungslos geworden ist, befindet sich in Gefahr, dies auch zu bleiben. Aufgrund der benachteiligten Lebenslage dieser dauerhaft wohnungslosen Menschen unterliegen auch ihre Kinder dem erhöhten Risiko, in Armut und auch Wohnungslosigkeit leben zu müssen (s. Kap. 4.2.2). So können prekäre soziale und ökonomische Verhältnisse über Generationen hinweg stabilisiert werden.

## 5.4 Gefährdete Sicherheit

Auch wenn ein Großteil der Wohnungslosen in einer festen Unterkunft untergebracht ist, so liegen diese häufig in sozialen Problemgebieten und Schwerpunkten der Delinquenz. Bei einem Teil der Unterkünfte handelt es sich um Wohnheime, in denen meist mehrere Personen in einem Zimmer untergebracht sind. Hier sind weder das persönliche Eigentum noch die Personen selbst vor Übergriffen geschützt. Viel stärker noch als deren Sicherheit ist jedoch diejenige von obdachlosen Menschen bedroht, die ohne Schutz auf der Straße leben und im öffentlichen Raum übernachten (s. Kap. 6.2.3).

### 5.4.1 Gewalterfahrungen

In unregelmäßigen Abständen erscheinende dramatische Presseberichte machen auf die erhebliche Gefährdung obdachloser, auf der Straße lebender Menschen durch Gewaltangriffe aufmerksam. Dabei werden vor allem schwere Gewalttaten, die von Menschen außerhalb des Wohnungslosenmilieus gegen Betroffene verübt werden, berichtet. Dass viele wohnungslose Menschen sich in ihrem Alltagsleben bedroht fühlen, zeigen Ergebnissen der Befragung in den Diakonischen Einrichtungen in Deutschland (vgl. Gerull 2018, Anhang 2). Demnach befanden sich mehr als ein Viertel der Wohnungslosen mindestens einmal monatlich in einer bedrohlichen Situation; davon gerieten 13 Prozent sogar mindestens einmal in der Woche in eine solche Lage. Dem entspricht, dass sich ein erheblicher Teil (29 Prozent) der befragten Wohnungslosen im Alltag eher unsicher fühlte (vgl. Gerull 2018, Anhang 2). Dieses beunruhigende Empfinden dürften vor allem die Menschen ohne Unterkunft haben.

> Herr J. ist 41, war 10 Jahre lang wohnungslos und lebte auf der Straße. Er übernachtete in Abbruchhäusern, im Wald oder irgendwo im Gebüsch am Rand der Stadt. Die Innenstadt hat er nach eigenen Angaben abends und nachts grundsätzlich gemieden: »Übergriffe sind dann leider an der Tagesordnung«. Nicht nur Attacken durch angetrunkene Junggesellenabschiede, sondern auch das Anzünden von Schlafsäcken sei keine Seltenheit, erklärt er. Zur Anzeige werden solche Übergriffe nur selten gebracht, nicht zuletzt aufgrund negativer Erfahrungen mit der Staatsgewalt (vgl. Deutscher Mieterbund Nordrhein-Westfalen e.V. 2020).

Die Anzahl der Gewalttaten innerhalb des Milieus ist noch deutlich höher als diejenige, die von Außenstehenden verübt wird. Insbesondere unter Alkoholeinfluss kann es zu erheblichen Auseinandersetzungen um Besitztümer oder Schlafplätze kommen, die oftmals mit Gewaltanwendungen und Aggressionen einhergehen. Dies betrifft jedoch nicht nur diejenigen Wohnungslosen, die ohne Unterkunft auf der Straße leben, sondern auch die in Notunterkünften untergebrachten Wohnungslosen. Die oft beengte Wohnsituation und Konflikte rund um die Alltagsgestaltung führen nach Erfahrung der Autoren immer wieder zu gewaltsamen Ausbrüchen in Form von verbalen Aggressionen, Sachbeschädigungen oder Prügeleien.

Dass im Wohnungslosenmilieu häufig Gewalt ausgeübt wird, zeigt auch eine Analyse der Todesursachen verstorbener Wohnungsloser. Bei 21 Prozent der Verstorbenen (23 Prozent der untersuchten Männer und 12 Prozent der untersuchten Frauen) zeigten sich Anzeichen äußerer Gewalteinwirkung. 14 Prozent (20 Prozent der untersuchten Männer und 5 Prozent der untersuchten Frauen) wiesen Anzeichen stumpfer Gewalteinwirkung auf, wie sie beispielsweise durch Schläge herbeigeführt werden können. Anzeichen einer scharfen Gewalteinwirkung, wie sie durch Schnitt- oder Stichverletzungen entstehen, waren bei 3 Prozent der Untersuchten erkennbar, wobei es sich dabei ausschließlich um männliche Personen handelte. 4 Prozent – ebenfalls ausschließlich Männer – zeigten Anzeichen eines Polytraumas, entstanden durch schwerste Verletzungen (vgl. Asseln 2018, S. 61).

Die polizeiliche Kriminalstatistik lässt zwar keine Rückschlüsse auf das Anzeigeverhalten innerhalb des Wohnungslosenmilieus zu, es kann jedoch davon ausgegangen werden, dass insbesondere weniger schwerwiegende Gewaltdelikte den Strafverfolgungsbehörden nicht angezeigt werden, da Betroffene erfahrungsgemäß wenig Interesse an polizeilichem Kontakt haben.

### 5.4.2 Tödliche Gewalt

Eine Zusammenstellung der veröffentlichten Berichte über tödliche Gewaltangriffe gegen Wohnungslose ab dem Jahr 1989 bis 2019 ergab 555 Gewaltopfer in Deutschland (vgl. BAG W 2019d). In 305 bekannten Fällen waren die Täter ebenfalls wohnungslos, für den gewaltsamen Tod von 250 wohnungslosen Menschen waren keine Wohnungslosen verantwortlich.

Allein 2017 wurden 17 gewaltbedingte Todesfälle gegen Wohnungslose berichtet, in 8 Fällen waren die Täter selbst nicht wohnungslos. Zu den tödlichen Gewaltangriffen kamen mindestens

128 Fälle von Körperverletzung sowie Vergewaltigungen, Raubüberfälle und bewaffnete Drohungen hinzu. Diese Zahlen sind wahrscheinlich wesentlich niedriger als die tatsächliche Anzahl der Gewalttaten, da meist nur über die schweren Fälle berichtet wird. Pathologische Untersuchungen der Todesursachen verstorbener Obdachloser weisen auf eine hohe Dunkelziffer hin (s. Kap. 6.5.3 und Kap. 7.2.3).

### 5.4.3 Täter und Tatorte

Die Opfer »fallen ihren Peinigern auf Parkbänken, Bushaltestellen, Picknickplätzen in die Hände. Manchmal werden sie auch in eine Wohnung mitgenommen oder eingeladen und dort getötet« (Rosenke 2006). Die meisten Täter sind jünger als 30 Jahre; meist treten sie in Banden auf, denen auch (junge) Frauen angehören können (vgl. Rosenke 2006).

> »Es gibt bei vielen der gewalttätigen Übergriffe kein wirkliches Motiv für die Tat. Völlig überraschend werden die Opfer – häufig im Schlaf – überfallen. Manche Täter können auch vor Gericht keinen Grund für ihr Tun nennen, außer, dass sie Lust hatten, den ›Penner‹ zusammenzuschlagen. Manche fühlen sich durch den Wohnungslosen provoziert, glauben, dass er sich ungebührlich verhalten habe. (…) Neben der Beiläufigkeit und fast schon Zufälligkeit der Überfälle ist deren Brutalität auffällig. Ihre Taten bezeichnen die Täter und Täterinnen häufig als ›Pennerklatschen‹ – ein Begriff, der das Ausmaß der Menschenverachtung und des blinden Hasses zum Ausdruck bringt. Die Opfer – oft wehrlos – weil im Schlaf überfallen, krank, körperlich geschwächt oder auch alkoholisiert und in der Regel deutlich älter werden von den Tätern oft mit Springerstiefeln zu Tode getreten (…) sie werden gefoltert, (…) ihre Körper sind oft bis zur Unkenntlichkeit malträtiert. (…) Ein Teil der Überfälle auf Wohnungslose geht nachgewiesenermaßen auf das Konto rechtsradikaler Jugendbanden. (…) Armut, soziale Ausgrenzung, Wohnungslosigkeit gelten den Tätern als Beweis für

die Minderwertigkeit des Opfers, die Legitimation für die Tat ist.« (Rosenke 2006)

Das Risiko, Opfer von Gewalttaten und anderen Delikten zu werden, ist freilich nicht nur an öffentlichen Orten erhöht, sondern auch in den von der Kommune oder Wohlfahrtsverbänden zur Verfügung gestellten Übernachtungsmöglichkeiten – mit Räumen, in denen meist mehrere Personen untergebracht sind. Aufgrund unterschiedlicher Ansichten, Einstellungen, Bedürfnisse und Gewohnheiten kann es unter solch beengten Bedingungen leicht zu verbalen und häufig auch körperlichen Auseinandersetzungen kommen (s. Kap. 5.3.3). Dies zeigen die Schilderungen von drei Münchner Wohnungslosen (zitiert nach Müller 2006, S. 126 f.):

> »In Räumen drin mit sechs Leuten oder vier Leuten, nä. Da sagst Du zu einem: ›Mach mal bitte das Fenster auf, weil's übel riecht‹, durch den Zigarettenrauch oder sonst was. ›Nein, bleibt zu, es is kalt‹, nä. Machst es auf, geht der Streit schon los.«

> »Die Zimmer sind so klein, da sind drei Betten nebeneinander (…) die anderen, die hören nachts Radio, ne, die anderen gucken Fernsehen (…) der eine geht morgens schon, äh, um vier Uhr weg (…) der eine kommt besoffen nach Haus, macht Krach (…) dann sinds unterschiedliche, manchmal Kulturen (…). Es gibt unheimlich Schwierigkeiten.«

> »Hab ich auch die ganzen Wohnheime durchgemacht, sozusagen, so, ne also hab ich die schlimmsten Erfahrungen auch gemacht kann man sagen, ja (…) waren also auch mehrere Schlägereien und Messerstechereien und Pistolenüberfall und solche Scherze da.«

### 5.4.4 Gewalt innerhalb der »Szene«

Die Gewalt innerhalb der Wohnungslosenszene ist kaum geringer als diejenige durch Täter, die nicht zur Wohnungslosenszene gehören. Darauf deutet zumindest die Zahl der bekannten Tötungsdelikte innerhalb der Szene hin. Die Taten sind hier von vergleichbarer Brutalität. Meistens spielt sowohl bei den Tätern als auch bei den Opfern Alkoholkonsum eine Rolle:

> »Entweder treffen sich spätere Opfer und Täter an ihren Treffpunkten draußen in Notunterkünften und Obdachlosensiedlungen und trinken gemeinsam. Irgendwann bricht ein Streit aus. Manchmal erinnert sich nach der Tat einer daran, dass es um Geld ging oder dass einer die Freundin des andern belästigt haben soll, oft bleibt der Grund des Streits aber im Dunkeln.« (Rosenke 2006)

Wohnungslose Gewalttäter sind in der Regel Menschen, denen es genauso schlecht geht wie ihren Opfern. Viele von ihnen haben nie gelernt, dass Auseinandersetzungen und Streitigkeiten mit Respekt und ohne Gewalt gelöst werden können. Ihre Aggressivität richtet sich gegen andere »Underdogs«. Ihr Verhalten spiegelt auch die Verachtung, Ausgrenzung und strukturelle Gewalt von Seiten der Öffentlichkeit.

### 5.4.5 Nachhaltige Verunsicherung und Verletzung

Insbesondere wohnungslose Frauen, die bei Bekannten, Freunden oder ehemaligen Partnern auf der Suche nach Schutz Unterschlupf finden, sind dort vor Ausbeutung, Übergriffen und Gewalt kaum sicher (s. Kap. 4.2.1). Ebenso sind vor allem diejenigen wohnungslosen Frauen, die auf der Straße leben, von Gewalterfahrungen betroffen. 90 Prozent von ihnen haben Gewalt erlebt, und zwar meist schon während ihrer Kindheit, in der Jugend oder in einer Partnerschaft. Gewalterfahrungen durch Erniedrigung, Misshandlungen, Lebensbedrohung und damit zusammenhängend das Gefühl des Ausgeliefertseins, der Ohnmacht und Schmerzen können zu dauerndem Stress und einer Traumatisierung, d.h. zu einer massiven Bedrohung der (körperlichen und psychischen) Gesundheit führen. Als Folgen der Gewalterfahrungen werden beispielsweise Angst,

Panik, Antriebslosigkeit, Hilflosigkeit, Schamgefühl, Verbitterung, Vertrauensverlust bis hin zu psychischen Erkrankungen und/oder Suizidversuchen genannt. Weitere häufige Folgen von Gewalterfahrungen sind eine zunehmende Abhängigkeit von Alkohol, Drogen, Medikamenten und anderen Stoffen mit Suchtpotenzial, sowie neurotische und psychotische Phänomene, wie z. B. Borderline-Symptome oder Selbstverletzungen (vgl. Malyssek & Störch 2009, S. 29; Talman et al. 2018, S. 27 ff.). Deutlich werden die Folgen ständiger tiefer Verunsicherung in der Schilderung einer obdachlos gewordenen Frau aus Seattle in den USA:

> »Obdachlos sein, das ist das Einsamste, Unmenschlichste, Gefährlichste, was man sich vorstellen kann. Man ist in einem 24-Stunden-Überlebensmodus. Wo finde ich etwas zu essen, wo eine saubere Toilette, wo einen sicheren Platz zum Schlafen? Das hat nicht immer funktioniert, mir sind schlimme Sachen widerfahren, während ich schlief.« (zitiert nach Hohlbein 2019)

## 5.5 Kontakte, Beziehungen, Netzwerke

Ein wesentliches Kennzeichen von Wohnungslosigkeit und Obdachlosigkeit ist die Erfahrung der Zurückweisung, Ablehnung und Ausgrenzung. Solche Erfahrungen machen viele bereits als Kinder in Form von Vernachlässigung oder gar Ablehnung in der Primärgruppe, andere im Laufe ihrer jugendlichen Sozialisation (vgl. Girtler 1980). Diesen Menschen fehlt ein stabiles Netzwerk von Personen, zu denen sie ein Vertrauensverhältnis entwickeln konnten. Dazu gehören im Wesentlichen Eltern, Partner, Verwandte, Freunde sowie Nachbarn oder Kollegen. Diese »soziale Ressource« vermittelt das Gefühl der Zugehörigkeit und Wertschätzung, Identität und der Selbstsicherheit. Darüber hinaus bietet ein Netzwerk soziale Unterstützung in Krisensituationen und bei dauerhaften Belastungen. Das Fehlen dieser Ressource oder ihre Unzulänglichkeit kann dementsprechend die Lebensqualität, Gesundheit und Lebenschancen der Menschen erheblich beeinträchtigen (vgl. Waltz 1981, S. 75).

### 5.5.1 Existenz und Dichte sozialer Kontakte

Die allermeisten der erfassten Wohnungslosen (91 Prozent) haben nach eigenen Angaben zwar soziale Kontakte. Immerhin geben aber 11 Prozent der Männer und 4 Prozent der Frauen an, gar keine Kontakte zu haben (vgl. BAG W 2018b). Soweit Kontakte zu anderen Menschen bestehen, sind diese vielfach nur oberflächlich, locker und weder im Alltag noch im Notfall hilfreich. Wie die Befragung bei den Diakonischen Einrichtungen zeigt, ist der Anteil der Wohnungslosen, die sich im Notfall auf *keine* Unterstützung und niemanden verlassen können, mit fast einem Drittel (30 Prozent) erschreckend hoch (vgl. Gerull 2018). Diese Menschen sind physisch und psychisch isoliert und verfügen über geringe Chancen, soziale Unterstützung im Alltag zu erhalten. Andererseits ist ihr Risiko erhöht, in Belastungssituationen oder Notfällen psychisch überfordert zu werden und Hilfe zu benötigen.

Interessant sind die Angaben der Befragten zu ihren Kontaktpersonen. An erster Stelle stehen hier mit 75 Prozent Freunde und Bekannte. Darauf folgen volljährige Kinder, Verwandte und Eltern mit 42 Prozent, der Partner oder die Partnerin mit 19 Prozent und minderjährige Kinder mit 15 Prozent (s. Tabelle 9).

**Tabelle 9:** Partner bei sozialen Kontakten (Mehrfachnennungen) – Angaben in Prozent (Quelle: BAG W 2018b)

| Kontaktpersonen | Männer | Frauen | Gesamt |
|---|---|---|---|
| Partner/Partnerin | 15 | 29 | 19 |
| Eigene minderjährige Kinder | 11 | 26 | 15 |
| Volljährige Kinder, Verwandte, Eltern | 38 | 52 | 42 |
| Freunde, Freundinnen, Bekannte | 76 | 70 | 74 |
| Personen in Institutionen, Organisationen | 8 | 13 | 9 |
| Sonstige | 10 | 12 | 11 |
| N (Anzahl) | 19037 | 7484 | 26521 |

Die Angaben zeigen auch, dass Frauen insgesamt deutlich mehr Kontaktpartner haben als Männer. Vor allem Kontakte zu Partnern und Familienmitgliedern werden von Frauen häufiger als von Männern genannt. Insgesamt scheint bei ihnen das soziale Netz größer, dichter und vermutlich auch stabiler und verlässlicher zu sein.

### 5.5.2 Gründe sozialer Isolierung

Befragungen von wohnungslosen Menschen ohne Unterkunft zeigen, dass viele von ihnen die Beziehungen zu ihrem früheren Umfeld, d.h. zu Eltern, Kindern, Verwandten und Bekannten gelockert oder abgebrochen haben, sei es

- aufgrund fehlender Akzeptanz durch die Bezugspersonen während der Kindheit und Jugend,
- aufgrund von Verletzungen bei früheren Auseinandersetzungen,
- wegen eines verletzten Stolzes infolge einer Trennung, oder
- aus Scham über die aktuelle Situation eines Lebens auf der Straße (vgl. Girtler 1980, S. 38; Müller 2006, S. 138).

Die durch diese und ähnliche belastende Ereignisse häufig entstehende soziale Isolierung verstärkt sich mit Eintreten der Obdachlosigkeit weiter: Ehemals stabile Beziehungen zur Familie oder zum Freundeskreis lockern sich oder werden abgebrochen. Kontakte bestehen in den meisten Fällen nur noch zu den Mitarbeitern von Hilfeeinrichtungen oder zu Bekannten aus der Obdachlosenszene (vgl. Malyssek & Störch 2009, S. 108). Die entstehende soziale Isolierung wohnungsloser und obdachloser Menschen wird durch ihre soziale Ausgrenzung als lästige und belästigende Außenseiter und Störenfriede noch verstärkt (vgl. Girtler 1980, S. 38).

### 5.5.3 Psychische und gesundheitliche Folgen sozialer Isolierung

Isolierung wirkt sich auf die Lebensqualität und die Gesundheit aus. Studien ergaben, dass eine geringe Einbindung in ein soziales Netzwerk von Partnern, Kollegen, Nachbarn und Freunden ein erhebliches Risiko für chronische psychische und körperliche Krankheiten ist. Denn »soziale Unterstützung« kann u.a. »das psychische Wohlbefinden fördern und erhalten, Stress reduzieren und die Auswirkung ungünstiger Lebensbedingungen verringern« (Borgmann et al. 2017; vgl. Waltz 1981, S.74 f.). Sozial isolierte Menschen werden hingegen häufig »machtlos und mutlos« und niedergeschlagen (vgl. Klee 1979, S. 59). Als »individuelle Anpassung« an diese Erfahrung folgt oft der Rückzug in die Einsamkeit (vgl. Malyssek & Störch 2009, S.131). Der Verlust der alten Kontakte wird von den Betroffenen später vielfach ausdrücklich bedauert, scheint jedoch unumkehrbar zu sein.

> Herr W. kündigte immer wieder an, seine erwachsenen Kinder in seiner Heimatstadt demnächst besuchen zu wollen. Die Barriere war jedoch nach seiner Scheidung und dem folgenden Ortswechsel viel zu groß geworden, um seinen Wunsch nach einem Wiedersehen umsetzen zu können. So blieb ihm nur Bedauern und trauernde Erinnerung an frühere Bindungen. (Eigene Aufzeichnung der Autoren)

### 5.5.4 Neue Netzwerke und Beziehungen

Aufgrund ihrer Vorerfahrungen wollen wohnungslose Menschen, insbesondere die Ärmsten, auf der Straße lebenden Obdachlosen engere Beziehungen vermeiden und im Wesentlichen in Ruhe gelassen werden. Dennoch benötigen sie zumindest situativ grundlegende Informationen über die Lebensbedingungen vor Ort, die sie von anderen Betroffenen erhalten können. Durch Begegnungen mit anderen Mitgliedern der »Randgruppe« erhalten Obdachlose für ihre materielle und soziale Existenz wichtige Informationen und Tipps – z.B. über zugängliche »Territorien«, Schlafplätze, Hackordnungen und gebräuchliche Verhaltensmuster in der »Szene«, also über ihre »Subkultur«. In einem gewissen Ausmaß wird in der Szene auch Solidarität mit den anderen Betroffenen gezeigt. So wurde von den Wiener Sandlern erwartet, dass sie beispielsweise eine vom Metzger geschenkte Wurst mit ihren hungrigen »Genossen« teilen (vgl. Girtler 1980, S.46).

Allerdings berichten neuerdings Betroffene, dass zwar früher noch eine gewisse Loyalität und Solidarität innerhalb des Wohnungslosenmilieus herrschte. Dies habe sich in den letzten Jahrzehnten jedoch deutlich gewandelt. Der Autor Richard Brox, der Jahrzehnte auf der Straße gelebt hatte, führt das unter anderem auf die Einführung der Hartz-Gesetze im Jahr 2005 zurück:

> »Vor der Hartz-IV-Einführung gab es unter den Obdachlosen das berühmte Zitat, sich nicht gegenseitig belügen, betrügen, bestehlen. Das hat auch funktioniert. Man hat sich gegenseitig geachtet und respektiert. Dann kam Hartz IV, die Leute hatten alle weniger Geld in der Tasche. Das hieß, dann kam der Neid auf. Hast Du fünf Euro mehr, schon läufst Du Gefahr, abgezogen zu werden. Das hat sich durchgerungen.« (Deutschlandradio 2017)

Dennoch entstehen bei den gelegentlichen Begegnungen »kleine soziale Netze«, die auch heute noch Elemente der Solidarität enthalten können.

> Ein Beispiel hierfür ist die begleitende Unterstützung des schwerkranken, vormals obdachlosen Herrn O. durch den ebenfalls früher obdachlosen Herrn L. Beide lebten in einer betreuten Wohngruppe in einem Mehrfamilienhaus in Heidelberg. Herr L. konsumierte regelmäßig harte Drogen und geriet immer wieder in Zustände, in denen er die Kontrolle über sein Verhalten verlor: er wurde insbesondere nachts laut, bedrohte Nachbarn, es kam zu Sachbeschädigungen und Gewaltausbrüchen. Im selben Zeitraum umsorgte er jedoch außerordentlich aufmerksam und liebevoll seinen sterbenden Mitbewohner, Herrn O. (Eigene Aufzeichnung der Autoren)

Die Zugehörigkeit zu einer Gruppe dient auch der Stabilisierung eines minimalen Selbstwertgefühls ihrer Mitglieder und der Entwicklung einer neuen, hierfür bedeutsamen sozialen Identität. Dazu gehört eine Konformität der Verhaltensweisen zu denjenigen der anderen Obdachlosen – einschließlich der Abgrenzung zu Normen und Werten der Gesamtgesellschaft – mit Elementen einer eigenen Sprache, der Gaunersprache oder dem »Rotwelsch«, deren Wörter teilweise nur den Wohnungslosen bekannt sind (vgl. Girtler 1980, S. 69; Malyssek & Störch 2009, S. 135).

## 5.6 Ausgrenzung und Stigmatisierung

Die benachteiligte Lebenslage wohnungsloser und obdachloser Menschen trägt eher selten zu einem Mehr an Zuwendung und Solidarität in der Gesamtgesellschaft bei. Im Gegenteil zeigen die Verhaltensweisen und Einstellungen gegenüber diesen Menschen Züge von Abwehr, Ausgrenzung und Missachtung. Ihre schwierige Situation wird damit gefestigt oder sogar verschlimmert.

### 5.6.1 Verbreitete Vorurteile

Trotz zunehmender Aufmerksamkeit, Unterstützung und Hilfen erleben obdachlose und wohnungslose Menschen weiterhin Vorurteile und Diskriminierungen ihnen gegenüber. So etwa, dass sie angeblich »kein Empfinden für Recht und Unrecht, für Treue, Wahrhaftigkeit und Ordnung« hätten, oder dass sie an ihrer misslichen Lage selbst schuld seien, da sie unverändert »arbeitsscheu und Drückeberger« seien (vgl. Klee 1979, S. 58). Dies kommt unter anderem in der Beschreibung der Nichtsesshaften durch einen Stadtoberamtmann aus dem Sozialamt einer Großstadt in Baden-Württemberg zum Ausdruck:

> »Ein geringer Teil unter ihnen ist arbeitswillig und vermittlungsfähig (…). Bei einem Teil (…) handelt es sich um Kriminelle und Asoziale, vor allem um chronisch Arbeitsscheue, die sich bewusst neben die Gesellschaftsordnung stellen« (Klee 1979, S. 59)

Viele Wohnungslose berichten ihrerseits von einer als abwertend und diskriminierend empfundenen Behandlung durch die Mitarbeiter der für sie zuständigen Behörden. Die Klienten werden geduzt und als lästige Bittsteller behandelt – mit der Folge ihrer Einschüchterung (vgl. Müller 2006, S. 129). Damit vergleichbar sind ausgrenzende Umgangsformen in Einrichtungen der Gesundheitsversorgung, von denen Wohnungslose berichten. Damit wird ihnen die Inanspruchnahme medizinischer Leistungen, die ihnen zustehen, schwer gemacht – mit oft fatalen Folgen für die Gesundheit (s. Kap. 7.3.2).Mit einem Klima der Ausgrenzung, Kriminalisierung und Entwürdigung verbindet sich auch eine implizite Legitimation von Gewalt gegen Wohnungslose. Immerhin ermöglichte auch das Bundessozialhilfegesetz noch in den 1970er Jahren bis zu einem gegenteiligen Urteilsspruch des Bundesverfassungsgerichts Zwangsmaßnahmen gegen widerspenstige Nichtsesshafte (vgl. BAG W 2018a; s. Kap. 2.1.3). In diesen Verhaltensweisen und Einstellungen spielen Prozesse der Pauschalierung und Stigmatisierung eine wichtige Rolle, die von Erving Goffman beschrieben wurden. Demnach werden bestimmten einzelnen Menschen oder Gruppen von ihrer sozialen Umwelt abwertende Attribute zugeschrieben. Mit der damit verknüpften Festlegung und Etikettierung werden ihre sozialen Chancen geschmälert, mit in der Regel erheblichen, nachteiligen Folgen für das Selbstvertrauen und die Fähigkeit zu selbständigem Handeln (vgl. Goffman 1975).

> »Verachtet zu werden ist vermutlich Dauerbegleiter vieler wohnungsloser Menschen, und zu der sozialen Abwertung gesellt sich ihre Selbstverachtung. Das macht viele wohnungslose Menschen zu geduckten Wesen. Sie selbst neigen dazu, sich als Penner, »Assi«, faule Sau und Ähnliches zu titulieren, wie sie es aus den Kommentaren auf der Straße gewohnt sind« (Malyssek & Störch 2009, S. 132).

### 5.6.2 Vergrämung, Verdrängung und Vertreibung

In vielen Fällen entsteht aus abwertenden Vorurteilen ein Verhalten massiver Ausgrenzung, zum Beispiel in Form von Maßnahmen kommunaler Behörden und deren Unterstützung durch Teile der Bevölkerung. Über Gefahrenabwehrverordnungen, Straßensatzungen oder »Allgemeinverfügungen« können sich Kommunen jederzeit missliebiger Personengruppen entledigen, ohne dass große Proteste aus der Bevölkerung zu erwarten sind (vgl. Malyssek & Störch 2009, S. 71). Immerhin befürwortete bei einer Umfrage der Friedrich Ebert-Stiftung 2014 ein knappes Drittel (30 Prozent) der Befragten die Forderung, bettelnde Obdachlose sollten aus den Fußgängerzonen entfernt werden (vgl. Zick et al. 2014, S. 66).

Dementsprechend versuchen viele Kommunen, Bettler, Wohnungslose, fremd wirkende Migranten und andere Außenseiter aus den Innenstädten zu vertreiben, ihre Aufenthaltsorte unwirtlich zu machen und sie an den Rand, als »Randgruppen«, zu verdrängen. Seit der Öffnung der Binnengrenzen der EU sind davon zunehmend obdachlose Migranten aus Südosteuropa betroffen. Über ein feindseliges und inhumanes Verhalten beklagen sich nicht zuletzt Vertreter der Sinti und Roma, die trotz jahrhundertelanger Präsenz nie in die Gesellschaft integriert und aufgenommen wurden und nach wie vor »Fremde« bleiben (vgl. Brenner 2019; s. Kap. 4.2.3 und 5.3.5).

KAPITEL 6

# Lebensweisen, Verhaltensmuster, Einstellungen

Die Lebensweisen, Orientierungen und Einstellungen wohnungsloser und obdachloser Menschen reflektieren weitgehend ihre Not und ihre Einschränkungen. Im alltäglichen Leben versuchen sie, mit den eigenen bescheidenen Mitteln mit ihrer belastenden Situation fertig zu werden. Dabei stoßen sie immer wieder an enge physische, psychische, soziale und ökonomische Grenzen. Vorgegebene äußere Strukturen, wie beispielsweise begrenzte Öffnungszeiten von Sozialbehörden, Jobcentern, Suppenküchen oder Duschräumen, sowie das Suchen nach einer Unterkunft erzwingen regelmäßig einen beträchtlichen zeitlichen und organisatorischen Aufwand – verbunden mit häufigen Rückschlägen. Dies zeigt das Beispiel eines Wohnungslosen in Stuttgart:

> Herr W. hatte sein Zimmer in Stuttgart verloren und kam seit eineinhalb Jahren bei verschiedenen Bekannten unter. Die Organisation ständig wechselnder Schlaf- und Mitwohngelegenheiten ist mit erheblichen Stressbelastungen verbunden. Manchmal kann er nicht schlafen und auch nicht richtig essen. Diese Situation »nagt am Selbstbewusstsein«. (vgl. GISS 2015, S. 109)

Die Betroffenen versuchen, ihre Sorgen und Ängste zu verdrängen, und nehmen ihr Schicksal schließlich resignierend hin, ohne Perspektiven, Erwartungen und Hoffnung. Viele der wohnungslosen Menschen gleiten aus ihrer ausweglos scheinenden Lage in die noch ausweglosere Abhängigkeit von Suchtmitteln ab.

## 6.1 Entbehrungen und Verzicht

Ein Mangel an finanziellen Mitteln erzwingt den Verzicht auf viele unentbehrliche und für notwendig erachtete Güter und Dienstleistungen, die ein einigermaßen »normales« Leben in der Gesellschaft ermöglichen. Die von Einschränkungen betroffenen Menschen müssen in erhöhtem Maße mit ihren Mitteln haushalten, Prioritäten setzen, rechnen, planen, sich bescheiden. Dies fällt in einer Welt des Wettbewerbs um Ansehen und Prestige nicht leicht. Hier spielen Markenartikel, die Zugehörigkeit zu Clubs und Vereinen, die Wohnlage oder die Art der Freizeitgestaltung und des Urlaubs eine bedeutende Rolle, vor allem für Kinder und Jugendliche, die um ihre Position in ihrer Umgebung kämpfen müssen. Dominik Bloh beschreibt dieses Dilemma plastisch aus eigener Erfahrung als Sohn einer alleinerziehenden Mutter:

> »Was für Schuhe hast Du an? Wo hast Du Deine Hose gekauft? Wie teuer war der Rucksack? (…) Die Mädchen wollten Eis essen, auf den Dom gehen oder ins Kino. Die meisten Jungs gingen mit, ich blieb auf dem Schulhof, warf auf den Korb und fragte mich, wieso ich kein Geld dafür hatte.« (Bloh 2017, S. 40)

Diese und ähnliche Probleme führen bei den Betroffenen und ihren Familien zu Frustrationen und erzeugen häufig Stress und Konflikte. Als Lösung werden nicht selten leicht erhältliche Kredite beantragt, die allerdings zurückbezahlt werden müssen. Oft entstehen dabei dramatische und anhaltende Schwierigkeiten. Die Menschen verlieren bei einer Überschuldung ihre Handlungsautonomie. Um zu überleben, benötigen sie Hilfe und Unterstützung durch staatliche Behörden oder von Wohlfahrtsverbänden. Mit ihrer Abhängigkeit unterwerfen sie sich zugleich der Beobachtung und Kontrolle durch die Leistungsträger der Hilfen. Dem Problem fehlender Autonomie sind arme Menschen auch in der Arbeitswelt ausgesetzt. Als Beschäftigte im Niedriglohnsektor, Leiharbeiter oder Zeitarbeiter ist Fremdbestimmung ihre Lebenserfahrung am Arbeitsplatz.

## 6.2 Selbsterhaltung und Körperpflege

Die Lebensverhältnisse zwingen wohnungslose Menschen dazu, sich mit einem bescheidenen und meist freudlosen Leben zufrieden zu geben. Bei der Ernährung geht es vielfach darum, den bloßen Hunger zu stillen mit den möglichst günstig erhältlichen Produkten. Zur Körperpflege fehlt es an Orten, Einrichtungen oder Gelegenheiten und bei der Kleidung steht der gröbste Schutz vor äußeren Einflüssen im Vordergrund. Erholung und Ruhe können obdachlose Menschen ohne einen gesicherten und Schutz verleihenden äußeren Rahmen kaum finden. Störende Signale von Leib und Seele müssen unter solch bedrückenden Bedingungen als unvermeidlich oder vorübergehend hingenommen werden. Insgesamt sind die durch die Lebenslage meist erzwungenen Lebensweisen Ausdruck einer gravierend verminderten Lebensqualität dieser Menschen.

### 6.2.1 Von der Hand in den Mund: Ernährung

Die Ernährungssituation wohnungsloser und vor allem obdachloser Menschen ist von der Quantität als auch von der Qualität meistens unzureichend und zum Teil sogar – nicht zuletzt aufgrund finanzieller Notlagen – darauf beschränkt, den bloßen Hunger zu vermeiden (vgl. Steiger 2010, S. 126). Bei den beschafften Nahrungsmitteln kommt neben Sonderangeboten von Discountern den Tafeln eine große Bedeutung zu. Abfallcontainer von Lebensmittelmärkten und Suppenküchen, Angebote von karitativen Einrichtungen werden insbesondere von auf der Straße lebenden Obdachlosen aufgesucht.

Das Thema Qualität der Nahrungsmittel sowie »gesundes Essen« spielt beim Essen und Trinken für die meisten Betroffenen in Anbetracht der täglichen Herausforderungen eine untergeordnete Rolle. Diese achten, wenn überhaupt, eher auf Produkte, die gerade »günstig« und billig sind und den momentanen Hunger stillen können, wie der ehemals obdachlose Hamburger Dominik Bloh es schildert:

»Ich verhungere nicht, aber ich hungere oft. Es ist schlimm, nicht essen zu können, wenn man möchte. Ich esse nur unregelmäßig, aber dann, wenn es etwas gibt. Meistens Suppe, zu den Öffnungszeiten der Ausgabestellen. In den Restaurants von Fast-Food-Ketten nehme ich angebissene Stücke, die auf den Tischen liegen gelassen wurden.« (Bloh 2017, S. 130)

Die Möglichkeiten, Speisen selbst zuzubereiten, warm zu halten oder aufzubewahren, sind extrem eingeschränkt. Eine Orientierung an den Ernährungsempfehlungen der Deutschen Gesellschaft für Ernährung ginge an ihrer Lebenswirklichkeit vorbei. Sie sind weitgehend auf Fertigprodukte angewiesen. Dabei handelt es sich meist um Artikel mit hohem Fleisch-, Fett-, Zucker- und Salzgehalt, weniger hingegen um frische Lebensmittel wie Obst und Gemüse (vgl. Völlm et al. 2004, S. 46). Wenn arme und wohnungslose Menschen vermehrt an Zivilisationskrankheiten wie Adipositas, Diabetes, Bluthochdruck, Osteoporose, Karies, erhöhten Blutfettwerten, Allergien, Erkrankungen des Verdauungssystems oder des Bewegungsapparates leiden, so ist dies zumindest zum Teil einer unzulänglichen und unangemessenen Ernährung geschuldet (s. Kap. 7.1.1; vgl. Robert Koch-Institut 2016, S. 14 ff.).

### 6.2.2 Haut und Haar

Die Möglichkeiten zur Körperpflege und Körperhygiene sind für Wohnungslose erheblich eingeschränkt. So verfügt nur etwa die Hälfte der ordnungsrechtlich untergebrachten Wohnungslosen in Baden-Württemberg über eigene sanitäre Einrichtungen (vgl. GISS 2015, S. 51 f.).

Für Menschen, die auf der Straße leben, sind die Chancen der Körperpflege und der Hygiene naturgemäß noch geringer (s. Kap. 5.3.4). Obdachlose ohne Unterkunft sind darauf angewiesen, sich in öffentlichen Einrichtungen (sofern vorhanden oder zugänglich) wie Bahnhöfen, Badeanstalten oder karitativen Anlaufstellen für Wohnungslose zu reinigen (vgl. Müller 2006, S. 117). Auch Toiletten von Tankstellen oder Gaststätten werden genutzt. Es darf angenommen werden, dass die in solchen Räumlichkeiten stattfindenden Prozeduren eher notdürftig sind und wenig zum Wohlbefinden – und zur Erhaltung der Gesundheit – beitragen können.

Besonders gefährdet durch mangelhafte Körperpflege sind die Haut, die Zähne sowie das Muskel- und Skelettsystem (s. Kap. 7.1.1). Hinzu kommt, dass mangelnde Sauberkeit und starke Körpergerüche die Bereitschaft der Mitbürger zur sozialen Distanzierung, zur negativen Etikettierung und Ausgrenzung erhöht. Dies wird insbesondere bei Kontakten mit Behörden und Einrichtungen des Sozial- und Gesundheitswesens relevant (s. Kap. 7.3.2).

Zudem ist es für obdachlose Menschen meist schwierig, in einer akzeptablen Kleidung in Erscheinung zu treten. Ihren ganzen Hausrat tragen sie in Plastiksäcken mit sich, beim dauernden Aufenthalt auf der Straße ist eine Verschmutzung unvermeidlich. Außerdem können obdachlose Menschen, die auf der Straße leben, aus Mangel an Möglichkeiten nur selten ihre Kleidung reinigen, wechseln oder ersetzen. Saubere Kleidungsstücke können teilweise über karitative Kleiderstuben in den Städten beschafft werden; eine Reinigung ist in einigen Anlaufstellen für Wohnungslose möglich.

Im Übrigen gehört für manche Menschen auf der Straße auch die Kleidung zu den Ausdrucksformen eigener Identität und der Gruppenzugehörigkeit. Mit Hüten, Mützen, Parka, Stiefeln, Ketten, aber auch Tätowierungen erfolgt eine Abgrenzung von der Mehrheitsgesellschaft (vgl. Girtler 1980, S. 51).

### 6.2.3 Wenig Ruhe, schlechter Schlaf

Wohnungslosen und insbesondere auf der Straße lebenden Menschen fehlt es weitestgehend an Rückzugsmöglichkeiten und somit an Gelegenheiten zur physischen und psychischen Erholung (vgl. Gillich 2016, S. 6; s. Kap. 5.4.3). Wer nicht wenigstens eine Gartenhütte, eine Garage, einen Platz in einem Abbruchhaus oder einem unvollendeten Neubau gefunden hat, sucht sich einen Platz in einem Hauseingang, unter Brücken, in U-Bahn-Schächten, Wartehäuschen, Tiefgaragen, auf Parkbänken, in oder hinter Müllcontainern. Hier sind sie meist »öffentliche Personen«, der missbilligenden

Beobachtung und der Bedrohung durch Gewaltangriffe schutzlos ausgesetzt.

> Herr S. lag in einem »Bushäuschen«. Dort schlief er nach eigenen Angaben höchstens zwei, drei Stunden, denn er habe auf seinen Rucksack aufpassen müssen, in dem sich seine ganze Habe befand (vgl. Reckmann 2019).

Ein so entstehender dauernder Stress bewirkt eine schlechte Schlafqualität und kann zu Erschöpfungszuständen und Antriebsmangel führen sowie das Immunsystem und das Herz-Kreislauf-System schädigen (vgl. Steiger 2010, S. 120). Um die ständige Belastung durch Angst und Stress zu vermeiden, bleibt den Menschen nur übrig, möglichst wenig in Erscheinung zu treten und aufzufallen.

### 6.2.4 Umgang mit Umwelt- und Witterungseinflüssen

Durch ihr Leben auf der Straße sind obdachlose Menschen ständig den Einflüssen von Witterung, Schmutz und Luftschadstoffen schutzlos ausgesetzt (s. Kap. 5.3.4). Die damit verbundenen Risiken und Gefahren werden meist als alltäglich, selbstverständlich und unvermeidlich übersehen, hingenommen oder aus dem Bewusstsein verdrängt. Diese fatalistische Einstellung ist das Ergebnis eines allmählichen Prozesses der Abstumpfung und Resignation gegenüber einer Abfolge von traumatisierenden Erfahrungen (vgl. Bloh 2017). Ein derartiges Verhalten ist jedoch auf lange Sicht gefährlich und im Extremfall lebensbedrohlich, vor allem wenn in den Wintermonaten Kälte, Wind und Nässe die körperlichen Abwehrkräfte herausfordern. Der Umgang obdachloser Menschen mit Witterungseinflüssen wurde in Interviews anschaulich geschildert, so auch in dem folgenden Interviewausschnitt, in dem der Interviewer den stark erkälteten Bertram fragt, woher denn der Schnupfen komme. Darauf antwortet dieser:

> »Von Witterung, von Wetter. (…) Kalt, nasskalt, wenn man einmal durchnässt ist, wird das nicht so schnell trocken und dann, so wird chronischer Schnupfen, das hab' ich meistens. Jetzt geht das, aber sonst immer erkältet, die Nase am Laufen, und noch am Husten, am Niesen und Spucken.« (zitiert nach Steiger 2010, S. 111)

Darüber hinaus konnte in Gesprächen festgestellt werden, dass Betroffene teilweise nicht in der Lage sind, Witterungseinflüsse überhaupt wahrzunehmen und entsprechend darauf zu reagieren. So konnte beobachtet werden, dass wohnungslose Personen teilweise nur verzögert Schutz vor Regen suchten, was unter anderem mit einer eingeschränkten Mobilität und Antriebsstörungen erklärt werden kann (vgl. Steiger 2010, S. 113 f.).

Dass gerade die Kälte im Winter auch lebensbedrohlich sein kann, zeigt folgende Aussage der obdachlosen Anne:

> »Also mir ist das einmal passiert, also bin ich, also im Wald, hab ich da gelegen, mitten auf einer Parkbank, und dies im Winter, und es hat halt vorher auch tierisch geregnet, und dann fing es auch noch an zu schneien, und dann war meine Sache auch schon komplett, teilweise auch schon angefroren, dass ich dann morgens wach geworden bin, und war dann komplett mit Schnee überdeckt, und bin dann direkt samt der Polizei ins Krankenhaus transportiert worden, und hatte ich eine schwere Lungenentzündung. Das hätte mich auch fast das Leben gekostet.« (zitiert nach Steiger 2010, S. 111)

Dass die Lebensgefahr durch Erfrieren im Winter für Obdachlose eine reale Bedrohung ist, zeigt die von der BAG W ermittelte Anzahl von 314 Kältetoten in Deutschland während der Jahre 1990 bis 2018 (s. Kap. 5.3.4). Neben den kalten Wintermonaten stellen auch die heißen Sommermonate eine besondere Gefährdungslage dar. Die Sonneneinstrahlung und hohe Temperaturen begünstigen gerade im Hochsommer hitzebedingte Gesundheitsstörungen wie Kreislaufschwächen, Sonnenbrand oder Hitzeschlag. Vor allem in den Innenstädten kann es zur Herausforderung werden, einen sonnengeschützten Aufenthaltsort zu finden und täglich eine ausreichende Flüssigkeitszufuhr sicherzustellen. Hinzu kommt, dass sich in den Sommermonaten ein großer Teil der Bevölkerung ebenfalls im öffentlichen Raum aufhält, was Rückzugsmöglichkeiten verringert und Konflikte fördert. Im Sommer tritt auch das Problem der eingeschränkten Möglichkeiten zur Körperpflege und Hygiene verstärkt auf. Dies fördert die Entstehung von Krankheiten und kann Schamgefühle auslösen (vgl. Steiger 2010, S. 123 ff.).

### 6.2.5 Umgang mit Gesundheit und Krankheit

Wohnungslose und besonders obdachlose Menschen sehen sich zu einem erheblichen Ausmaß wenig veranlasst oder in der Lage, bei körperlichen und auch psychischen Beeinträchtigungen adäquate Gegenmaßnahmen zu ergreifen. Darauf deuten beispielsweise die hohen Anteile von obdachlosen Personen hin, die am Ende ihres meist kurzen Lebens keine Zähne mehr haben oder deren Hypertonie oder Diabetes nicht behandelt wird (s. Kap. 7.1.1). Diese Schädigungen können – neben den Barrieren des Gesundheitssystems – mit einer fatalistischen Grundeinstellung und einer geringeren Aufmerksamkeit wohnungsloser Menschen für körperliche und psychische Signale und Symptome zusammenhängen (s. Kap. 7.3.; vgl. Siegrist 2005). Die Folgen einer solchen Einstellung, aber auch die Schwierigkeit, diese zu ändern, zeigt das von Elisa Schilcher geschilderte Beispiel:

> »So auch bei Herrn L., einem sehr zufriedenen und positiv denkenden Menschen, der Probleme selbst dann noch nicht sieht, wenn andere schon nicht mehr in der Lage sind, sie zu ertragen. Gleich zu Beginn der Betreuung (durch seine Sozialarbeiterin, AF) bemerkten wir, dass er stets in sich gekehrt ist und müde wirkte. Auf Nachfragen antwortete er, dass alles prima sei und er nur ein wenig erschöpft ist. ›Jetzt wo Sie nachfragen, kommt mir das aber doch etwas komisch vor‹, bemerkte er einige Tage später. ›Sie müssen sich aber keine Sorgen machen‹, betonte er in seinem grenzenlosen Optimismus, ›es ist alles okay!‹.

Wir motivierten ihn, trotz seiner Einschätzung einen Arzttermin wahrzunehmen. Es wurde Blut abgenommen und der Blutdruck gemessen. Die Laborergebnisse waren ohne Befund, der Blutdruck jedoch war nahezu lebensbedrohlich hoch, weshalb Herr L. ab diesem Zeitpunkt blutdrucksenkende Medikamente einnehmen muss (…).
Wegen der Müdigkeit, die durch Sekundenschlaf-Attacken zum Ausdruck kommt, wurde Herr L. an einen HNO-Facharzt überwiesen. Dieser sollte die Verdachtsdiagnose einer Schlafapnoe abklären. Nach diversen Untersuchungen bestätigte sich diese Diagnose, weshalb eine weitere Untersuchung im Schlaflabor folgen soll. Dort wird voraussichtlich eine entsprechende Schlafmaske angepasst, die Herrn L. seine Lebensqualität zurückbringt, ohne dass er ständig übermüdet sein wird.
Aufgrund seiner Persönlichkeit begleitete die betreuende Sozialarbeiterin Herrn L. immer zu den Arztbesuchen. Dabei bemerkte unsere Mitarbeiterin, dass Herr L. nicht in der Lage war, Aushänge und Plakate zu lesen. Es folgte daher der Besuch eines Optikers, wo sich zeigte, dass Herr L. stark kurzsichtig ist. Der untersuchende Optiker atmete auf, als er hörte, dass Herr L. nicht als Autofahrer am Straßenverkehr teilnimmt, sondern nur ›halbblind als Fußgänger unterwegs war!‹
Schon beim Optiker zeigte sich Herr L. völlig begeistert, dass er plötzlich ›wieder wahnsinnig viel sehen und erkennen konnte‹. ›Mir ist gar nicht aufgefallen, dass ich nichts sehe‹, ließ er seine Sozialarbeiterin wissen (…)
Seitdem es (…) gelungen ist, Herrn L. zum Arztbesuch zu motivieren, haben sich sein Wohlbefinden und seine Lebensqualität enorm verbessert. Er ist wacher, ansprechbarer und aufnahmefähiger« (Schilcher 2020, S. 6 f.).

## 6.3 Sucht und Abhängigkeit

Suchtmittel wie Nikotin, Alkohol, illegale Drogen oder Betäubungsmittel, Aufputschmittel, Beruhigungsmittel und andere Medikamente spielen im Leben wohnungsloser Menschen eine wichtige Rolle. Die Ergebnisse einiger Erhebungen vermitteln einen Eindruck über das Ausmaß der Abhängigkeit von Suchtmitteln, wie zum Beispiel die Untersuchung von 223 Klienten der Wohnungslosenhilfe in München (s. Tabelle 10).

Neben den in der Tabelle genannten Suchtmitteln wie Alkohol und illegale Drogen haben Tabakwaren, insbesondere Zigaretten ein hohes Potenzial zur Entstehung psychischer und körperlicher Abhängigkeit; diese werden vom größten Teil der Wohnungslosen (75 Prozent der in Hamburg befragten Obdachlosen, vgl. Püschel & Nawka 2011) regelmäßig und in großen Mengen konsumiert oder inhaliert.

Eine Abhängigkeit von Suchtmitteln ist häufig auf belastende Erfahrungen und Kontakte mit spezifischen Gruppen in der Kindheit und Jugend zurückzuführen. Die Sucht fungiert oft als Kompensation für unzulängliche Zuwendung und »Nestwärme« in prägenden Lebensphasen (vgl. Brox 2017, S. 37 ff.). Für einen Teil der Wohnungs-

**Tabelle 10:** Abhängigkeit von psychotropen Substanzen bei Wohnungslosen – Lebenszeitprävalenz (Haupt- und Nebendiagnosen nach ICD 10) – Angaben in Prozent (Quelle: Bäuml et al. 2017, S. 137)

| Substanz | Frauen | Männer | Gesamt |
|---|---|---|---|
| Psychotrope Substanzen gesamt | 53 | 79 | 74 |
| Alkohol | 47 | 71 | 66 |
| Cannabis | 16 | 23 | 22 |
| Opiate | 2 | 2 | 2 |
| Kokain | 2 | 2 | 2 |
| Sedative | 7 | 5 | 5 |
| Multipler Substanzgebrauch | 7 | 8 | 8 |
| N (Anzahl) | 45 | 178 | 223 |

losen veranlasst allerdings erst der Verlust der Wohnung einen (verstärkten) Griff zu Suchtmitteln (vgl. Völlm et al. 2004, S. 45). Diese sollen die »Flucht aus dem Alltag« erleichtern oder ermöglichen. Sie dienen zur Verdrängung von Schicksalsschlägen oder Benachteiligung und Diskriminierung – die Sucht bewirkt eine veränderte Wahrnehmung und macht das Leben auf der Straße – zunächst und für den Augenblick – erst erträglich (vgl. Hank & Hopp 2011, S. 137).

Auf der anderen Seite sind die Beschaffung und der Gebrauch von Suchtmitteln mit erheblichen finanziellen und auch organisatorischen Aufwendungen verbunden, die zu Überforderungen, Verschuldung, Stress, Gewalterfahrung, Gewalttätigkeit und zur Strafverfolgung führen können. Hinzu kommen nach längerer Abhängigkeit im Allgemeinen erhebliche, häufig gravierende und langwierige Beeinträchtigungen der körperlichen und psychischen Gesundheit (vgl. Geyer 2015, S. 181–187; Robert Koch-Institut 2016, S. 18 f.). Zu erwähnen sind hier Atemwegserkrankungen (chronische Bronchitis oder Lungenkrebs) und Erkrankungen von Herz und Kreislauf im Zusammenhang mit Nikotinkonsum. Für Bluthochdruck, Adipositas, Leberschäden und Krankheiten des zentralen Nervensystems sowie für psychische Beeinträchtigungen ist Alkohol ein Risikofaktor. Letzteres trifft auch für illegale Drogen zu.

### 6.3.1 Alkohol: Hilfsmittel und Gefahrstoff

Vor allem Bier, aber auch andere alkoholische Getränke spielen im Leben wohnungsloser und insbesondere auf der Straße lebender Menschen eine wichtige Rolle im Alltag. Sie ergänzen und ersetzen die oft fehlende Nahrung, und fungieren als Schlafmittel und Betäubungsmittel. Vor allem aber dient das gemeinschaftliche Trinken der Kommunikation sowie der Akzeptanz innerhalb der Obdachlosenszene (vgl. Girtler 1980, S. 98 ff.).

Im Übrigen kommt dem Alkohol eine enthemmende Wirkung zu. Er erleichtert die Schritte hin zu (z. T. gemeinsamen) Straftaten, wie Ladendiebstählen, Schwarzfahren, Schlägereien. Damit wird allerdings auch das Risiko erhöht, tiefer in Armut und Elend zu geraten. Häufige Folgen einer Abhängigkeit sind zum Beispiel:

- Weitere Verschuldung
- Verlust von Beziehungen
- Verlust der Arbeitsstelle
- Schwierigkeiten beim Erlangen einer neuen Arbeitsstelle oder einer neuen Wohnung
- Verminderung der Selbstkontrolle
- Schwere Gesundheitsschäden (Lebererkrankungen, Bluthochdruck)
- Vereinsamung, Vernachlässigung, Verwahrlosung und Selbstzerstörung
- Verachtung innerhalb der »Szene« (vgl. Girtler 1980 S. 99; Hank & Hopp 2011, S. 137; Bäuml et al. 2017, S. 209)

Hinzu kommt das erhebliche Risiko, Opfer von Gewaltdelikten zu werden, mit anschließenden körperlichen und psychischen Schädigungen (vgl. Rosenke 2006; s. auch Kap. 5.4.4).

Ein regelmäßiger und anhaltender Konsum alkoholischer Getränke in der Obdachlosenszene enthält ein beträchtliches Potenzial zur Entwicklung einer dauerhaften Abhängigkeit, mit der Gefahr der Entstehung der o. g. Folgewirkungen. Die Dimension des Alkoholismus unter Obdachlosen ist beträchtlich: So waren zum Zeitpunkt der Befragung 44 Prozent der oben genannten wohnungslosen Männer und 15 Prozent der Frauen akut alkoholabhängig (vgl. Bäuml et al. 2017, S. 146 f.). Zumindest von den Wiener Obdachlosen, den »Sandlern«, wird eine Abhängigkeit vom Alkohol allerdings missbilligt. Die Alkoholiker stehen für sie auf einer niederen Rangstufe in der Szene (vgl. Girtler 1980, S. 97 f.). Um dem Risiko einer Abhängigkeit zu entgehen, vermeiden manche Wohnungslose zumindest zeitweise die Nähe zu anderen Betroffenen. Diese Möglichkeit der Prävention beschreiben Münchner Obdachlose, die sich regelmäßig in öffentlichen Bibliotheken aufhalten, wo niemand in Versuchung kommt, zu trinken oder zu rauchen (vgl. Müller 2006, S. 146).

### 6.3.2 Illegale Drogen

Unter wohnungslosen Menschen kommt auch dem Gebrauch illegaler Suchtmittel eine wachsende Bedeutung zu, und zwar insbesondere bei jüngeren Wohnungslosen, bei denen gerade Drogen den Abstieg in die Wohnungslosigkeit stark beeinflussen. Dies wird von Richard Brox in seiner Autobiographie eindringlich geschildert (vgl. Brox 2017). Bei einer Untersuchung von Obdachlosen in Hamburg konnten zum Beispiel bei 42 Prozent der untersuchten Personen Drogen im Urin nachgewiesen werden (vgl. Püschel & Nawka 2011, S. 55).

Ebenso wie Alkohol führen illegale Drogen zu Abhängigkeiten und können auf lange Sicht die Gesundheit – vor allem im neurologisch-psychiatrischen Bereich (bis hin zur völligen Realitätsverkennung) – und die gesamte Existenz des Konsumenten zerstören. Auch um illegale Drogen haben sich Netzwerke gebildet, die für die Konsumenten einen unterstützenden Charakter einnehmen können. Wie alkoholabhängige Menschen tragen auch Drogenabhängige ein erhöhtes Risiko, sich finanziell zu überfordern sowie Opfer oder auch Täter von Gewalttaten zu werden. Illegale Drogen unterscheiden sich von Alkohol vor allem durch ihre strafrechtliche Relevanz; jeder Konsument begibt sich in die Gefahr, als Delinquent verfolgt und behandelt zu werden.

### 6.3.3 Schwierige Entwöhnung

Zwar ist das Risiko einer Abhängigkeit von Suchtmitteln bekannt und den Betroffenen meist bewusst, allerdings erfüllen Alkohol und Drogen eine wichtige Funktion bei der Bewältigung ihrer Situation. Mit dieser hohen Funktionalität steigt aber nicht nur die Gefahr, abhängig zu werden, sondern auch eine Therapie und Entwöhnung gestalten sich dadurch besonders schwer. Vor allem benötigt das Aufgeben einer Sucht ein gutes Selbstwertgefühl und innere Stabilität. Beides kann sich zum Beispiel durch die Bewältigung einer als sinnvoll angesehenen Aufgabe entwickeln.

Herr D. hatte auf der Straße gelebt und regelmäßig in größerem Ausmaß Bier getrunken. Als betreuter Bewohner des Vereins OBDACH e.V. in Heidelberg wurde er Mitarbeiter des Instandsetzungs-Teams des Vereins. Seine Tätigkeit bei der Renovierung von Zimmern und Wohnungen verschaffte ihm Befriedigung und große Anerkennung bei seinen Kollegen, Vorgesetzten und den Mitbewohnern. Es kann vermutet werden, dass ihm dies sowie die neu gewonnene Zeitstruktur seine eigene Entscheidung erleichterte, sowohl auf Alkohol als auch auf Zigaretten ganz zu verzichten. (Eigene Aufzeichnung der Autoren)

Manchmal hilft auch ein schockierendes Erlebnis, wie beispielsweise eine schwere Krankheit, die die Endlichkeit des eigenen Lebens und einen möglichen baldigen Tod aufscheinen lässt. So beschreiben beispielsweise Hank und Hopp einen Fall, bei dem es zwei Herzinfarkte waren, die zum Verzicht führten (vgl. Hank & Hopp 2011, S. 138).

Ob allerdings ein exzessiver Konsum süßer Limonaden nach einer gelungenen Entwöhnung von der Alkoholabhängigkeit für einen Diabetiker die adäquate Alternative sein kann, muss erheblich in Zweifel gezogen werden. Trotz seiner Krankheit konnte und wollte der ehemals Wohnungslose nicht auf diesen »Genuss« verzichten, auch nicht nachdem sich seine Erkrankung zunehmend verschlimmerte und zum körperlichen Zusammenbruch führte. (Eigene Aufzeichnung der Autoren)

## 6.4 Umgang mit Nachbarn und Mitbürgern

Die »besonderen sozialen Schwierigkeiten« wohnungsloser Menschen äußern sich häufig in ihrer Kontaktarmut und ihrer sozialen Isolierung, aber auch in der wenig ausgeprägten Fähigkeit, Konflikte durch Ausgleich zu lösen. Ihre Kontakte in der Umgebung des Wohnungslosenmilieus beschränken sich meist darauf, notwendige Informationen für das Überleben zu erhalten, z.B. über Schlafplätze, Versorgungsquellen, solidarische Kollegen (s. Kap. 5.5). Auf der anderen Seite kommt es bei Kontaktversuchen von Seiten anderer Menschen (z. B. Helfenden) häufig zu Missverständnissen und sogar Zurückweisungen. Dies kann problematisch werden in Fällen, wo eine soziale Unterstützung hilfreich wäre (vgl. Borgmann et al. 2017).

Bei einigen wird hier deutlich, dass sie in ihrer primären Sozialisation statt eines kommunikativen und mitmenschlichen Umgangs mit anderen vor allem gelernt haben, Konflikte mit Lautstärke, Drohungen, Gewalt oder Rückzug zu lösen. Diese Erfahrung kann beispielsweise in Form von Gewalt innerhalb der Familie oder in heftigen Auseinandersetzungen mit Nachbarn zum Ausdruck kommen. Ein Sozialverhalten dieser Art kann zum Verlust von Partnerschaften, Familienbindungen und der Wohnung führen – im schlimmsten Fall gelten diese Menschen als nicht wohnfähig (vgl. Paulgerg-Muschiol 2009). Einige dieser Verhaltensweisen (Körperverletzung, Sachbeschädigung, Entwendung fremden Eigentums) stellen einen Bruch mit Rechtsnormen dar, die meist zu Sanktionen mit oft gravierenden Folgen für den weiteren Verlauf des Lebens führen – oft stehen sie am Beginn einer Abwärtsspirale.

## 6.5 Abweichendes Verhalten, Normbrüche, Kriminalisierung, Delinquenz

Menschen auf der Straße werden als Außenseiter wahrgenommen und häufig zusätzlich in die Rolle des Normbrechers und sogar des Delinquenten gedrängt. Der Alltag der meisten dieser Menschen weicht durchweg von den gebräuchlichen Verhaltensweisen der »bürgerlichen« Gesellschaft ab: Sie halten sich, ohne irgendeiner Beschäftigung nachzugehen, tagsüber und zu jeder Zeit auf der Straße oder auf öffentlichen Plätzen und in Gruppen auf. Sie trinken dort Bier und andere Alkoholika, sie sind manchmal laut, sie sind nicht immer ansehnlich und sie werden von den Mitmenschen nicht gerne gerochen. Kinder werden vor ihnen gewarnt und von ihren Müttern weggezogen. Man rümpft die Nase über sie, macht einen Bogen um sie und geht ihnen, wenn möglich aus dem Weg – sie stören.

### 6.5.1 Vom Anderssein zum Normbruch

Als bloße Außenseiter werden Obdachlose gerade noch geduldet, wenn sie jedoch das Straßenbild zu sehr zu prägen scheinen, wenden sich ihnen Ordnungshüter mit Kontrollgängen zu und verscheuchen sie. Mit dem Erlass kommunaler Verordnungen und den darauffolgenden Sanktionen wird leicht aus ungewöhnlichen Verhaltensweisen ein Normbruch – und der Täter ist kriminalisiert.

Noch mehr stellt das Übernachten an öffentlichen Orten, wie z. B. in Parkanlagen oder Eingängen von Geschäftshäusern, einen Normbruch dar. Viele Städte untersagen das Nächtigen in Parks, auf öffentlichen Straßen, Plätzen oder Passagen, die ebenso wie die Bahnhofshallen inzwischen großenteils privatisiert sind (vgl. Müller 2006, S. 47 ff.). Währenddessen wird jedoch das Übernachten von Touristen in Wohnmobilen, die im Straßenraum abgestellt sind, geduldet.

Bei Bemühungen um »komfortablere« Unterkünfte, wie Gartenhäuser, Abbruchhäuser oder unfertige Neubauten ist der Normbruch relativ klar, handelt es sich hierbei schließlich um Hausfriedensbruch. Die Betroffenen sorgen im Allgemeinen dafür, dass diese Unterkünfte weithin unbekannt bleiben, um Sanktionen oder sogar strafrechtlichen Verfolgungen zu entgehen (vgl. Girtler 1980, S. 46 ff.). Ähnlich verhält es sich, wenn sie sich entsorgte Lebensmittel oder andere Gegenstände aus den Abfallcontainern von Supermärkten holen (»Containern«).

### 6.5.2 Bagatelldelikte und ihre Verfolgung

Klar als Straftaten definiert sind zum Beispiel Handlungen wie die Verletzung einer Unterhaltspflicht, Schwarzfahren, der Besitz von illegalen Drogen und Diebstahl. Zum Teil hängen diese Delikte mit einer erheblichen finanziellen, manchmal auch organisatorischen Notlage zusammen. Ein Beispiel, das Marion Müller (2006) berichtet, kann diesen Zusammenhang deutlich machen:

> »Es ist für Wohnungslose (immer wieder) unsicher, ob sie am nächsten Tag eine Fahrkarte kaufen können, um z. B. mit öffentlichen Verkehrsmitteln zu einem Amt zu fahren – oder ob sie

zwischen Zu-Fuß-Gehen, Schwarzfahren oder Ausfallen-Lassen des Behördengangs wählen müssen. Diese ›Unsicherheit‹ wirkt sich zentral auf bestehende Haltungen aus, die das Deuten von Situationen und das alltägliche Handeln (auch bezüglich Kriminalität und Kriminalisierung) beeinflussen. Zusätzlich zu den vorhandenen Handlungsspielräumen liegen innerhalb der Wohnungslosigkeit auch Handlungszwänge vermehrt vor.« (Müller 2006, S. 130)

Wenn wohnungslose – und andere arme – Menschen bei gesetzwidrigen Verhaltensweisen strafrechtlich verfolgt werden, dann liegt das zum Teil auch an ihren geringen finanziellen Mitteln: So entgehen andere Schwarzfahrer und Ladendiebe meist einer Anzeige, wenn sie das erhöhte Beförderungsentgelt oder den entwendeten Gegenstand nachträglich erstatten. Damit ist es zu erklären, dass ein Großteil der Wohnungslosen im Verlauf ihres Lebens straffällig wird (bis zu einem Drittel nach den Ergebnissen einer qualitativen Studie von G. Albrecht 1990), und dies meist wegen Bagatelldelikten (vgl. Müller 2006, S. 27 ff.). Eine darauffolgende Inhaftierung wird nicht selten zum Ausgangspunkt einer »Lebenskarriere als Wohnungsloser« (vgl. Müller 2006, S. 27 ff.). Insgesamt scheint die Strafverfolgung von Bagatelldelikten und damit die Kriminalisierung ein – unbeabsichtigtes – »Nebenprodukt der Wohnungslosigkeit« zu sein (vgl. Müller 2006, S. 35).

### 6.5.3 Wohnungslose als Opfer von Delikten

Während schon geringfügige Verhaltensabweichungen Wohnungsloser, wie zum Beispiel die Selbstversorgung mit Lebensmitteln aus Abfallcontainern, sanktioniert werden, ist die Dunkelziffer bei Delikten, bei denen Wohnungslose Opfer sind, hoch. Dies zeigen auch medizinische Untersuchungen an Verstorbenen, die deutlich machen, dass die Zahl der Gewaltopfer unter Wohnungslosen höher als bekannt sein muss (vgl. Asseln 2018, S. 61).

Ein Grund für diese Differenz kann die geringe Bereitschaft von obdachlosen Gewaltopfern sein, die Täter anzuzeigen. Eine Ursache für dieses Verhalten kann die Angst vor gewaltbereiten Tätern, eine andere die Scheu sein, in Kontakt mit der Polizei zu treten. Ein weiterer Grund für die Dunkelziffer könnte in der Fokussierung der Strafverfolgungsbehörden auf andere Delikte als Straftaten gegen Obdachlose liegen.

## 6.6 Orientierungen und Einstellungen

Wohnungslos und obdachlos gewordene Menschen nehmen sich selbst oft als randständig, abgewertet und ausgegrenzt aus der »normalen« Gesellschaft wahr. Mit dieser realistischen Selbstwahrnehmung sehen sie sich veranlasst, sich neu zu orientieren und Kontakte zu anderen Obdachlosen aufzunehmen. Um ihr eigenes Überleben in der neuen Umgebung zu sichern, müssen sie die wesentlichen Handlungsmuster, Regeln und Normen der für sie neuen Bezugsgruppe kennenlernen und übernehmen (vgl. Girtler 1980, S. 8).

Mit der Übernahme bestimmter Einstellungen und Lebensweisen, wie der Vermeidung geregelter Arbeitsverhältnisse, einer gewissen Gleichgültigkeit gegenüber Besitztümern und festen Wohnverhältnissen oder eines regelmäßigen Konsums von alkoholischen Getränken oder Drogen, grenzen sich obdachlose Menschen wiederum selbst von der Mehrheitsgesellschaft ab.

### 6.6.1 Leben ohne Zukunft und Plan

Eine Abgrenzung geschieht auch durch die unausgesprochene Weigerung, über den Tag hinaus zu planen, Vereinbarungen zu treffen und verlässlich einzuhalten, und eine mögliche Zukunft in den Blick zu nehmen. Letztere ist dem Sandler, dem Obdachlosen in Wien, gleichgültig und erscheint ihm gefährlich, denn »sie ist für ihn unsicher« (Girtler 1980, S. 63):

> »Er (der Sandler, AF) lebt eigentlich in der dauernden Hoffnung, dass die antizipierte negative Zukunft nicht sofort eintritt.« (Girtler 1980, S. 63)

Der Sandler hat im Übrigen auch keine ökonomischen oder psychischen Ressourcen, mit denen er eine Zukunft gestalten könnte. Damit hängen seine Gegenwartsorientierung und seine geringen Erwartungen an die Zukunft zusammen. Es wird in den Tag hinein gelebt – man lässt sich treiben, kann ja doch nichts ändern, die bisherigen Erfahrungen sind ja in den meisten Fällen wenig erfreulich, die Zeit verläuft für die Menschen ohne Plan und Struktur (vgl. Girtler 1980, S. 64).

Diese Grundhaltung der Perspektivlosigkeit findet sich allerdings auch bei Menschen, die einmal Visionen und Pläne für ihr zukünftiges Leben entwickelt hatten und diese zum Teil auch realisieren konnten. Sie sind jedoch aus verschiedenen Gründen bei der Umsetzung ihrer Vorhaben gescheitert, beispielsweise infolge einer schweren Erkrankung, einer Trennung, einem belastenden Ereignis in der Familie oder im Berufsleben. Einige dieser Menschen führten zeitweilig ein »alternatives« Leben im Ausland, z. B. als Bergführer bei Urlaubsveranstaltern, andere brachen ihre unsichere wissenschaftliche Karriere ab oder verloren den beruflichen Anschluss nach einer Betriebsstillegung. Diese Menschen beziehen ihre Orientierung aus einer verklärten Vergangenheit – bei gleichzeitigem Verzicht auf eine Zukunftsperspektive (s. Kap. 10).

Ein Lebensstil, der verstärkt an der Gegenwart, dem jeweiligen Augenblick – und damit auch seinen aktuellen Ansprüchen – orientiert ist, kann allerdings auch eine gewisse Gelassenheit gegenüber den Anforderungen der Leistungsgesellschaft mit sich bringen. Gerade diese Orientierung kann zudem auch die Aufmerksamkeit auf gegenwärtige Sorgen oder auf die Nöte anderer, beispielweise auf einen kranken Nachbarn, erleichtern und solidarisches Verhalten fördern (s. Kap. 6.4).

### 6.6.2 Misstrauen und Verdrängen

Den meisten obdachlosen Menschen sind vor und während ihres Lebens auf der Straße schwere seelische – und oft auch körperliche – Wunden zugefügt worden. Sie erlebten das Scheitern von Beziehungen, in Schule, Ausbildung und Beruf, in der Gestaltung ihres Alltags und der materiellen Selbsterhaltung. Aufgrund derartiger enttäuschender Erfahrungen ergeben sie sich in ihr leidvolles Schicksal. Sie entwickeln zugleich ein ausgeprägtes Misstrauen und eine Abwehrhaltung gegenüber Angeboten, aber auch Anforderungen und Herausforderungen. Sie haben – oft schon in der frühen Kindheit – nicht gelernt oder aber verlernt, sich etwas zuzutrauen. Vorhandene Fähigkeiten und Qualitäten werden so verschüttet oder bleiben unentdeckt. Aufgrund ihrer geringen Selbstsicherheit zeigen sie vielfach Angst vor allem Neuen und sogar davor, öffentlich in Erscheinung zu treten. Stattdessen bevorzugen sie eine geduckte, manchmal unterwürfige Haltung (vgl. Paulgerg-Muschiol 2009, S. 146).

### 6.6.3 Enttäuschung und Resignation

Die Erfahrung, wohnungslos geworden zu sein, ist für die meisten Menschen eine große Enttäuschung. Diese Empfindung kommt unter anderem darin zum Ausdruck, dass sich 80 Prozent der von der BAG W erfassten Personen eine eigene Wohnung wünschen. Wenn der elementare Wunsch nach einem eigenen Zuhause nicht erfüllt wird, kann sich eine Haltung der Resignation und der Fügung in das Unglück entwickeln. Zur Ausbildung dieser Einstellung kann auch die Erfahrung wohnungslos gewordener Menschen beitragen, dass sie bei einem drohenden oder aktuellen Wohnungsverlust keine effektive Hilfe erhalten haben und auch in Zukunft kaum erwarten können (vgl. GISS 2015). Die meisten wohnungslosen Menschen haben darüber hinaus eine Vielzahl von Enttäuschungen erlebt, sei es im der Familie, in der Schule, bei Beziehungen und Partnerschaften oder im Arbeitsleben.

Aufgrund ihrer resignativen Haltung sind diese Menschen auch nur selten in der Lage, sich bei Übergriffen zur Wehr zu setzen (vgl. Klee 1979, S. 41). Sie vermeiden und fürchten Herausforderungen, Auseinandersetzungen mit neuen oder veränderten Situationen. Sie gehen diesen aus dem Weg und ergreifen die Flucht, z. B. aus einer Bindung, von einem Ort, einem Arbeitsplatz, in der Illusion, dass ein Ortswechsel eine Verbesserung der Situation zur Folge hat. Eine andere Variante der Reaktion auf Anforderungen ist die Verdrängung. Dabei bleiben beispielsweise wichtige Briefe von Behörden, Ärzten, Banken oder Versicherungen ungeöffnet liegen – und wichtige Termine werden versäumt.

### 6.6.4 Selbstmitleid und Rückzug

Bei manchen Wohnungslosen entwickelt sich eine Mentalität des Selbstmitleids, der Selbstanklage und des Fatalismus. So wurde beobachtet, dass sich manche bei jeder Gelegenheit und eigentlich grundlos entschuldigen, z. B. mit Sätzen wie:

> »Die Frage war nicht böse gemeint.«
> »Wenn ich etwas falsch gemacht habe, gehe ich halt wieder.«

Diese und ähnliche Aussagen drücken »Hilflosigkeit, Verzweiflung und Ratlosigkeit von Menschen aus, denen Zeit ihres Lebens entgegenkommende, vertrauensvolle und hilfreiche Gegenüber gefehlt haben.« (Malyssek & Störch 2009, S. 140)

Aufgrund ihrer Lage schwindet im Laufe der Zeit schließlich das wenig ausgeprägte Selbstwertgefühl, sie ziehen sich aus dem gesellschaftlichen Leben völlig zurück. Sie versinken in ein gleichförmiges, passives Leben ohne innere Struktur, geprägt durch Resignation, Apathie, Einsamkeit, Misstrauen und Angst. Viele von ihnen verlieren die Motivation, auf sich selbst und ihre Umwelt zu achten. Zur Bewältigung ihrer trostlosen Wirklichkeit dienen zunehmend Suchtmittel, insbesondere Alkohol und Drogen. Ihre ohnehin ungünstige gesellschaftliche, psychische und gesundheitliche Lage wird dadurch immer schlimmer (s. Kap. 6.3). Diese verfestigt sich (z. B. mit der Entwicklung chronischer Krankheiten) und kann kaum mehr revidiert werden. Einmal vorhandene Potenziale bleiben, soweit sie nicht bereits ganz verschwunden sind, zum großen Teil unter einer stetigen Lethargie und Antriebslosigkeit verborgen.

KAPITEL 7

# Gesundheit, Krankheit und Tod

Seit Jahren ist ausreichend belegt, dass Bevölkerungsgruppen mit niedrigem sozioökonomischen Status grundsätzlich in einem höheren Maße von gesundheitlichen Beeinträchtigungen betroffen sind (vgl. Richter & Hurrelmann 2009; Siegrist & Marmot 2008). Dieser Zusammenhang gilt als Ausdruck gesundheitlicher Ungleichheit und betrifft Wohnungslose in besonderer Ausprägung: Diese verfügen, auch im Vergleich zu anderen benachteiligten Bevölkerungsgruppen wie beispielsweise Drogenkonsumierenden oder Alleinerziehenden, durchschnittlich über den schlechtesten Gesundheitszustand (vgl. Menke et al. 2003, S. 64). Neben den gesundheitlichen Belastungen, die die meist prekären Lebensumstände mit sich bringen, verfügen Wohnungslose überwiegend auch über geringe Bewältigungsressourcen und Erholungsmöglichkeiten. Die Beachtung von Krankheitssymptomen ist eher schwächer ausgeprägt und die Inanspruchnahme medizinischer Leistungen ist mit vielfältigen Hürden verbunden, weshalb Erkrankungen häufig erst spät oder gar nicht erkannt werden und keine adäquate Behandlung erfolgen kann.

In den nachfolgenden Abschnitten werden aktuelle Erkenntnisse über den Gesundheitszustand und gesundheitliche Beeinträchtigungen der von Wohnungslosigkeit betroffenen Menschen dargestellt. Wissenschaftliche Erhebungen zur psychischen Verfassung wohnungsloser Menschen wurden bereits seit Anfang des 20. Jahrhunderts durchgeführt. Diese Studien sind, dem damaligen Verständnis entsprechend, von erbbiologischen Theorien geprägt, weshalb den Betroffenen u. a. »angeborener Schwachsinn« zugeschrieben oder sie als »unstete Psychopathen« klassifiziert wurden (vgl. Greifenhagen & Fichter 1996). Das im Laufe der Zeit veränderte Verständnis von Wohnungslosigkeit als komplexes soziales Phänomen hat dazu beigetragen, dass etwa seit Ende der 1980er Jahre auch der körperliche Gesundheitszustand wohnungsloser Menschen verstärkt in den Blickpunkt der Forschung und der Wohnungslosenhilfe geraten ist und sich insbesondere einzelne, engagierte Vorreiter zunehmend verpflichtet sahen, passgenaue Hilfsstrukturen für diese Bevölkerungsgruppe zu schaffen.

## 7.1 Morbidität wohnungsloser Menschen

Aufgrund der prekären Lebenslage wohnungsloser Menschen liegen eine höhere Morbidität und das häufigere Vorkommen bestimmter gesundheitlicher Beeinträchtigungen nahe. Die Haut wird durch Witterungseinflüsse, Luftschadstoffe und Schmutz beansprucht, die Zähne leiden bei schlechter Ernährung und mangelhafter Pflege, durch die Ernährungsweise kann das Verdauungssystem geschädigt werden sowie Diabetes oder Adipositas entstehen. Leber, Nieren und das Nervensystem leiden unter der ständigen Zufuhr von Giftstoffen. Kälte und Nässe, Gifte in der Luft oder in Tabakwaren sowie ein geschwächtes Immunsystem sind Risikofaktoren für häufige Atemwegserkrankungen.

Belastende Lebensereignisse, Vereinsamung und psychosozialer Stress können eine Reihe von psychischen Störungen, Schwächungen des Immunsystems, Bluthochdruck und verschiedene Herz-Kreislauf-Erkrankungen zur Folge haben. Generell sind dauerhafte Belastungen und Barrieren zum Versorgungsangebot erhebliche Risikofaktoren für die Entstehung chronischer und irreversibler Gesundheitsschäden.

### 7.1.1 Körperliche Erkrankungen

#### Allgemein erhöhte Morbidität

Wohnungslose Personen leiden nicht an anderen Erkrankungen als andere Bevölkerungsgruppen. Ihre Morbiditätsraten sind jedoch deutlich erhöht. Studien zeigen[1], dass diese Menschen in hohem Maße von körperlichen Erkrankungen betroffen sind und ein Großteil einen akuten Behandlungsbedarf aufweist: Bis zu 96 Prozent der Befragten litten an mindestens einer körperlichen Erkrankung, mehr als die Hälfte sogar an vier oder mehr Erkrankungen (vgl. Püschel & Nawka 2011, S. 55; Trabert 1995, S. 59). 58,8 Prozent der Untersuchten in Dortmund gaben an, in den letzten vier Wochen Schmerzen gehabt zu haben (vgl. Völlm et al. 2004, S. 46). Diese hohen Krankheitsraten lassen sich einerseits auf die oft prekären Lebensumstände zurückführen, andererseits auch auf die mangelnde Inanspruchnahme von medizinischen Leistungen (s. Kap. 7.3.1). Selbst die Teilnehmer der Seewolf-Studie in München, die durchweg in Einrichtungen der Wohnungslosenhilfe leben und somit über einen Zugang zu sanitären Anlagen und Schutz vor der Witterung verfügen, wiesen zu 40,6 Prozent einen dringenden internistischen und/oder neurologischen Behandlungsbedarf auf (Frauen: 27,9; Männer: 43,6 Prozent; vgl. Bäuml et al. 2017, S. 204). Die wenigen Studien, die auch den Gesundheitsstatus wohnungsloser Frauen untersuchten, konnten aufzeigen, dass wohnungslose Männer insgesamt einen schlechteren Gesundheitszustand aufweisen. Sie gaben häufiger an, an gesundheitlichen Einschränkungen zu leiden und wiesen einen größeren Behandlungsbedarf auf (vgl. Bäuml et al. 2017, S. 211 f.). Im Folgenden soll auf ausgewählte Krankheitsbilder näher eingegangen werden.

#### Hauterkrankungen

Hauterkrankungen und pathologische Hautveränderungen wurden in jeder der o. g. Studien erfasst. Hierunter fallen beispielweise:

- Hautgeschwüre
- Abszesse
- Druckgeschwüre
- Hautpilz

1 Für Infektionserkrankungen siehe bspw. die internationale Vergleichsstudie von Beijer et al. (2012) und Fazel et al. (2014).

Vergleicht man die Studienergebnisse zum Auftreten von Hauterkrankungen, lassen sich deutlich voneinander abweichende Häufigkeiten erkennen (s. Tabelle 11). Nach der Studie von Trabert, der seine Studienteilnehmer über eine Tagesstätte für wohnungslose Menschen in Mainz kontaktierte, litten 67,5 Prozent der Betroffenen unter pathologischen Hautveränderungen (vgl. Trabert 1995, S. 41). Auch bei den in Hamburg untersuchten Wohnungslosen, die zum großen Teil auf der Straße lebten, sind Hauterkrankungen mit 57,4 Prozent und 40 Prozent weit verbreitet (vgl. Püschel & Nawka 2011; Asseln 2018). Bei Bewohnern von Einrichtungen der Wohnungslosenhilfe in München hingegen besteht diese Problematik nur bei 14,3 Prozent der Untersuchten (vgl. Bäuml et al. 2017, S. 204). Es ist zu vermuten, dass letztere Personengruppe über einen besseren Zugang zu Hygienemöglichkeiten verfügt, womit der Entstehung von Hauterkrankungen eher vorgebeugt werden kann.

Vor allem diejenigen Betroffenen, die ohne Unterkunft auf der Straße oder in Behelfsunterkünften leben, sehen sich schwierigen hygienischen Bedingungen ausgesetzt. Zugang zu fließendem Wasser besteht überwiegend über öffentliche Toilettenanlagen. Duschmöglichkeiten werden in der Regel von ambulanten Einrichtungen der Wohnungslosenhilfe angeboten (s. Kap. 6.2.2.). Diese sind jedoch nicht jederzeit frei zugänglich, sondern von den Öffnungszeiten der Einrichtungen abhängig. Darüber hinaus kann es bei hoher Frequentierung zu Wartezeiten kommen. Notwendige Verbandswechsel können nicht immer durch pflegerisch geschultes Personal und unter ausreichenden hygienischen Bedingungen statt-

**Tabelle 11:** Auftreten von Hauterkrankungen oder pathologischen Hautveränderungen – Angaben in Prozent

| Trabert 1995 | Fichter et al. 2000 | Völlm et al. 2004 | Püschel & Nawka 2011 | Bäuml et al. 2017 | Asseln 2018 |
|---|---|---|---|---|---|
| 67,5 | 24,9 | 33,8 | 40,0 | 14,3 (Männer: 15,5; Frauen: 9,3) | 57,4 (Männer: 60; Frauen: 44,2) |

finden, weshalb insbesondere chronische Wunden häufig nicht bedarfsgerecht versorgt werden können.

**Pathologischer Zahnstatus**

Nach den genannten Studien litten zwischen 52,5 und 94,0 Prozent der Untersuchten unter einem pathologischen Zahnstatus (s. Tabelle 12). Hierunter fielen:

- deutlicher Kariesbefall
- fehlende Zähne
- pathologisches Zahnfleisch

Der schlechte Zahnstatus war überwiegend auf Karies zurückzuführen (vgl. Völlm et al. 2004, S. 45). Viele Betroffene verfügen jedoch auch nicht mehr über ein vollständiges Gebiss. Die Studie von Asseln in Hamburg ergab, dass knapp 20 Prozent der Betroffenen unbezahnt waren. Lediglich bei 7,3 Prozent ließ sich ein vollständiges Gebiss feststellen (vgl. Asseln 2018, S. 32). Nach Einschätzung der Autoren lässt sich dies – neben den oben bereits erwähnten mangelnden Hygienemöglichkeiten – auf die besonderen Erfordernisse einer zahnärztlichen Behandlung zurückführen. Zur Diagnose und Behandlung von Zahnerkrankungen sind in der Regel fachärztlicher Rat und eine spezielle Ausrüstung erforderlich, die nur eingeschränkt im Rahmen niederschwelliger medizinischer Angebote erbracht werden können.

**Tabelle 12:** Sanierungsbedürftiger Zahnstatus, Zahnerkrankungen oder fehlende Zähne – Angaben in Prozent

| Trabert 1995 | Fichter et al. 2000 | Völlm et al. 2004 | Püschel & Nawka 2011 | Bäuml et al. 2017 | Asseln 2018 |
|---|---|---|---|---|---|
| 52,5 | 80 (unbezahnt: 4 Prozent; vollbezahnt: 20 Prozent) | 82,1 | 94 (unbezahnt: 9 Prozent; vollbezahnt: 6 Prozent) | 60,9 (Männer: 63; Frauen: 52,3) | 23,4 (Kariesbefall) (unbezahnt: 19,6; vollbezahnt: 7,4) |

Die zahnmedizinische Behandlung bedarf zudem eines besonderen Vertrauensverhältnisses, was neben den bestehenden Hürden eine zusätzliche Hemmschwelle bei der Inanspruchnahme der entsprechenden ärztlichen Leistungen darstellen kann. Diese Annahme wird gestützt von der Beobachtung, dass der beste Zahnstatus bei denjenigen Betroffenen festzustellen war, die sich kurz zuvor in Haft befunden hatten (vgl. Püschel & Nawka 2011, S. 55).

#### Erkrankungen der Atmungsorgane

Die Untersuchungsergebnisse der einbezogenen Studien zeigen, dass zwischen 16 und 47,5 Prozent der Betroffenen an schweren, vielfach chronischen Erkrankungen der Atmungsorgane leiden. Dabei handelt es sich überwiegend um:

- chronische Bronchitis
- Atemgeräusche
- Lungenentzündungen
- Asthma

Darüber hinaus ist davon auszugehen, dass akute Atemwegserkrankungen insbesondere in den Wintermonaten auftreten, wenn Betroffene ohne Unterkunft den nassen und kalten Witterungsverhältnissen ausgesetzt sind (s. Kap. 6.2.4). Außerdem ist denkbar, dass bei häufigen Aufenthalten im öffentlichen Raum Abgase und Feinstaub die Entstehung von Atemwegserkrankungen fördern. Die ana-

**Tabelle 13:** Erkrankung der Atmungsorgane und anamnestisch bekannte Tuberkulose – Angaben in Prozent

| | Trabert 1995 | Fichter et al. 2000 | Völlm et al. 2004 | Püschel & Nawka 2011 | Bäuml et al. 2017 | Asseln 2018 |
|---|---|---|---|---|---|---|
| Erkrankung der Atmungsorgane | 47,5 | 16 | 33,8 | 18 | 28,4 | 37,6 |
| Tuberkulose | 12,5 | 7,8 | – | 2 | 3,6 | 2,3 |

mnestischen Befragungen ergaben, dass bei 2 bis 12,5 Prozent der Befragten in der Vergangenheit Tuberkulose diagnostiziert wurde, wobei die Anzahl der Erkrankten im Zeitverlauf abnahm (s. Tabelle 13). Bei einem intakten Immunsystem verläuft die bakterielle Tuberkuloseinfektion überwiegend symptomlos und bleibt daher häufig unerkannt. Das Zusammenleben auf engem Raum und eine geschwächte Immunabwehr erhöhen jedoch das Ansteckungsrisiko, weshalb Obdachlosigkeit nach Bewertung des Robert-Koch-Instituts einen Risikofaktor für den Ausbruch der Erkrankung darstellt (vgl. Robert-Koch-Institut 2018, S. 669). Signifikante Unterschiede zwischen den Erkrankungsraten von Männern und Frauen ließen sich hier nicht feststellen.

**Lebererkrankungen**

Die Studienlage zeigt, dass zwischen 19,1 und 48,9 Prozent der Untersuchten an Lebererkrankungen litten (s. Tabelle 14). Ihre Ursache ist teilweise in vergangenen Hepatitis-Infektionen zu finden. Nach

**Tabelle 14:** Lebererkrankungen – Angaben in Prozent

| | Trabert 1995 | Fichter et al. 2000 | Völlm et al. 2004 | Püschel & Nawka 2011 | Bäuml et al. 2017 | Asseln 2018 |
|---|---|---|---|---|---|---|
| Lebererkrankung, nicht näher spezifiziert | 30 | – | 42,5 | – | 19,1 | 38 |
| Antikörper gegen ... | – | Hepatitis A: 48,3 Hepatitis B: 14,5 Hepatitis C: 0 | – | Hepatitis A: 44 Hepatitis B: 25 Hepatitis C: 12 | – | – |
| Vergrößerte Leber | – | 48,9 | – | – | – | 9,1 |
| Leberzirrhose | | 34,9 | 2,5 | | | 8,4 |

der Untersuchung von Püschel und Nawka (2011) litten 44 Prozent der Befragten in der Vergangenheit an einer Hepatitis A-Infektion, 25 Prozent hatten eine Hepatitis-B-Infektion erfolgreich überwunden, 12 Prozent wiesen Antikörper gegen Hepatitis C auf. Wenig überraschend ist die Erkenntnis, dass die anamnestisch bekannten Lebererkrankungen und die Laborbefunde der Leberwerte von Alkoholabhängigen signifikant schlechter ausfielen als bei Personen, die an keiner Alkoholerkrankung litten (vgl. Bäuml et al. 2017, S. 209; Fichter et al. 2000, S. 1151). Zwischen den Geschlechtern traten keine signifikanten Unterschiede auf.

#### Adipositas, Hypertonie und Diabetes

Bäuml und seine Mitarbeiter stellen im Rahmen der Seewolf-Studie fest, dass die sogenannten Zivilisationserkrankungen wie Hypertonie und Adipositas auch unter der Bevölkerungsgruppe der Wohnungslosen in den vergangenen Jahren deutlich zugenommen haben (vgl. Bäuml et al. 2017, S. 210). Im Vergleich zum Bevölkerungsdurchschnitt sind die Prävalenzzahlen für Hypertonie um mehr als das Doppelte erhöht, wobei sowohl im Bevölkerungsdurchschnitt als auch bei der Gruppe der Wohnungslosen mehr Männer unter Bluthochdruck leiden als Frauen (vgl. Bäuml et al. 2017, S. 212). Je nach Studie beträgt der Anteil der Betroffenen, bei denen hypertone Werte gemessen wurden, zwischen 24,3 und 42,7 Prozent (s. Tabelle 15). Zwischen 9,1 und 23 Prozent der Befragten waren von Adipositas betroffen, wobei es sich laut der Seewolf-Studie bei der Mehrzahl um Frauen handelt (vgl. Bäuml et al. 2017, S. 205). Im Rahmen der Untersuchung von Püschel und Nawka wiesen 16 Prozent der untersuchten Wohnungslosen deutlich erhöhte Blutzuckerwerte auf (vgl. Püschel & Nawka 2011, S. 56). Bei der Seewolf-Studie betraf dies 12,1 Prozent der Befragten, Frauen und Männer etwa gleichermaßen (vgl. Bäuml et al. 2017, S. 205). Auffällig ist auch, dass in der Gruppe der schwer psychisch Erkrankten die Betroffenen signifikant häufiger unter Adipositas litten als Wohnungslose, die keine schwere psychische Erkrankung aufwiesen (vgl. Bäuml et al. 2017, S. 209 f.).

**Tabelle 15:** Auftreten von Adipositas, hypertonen Messwerten und Diabetes mellitus – Angaben in Prozent

| | Trabert 1995 | Fichter et al. 2000 | Völlm et al. 2004 | Püschel & Nawka 2011 | Bäuml et al. 2017 | Asseln 2018 |
|---|---|---|---|---|---|---|
| Adipositas (BMI über 30) | – | 9,1 | – | 19 | 23 | 39,3 |
| Hypertone Messwerte | – | 24,3 | 33,8 | 40 | 42,7 | 6 |
| Diabetes mellitus | – | – | – | Diagnostiziert/ Risikopatienten: 16 | Diagnostiziert: 8,9 Risikopatienten: 12,1 | Diagnostiziert: 2,7 |

**Tabelle 16:** Auftreten von Frakturen und Amputationen – Angaben in Prozent

| | Trabert 1995 | Fichter et al. 2000 | Völlm et al. 2004 | Püschel & Nawka 2011 | Bäuml et al. 2017 | Asseln 2018 |
|---|---|---|---|---|---|---|
| Fraktur (anamnestisch bekannt) | 50 (Unfallverletzung) | 67,4 | – | – | 58,7 | 34,3 (früherer Rippenbruch) 8,6 (akuter Rippenbruch) |
| Amputation | – | 3,3 (Fuß) 4 (Finger) 1,7 (Hand) | – | – | 7,6 | 2,7 (Finger) 0,4 (Bein) |

#### Frakturen und Amputationen

Bei der Betrachtung der Befunde zum Auftreten körperlicher Erkrankungen fällt die hohe Anzahl von Betroffenen auf, die an einer akuten oder vergangenen Fraktur leiden bzw. litten: Ihr Anteil bewegt sich zwischen 50 und 67,4 Prozent. Männer waren etwas häufiger betroffen als Frauen (61,3 Prozent gegenüber 47,7 Prozent). Dabei zeigten sich signifikante Unterschiede zwischen alkoholkranken und nicht-alkoholkranken Betroffenen. Erstere waren in der Vergangenheit häufiger von mindestens einer Fraktur betroffen (69,8 Prozent gegenüber 55,2 Prozent; vgl. Bäuml et al. 2017, S. 209). Von Amputationen waren Männer und Frauen etwa gleich häufig betroffen. Etwa 8 Prozent der Untersuchten wurden in der Vergangenheit ein Körperteil oder einzelne Gliedmaße amputiert (s. Tabelle 16).

### 7.1.2 Psychische Erkrankungen

#### Erfassung psychischer Erkrankungen

Im Gegensatz zu körperlichen Erkrankungen sind psychiatrische Störungsbilder ungleich schwieriger zu erfassen. Während bei körperlichen Erkrankungen die auftretenden Symptome oft klar benennbar sind, ist die Diagnosestellung bei psychischen Erkrankungen aufwendiger und setzt die Bereitschaft und die Fähigkeiten der Betroffenen voraus, die für psychische Erkrankungen kennzeichnenden Veränderungen des eigenen Erlebens und Verhaltens sichtbar zu machen und mitzuteilen. Dies gestaltet sich insbesondere dann schwierig, wenn bei den Betroffenen keine Symptomwahrnehmung und Krankheitseinsicht vorliegen.

Psychische Erkrankungen können im Übrigen episodenhaft verlaufen. Beschwerdefreie Intervalle und Krankheitsphasen treten dann im Wechsel auf. Um diesen Schwankungen gerecht zu werden, wird bei der Diagnose von psychischen Störungen auch die sogenannte Lebenszeitprävalenz angegeben. Diese Kennzahl drückt aus, wie hoch der Anteil der Betroffenen ist, die im Laufe ihres bisherigen Lebens bis zum Erhebungszeitpunkt an einer bestimmten Erkrankung gelitten haben oder akut leiden.

**Prävalenz psychischer Erkrankungen bei Wohnungslosen**

Die Daten zur Prävalenz psychischer Erkrankungen bei Wohnungslosen stammen aus der 2017 veröffentlichten sogenannte Seewolf-Studie, die Männer und Frauen in Einrichtungen der Wohnungslosenhilfe untersuchte. Zur Erfassung psychischer Erkrankungen wurde das Diagnoseinstrument des strukturierten klinischen Interviews für DSM-IV (SKID) herangezogen, um diagnoserelevante Selbstauskünfte der Betroffenen zu erheben. Auch Abhängigkeitserkrankungen zählen zu den psychischen Erkrankungen, diese werden der besseren Übersicht wegen jedoch in Kapitel 6.3 aufgeführt.

Es ist naheliegend, dass stressauslösende Belastungen, wie beispielsweise ungünstige Sozialisationsbedingungen, Schicksalsschläge oder ein Leben in prekären Lebensverhältnissen die Anfälligkeit für die Ausbildung psychischer Erkrankungen erhöht. Das Ausmaß an psychischen Erkrankungen unter der Personengruppe der Wohnungslosen ist jedoch immens: Die Seewolf-Studie, zeigte, dass lediglich 6,7 Prozent der 223 befragten Männer und Frauen bis zum Erhebungszeitpunkt psychisch gesund sind bzw. waren. 22,9 Prozent wiesen mindestens eine psychiatrische Diagnose auf, bei 31,8 Prozent ließen sich zwei Diagnosen feststellen. 0,9 Prozent litten sogar an sieben oder mehr psychiatrischen Erkrankungen (vgl. Bäuml et al. 2017, S. 129). Bei der Betrachtung der Lebenszeitprävalenz traten, gemessen an den Diagnosekategorien des ICD-10, substanzinduzierte Störungen (F1) am häufigsten auf. Danach folgen affektive Störungen (F3), neurotische, Belastungs- und somatoforme Störungen (F4) sowie schizophrene Spektrumsstörungen (F2) (vgl. Bäuml et al. 2017, S. 132).

Der nachfolgenden Tabelle lassen sich die Lebenszeitprävalenzen der ICD-10 Diagnosekategorien entnehmen. Geschlechtsspezifische Unterschiede hinsichtlich der Auftretenshäufigkeit zeigen sich insbesondere bei psychischen und Verhaltensstörungen durch psychotrope Substanzen (F1), von denen Männer signifikant häufiger betroffen sind. Bei nahezu allen anderen Diagnosekategorien sind Frauen überrepräsentiert (s. Tabelle 17).

Tabelle 17: Lebenszeitprävalenzen der ICD-10 Diagnosekriterien in Prozent, differenziert nach Geschlecht – Angaben in Prozent (Quelle: Bäuml et al. 2017, S. 133)

| Diagnosekategorie | Frauen | Männer | Gesamt |
|---|---|---|---|
| Personen mit mindestens einer Diagnosekategorie F0 bis F9 | 91,1 | 93,8 | 93,3 |
| F0 Organische, einschließlich symptomatischer psychischer Störungen | 2,2 | 5,6 | 4,9 |
| F1 Psychische und Verhaltensstörungen durch psychotrope Substanzen | 53,3 | 78,7 | 73,5 |
| F2 Schizophrene, schizotype und wahnhafte Störungen | 17,8 | 12,4 | 13,5 |
| F3 Affektive Störungen | 51,1 | 43,3 | 44,8 |
| F4 Neurotische, Belastungs- und somatoforme Störungen | 26,7 | 19,7 | 21,1 |
| F5 Verhaltensauffälligkeiten mit körperlichen Störungen und Faktoren | 8,9 | 1,1 | 2,7 |
| F6 Persönlichkeits- und Verhaltensstörungen | 4,4 | 1,7 | 2,2 |
| F7 Intelligenzminderung | – | 2,8 | 2,2 |
| F8 Entwicklungsstörungen | - | 1,1 | 0,9 |
| F9 Verhaltens- und emotionale Störungen mit Beginn in der Kindheit und Jugend | 4,4 | 2,8 | 3,1 |
| Keine aktuelle oder frühere psychische Erkrankung | 8,9 | 6,2 | 6,7 |

Das Auftreten von Persönlichkeitsstörungen wurde innerhalb der Seewolf-Studie separat erfasst. Von den 216 Betroffenen, die sich mit dieser separaten Datenerhebung einverstanden zeigten, lagen bei 55,1 Prozent Persönlichkeitsstörungen vor, wobei das Verhältnis von männlichen und weiblichen Studienteilnehmern recht ausgeglichen war (Männer: 55,4 Prozent, Frauen: 53,7 Prozent; s. Tabelle 18). Am häufigsten traten antisoziale, schizoide und Borderline-Persönlichkeitsstörungen auf (vgl. Bäuml et al. 2017, S. 158).

Tabelle 18: Prävalenzen von Persönlichkeitsstörungen, differenziert nach Geschlecht – Angaben in Prozent (Quelle: Bäuml et al. 2017, S. 160)

| Diagnostizierte Persönlichkeitsstörung (PS) | Männer | Frauen | Gesamt |
|---|---|---|---|
| Personen mit mindestens einer PS | 55,4 | 53,7 | 55,1 |
| Paranoide PS | 5,7 | 10,5 | 6,6 |
| Schizoide PS | 19,0 | 13,2 | 17,9 |
| Schizotype PS | 2,9 | 0 | 2,4 |
| Borderline-PS | 13,2 | 19,5 | 14,4 |
| Histrionische PS | 1,7 | 0 | 1,4 |
| Antisoziale PS | 22,3 | 5,0 | 18,8 |
| Narzisstische PS | 6,9 | 2,6 | 6,1 |
| Selbstunsichere PS | 9,2 | 7,9 | 9,0 |
| Dependente PS | 0,6 | 2,6 | 0,9 |
| Zwanghafte PS | 12,1 | 2,6 | 10,4 |
| Nicht näher bezeichnete PS | 9,1 | 5,3 | 8,5 |

Wie einführend bereits erwähnt wurde, beziehen sich die hier dargestellten Ergebnisse der Seewolf-Studie auf Betroffene, die in stationären Einrichtungen der Wohnungslosenhilfe leben. Die Autoren der Studie weisen selbst darauf hin, dass der Personenkreis der psychisch erkrankten Wohnungslosen, selbst wenn diese wie in der genannten Studie an ein Hilfesystem angebunden sind, vergleichsweise seltener zur Teilnahme an wissenschaftlichen Untersuchungen bereit ist, was die jeweiligen Studienergebnisse beeinflusst (vgl. Brönner et al. 2013, S. 70). Darüber hinaus konnte der psychische Gesundheitszustand der besonders vulnerablen Personengruppe der Obdachlosen, die ohne jegliche Unterkunft im öffentlichen Raum leben, durch die Seewolf-Studie nicht erfasst werden. Bezogen auf die Gesamtheit der Wohnungs- und Obdachlosen können die hier dargestellten Studienergebnisse zu psychischen Erkrankungen somit nur als Spitze des Eisbergs bezeichnet werden.

**Psychische Erkrankungen und die Entstehung von Wohnungslosigkeit**

Bei der Betrachtung des Auftretens psychischer Erkrankungen im Zusammenhang mit Wohnungslosigkeit stellt sich unweigerlich die Frage, inwieweit sich beide Problemlagen gegenseitig bedingen. Einen solchen Zusammenhang hat Salize untersucht: Er bildete eine Stichprobe aus Betroffenen, die entweder aufgrund von Mietschulden oder Räumungsklagen akut von Wohnungslosigkeit bedroht waren, oder die in unzumutbaren Wohnverhältnissen lebten und infolgedessen Hilfestellung beim zuständigen Wohnungsamt (in Mannheim) beantragten. Im Ergebnis gab mehr als die Hälfte der Teilnehmenden (56,5 Prozent) an, sich in der Vergangenheit bereits einer psychiatrischen Behandlung unterzogen zu haben. Insgesamt 79,3 Prozent waren akut von einer behandlungsbedürftigen psychischen Erkrankung betroffen, wobei es sich bei 24,8 Prozent ausschließlich um eine Abhängigkeitserkrankung handelte und bei 20,8 Prozent um eine psychiatrische Erkrankung ohne Abhängigkeitserkrankung. Bei knapp einem Drittel der Befragten (30,7 Prozent) konnten sowohl eine Abhängigkeitserkrankung als auch eine weitere psychische Erkrankung diagnostiziert werden (vgl. Salize et al. 2006, S. 1349). Dabei traten Abhängigkeitserkrankungen bei denjenigen Befragten signifikant häufiger auf, die in der Vergangenheit bereits von Wohnungslosigkeit betroffen waren. Damit konnte festgestellt werden, dass u. a. das Vorliegen einer Alkoholerkrankung sowie einer ambulanten psychischen Behandlung in der Vergangenheit bedeutende Risikofaktoren für einen Wohnungsverlust darstellen (vgl. Salize et al. 2006, S. 1351 f.). Darauf weisen auch Erkenntnisse aus der Seewolf-Studie hin: 41,6 Prozent der Befragten gaben an, bereits als Kind oder Jugendliche(r) unter psychischen Auffälligkeiten gelitten zu haben, woraufhin 13,3 Prozent in ihrer Kindheit und/oder Jugend in psychiatrischer Behandlung gewesen seien (vgl. Bäuml et al. 2017, S. 120).

Eine Längsschnittbefragung ergab darüber hinaus, dass psychisch kranke Bewohner von Wohnungsloseneinrichtungen (bei denen es sich überwiegend um Alkoholerkrankte handelte) sich nach vier Jahren entweder weiterhin im Wohnungslosenmilieu aufhielten, verstorben waren oder aufgrund fortschreitender Schädigungen in

Pflegeheime aufgenommen werden mussten. Im Vergleich dazu war bei den psychisch gesunden Studienteilnehmern im gleichen Zeitraum eine zumindest randständige soziale Integration erfolgt (vgl. Reker & Eickelmann 1997, S. 1440).

**Auswirkungen psychischer Erkrankungen auf den Alltag Wohnungsloser**

Wie gravierend sich das Vorliegen oder die Chronifizierung einer psychischen Erkrankung auf den Alltag der Betroffenen auswirken kann, zeigt folgendes Fallbeispiel:

> Eine aufmerksame Bürgerin meldete sich bei den Mitarbeitern der ambulanten Wohnungslosenhilfe, da sie auf ihrem morgendlichen Arbeitsweg regelmäßig einem scheinbar wohnungslosen Mann begegnete, der sich mit seinem Schlafsack in einem Park niedergelassen hatte. Nachdem sie eines Tages Kontakt zu dem Betroffenen aufnahm und ihm ihre Unterstützung anbot, äußerte dieser, dass ihm nicht mehr zu helfen sei, da er aufgrund einer Anweisung eines Gefängniswärters den Park nicht verlassen dürfe. Diese Aussage verunsicherte die Bürgerin derart, dass sie die Mitarbeiter der Wohnungslosenhilfe um Unterstützung bat. In der Kontaktaufnahme im Rahmen der aufsuchenden Sozialarbeit zeigte sich der Betroffene freundlich und zugewandt, berichtete aber auch hier von dem ihm auferzwungenen Aufenthalt im Park, den er aufgrund der Anweisung eines Gefängniswärters nicht verlassen dürfe. Daher sei es ihm unmöglich, Hilfsangebote der Wohnungslosenhilfe in Anspruch zu nehmen. Er berichtete auch von diversen Stufen der Erleuchtung, die er zunächst erreichen müsse, um den Park wieder verlassen zu dürfen, wobei der Gefängniswärter stets ein wachsames Auge auf ihn werfen würde. Die Autorin warnte er ebenfalls vor den Strafen des Gefängniswärters, die sie treffen würden, sobald sie beispielsweise den Weg in eine »falsche« Richtung benutze. Die Aussagen waren dermaßen wirr, unzusammenhängend und bizarr, dass der Verdacht einer Verkennung der Situation im Rahmen einer psychotischen Episode aufkam. Bevor jedoch weitere mögliche Handlungsschritte mit dem Betroffenen erörtert werden konn-

ten, verschwand er mitsamt seinen Habseligkeiten aus dem angestammten Park. (Eigene Aufzeichnung der Autoren)

Nach unserer Erfahrung handelt es sich bei diesem Beispiel um keinen Einzelfall. Das zeigt auch der Bericht der Psychiaterin Dorothee Freudenberg, die seit 2013 Straßensozialarbeiter in Hamburg im Rahmen des Projektes Psychiatrische Straßenvisite begleitet (s. Kap. 10.5.3):

»Es ist ein entsetzliches Elend, wenn psychisch schwer kranke Menschen obdachlos, unversorgt und isoliert in der Hamburger City leben. Als Kernsymptomatik besteht oft eine lähmende Antriebslosigkeit, Ambivalenz und Entscheidungsunfähigkeit in Verbindung mit diffuser Angst. In der psychiatrischen Diagnostik entspricht dies dem schizophrenen Residualsyndrom. Ich denke, dass die extreme Ausprägung der Krankheitsbilder die Folge der elenden Lebensbedingungen ist. Diese Menschen sind in einem Teufelskreis gefangen und sie sperren sich trotz ihres Elends ängstlich gegen jegliche Veränderung ihrer Situation. Diejenigen, die es krankheitsbedingt nicht schaffen, die niedrigschwelligen und unentgeltlichen Angebote mit Duschen und Kleiderwechsel aufzusuchen, sind in einem jämmerlichen körperlichen Zustand, schwer verwahrlost und von Ungeziefer befallen. Manche sind so scheu, dass sie nicht einmal einen Kaffee oder ein belegtes Brot von Schwester Petra auf dem Gerhard-Hauptmann-Platz annehmen. Sie suchen sich Essensreste aus den Mülltonnen und leben von dem, was ihnen mitleidige Passanten hinstellen. Bei der Straßenvisite begegnen uns also Menschen, die psychisch so schwer gestört sind, dass sie von sich aus weder ärztliche noch sozialarbeiterische Hilfe in Anspruch nehmen, auch wenn die Hilfe ganz niedrigschwellig ist. Primär geht es darum, ihr Überleben zu sichern. Vorrang hat die materielle Absicherung, erst später kann, wenn überhaupt, die psychiatrische Krankheitsbewältigung einsetzen. Dies alles geht nur im Team und ich bin sehr froh über die gute Zusammenarbeit mit den beiden Straßensozialarbeiter/innen und den Mitarbeiter/innen der Hilfeeinrichtungen.« (Freudenberg 2009, S. 13 f.)

## 7.2 Mortalität und Todesursachen wohnungsloser Menschen

Betrachtet man die oben dargestellten Befunde zum körperlichen und psychischen Gesundheitszustand wohnungsloser Menschen, verwundert es nicht, dass deren durchschnittliches Sterbealter erheblich niedriger liegt als das der durchschnittlichen Bevölkerung – und zwar um beachtliche 30 Jahre. Das zeigt eine Studienreihe, die in den Jahren 2001, 2006 und 2018 am Universitätsklinikum Hamburg-Eppendorf durchgeführt und veröffentlicht wurde und sich mit den Todesursachen, Todesumständen und Vorerkrankungen wohnungsloser Männer und Frauen beschäftigt (vgl. Ishorst-Witte 2001; Grabs 2006; Asseln 2018). In der Wohnungslosenhilfe spielt das Thema Tod eine eher untergeordnete Rolle. Kooperationen mit Palliativdiensten oder Hospizen bestehen kaum. Angehörige, die die Betroffenen auf dem letzten Weg begleiten und eine würdevolle Trauerfeier ausrichten, existieren häufig nicht oder sind nicht greifbar. In diesen Fällen veranlasst die zuständige Ordnungsbehörde die Bestattung der verstorbenen Person (vgl. Deutscher Hospiz- und Palliativverband e.V. 2017, S. 41).

### 7.2.1 Sterbealter

Die aktuellste der genannten Studien erfasst die Todesursachen von 263 Betroffenen, die zwischen 2007 und 2015 in Hamburg verstarben. In die Analyse wurden alle Fälle einbezogen, bei denen zum Todeszeitpunkt Wohnungslosigkeit bekannt war, entweder durch die Daten im Personalausweis oder durch Angaben der Polizei oder Angehöriger. Der Frauenanteil lag bei 16 Prozent.

Die Erkenntnisse daraus sind ernüchternd: Im Durchschnitt verstarb ein Wohnungsloser in Hamburg im Jahr 2015 im Alter von 49 Jahren, also 30 Jahre eher als ein Angehöriger der durchschnittlichen Wohnbevölkerung. Dabei ließen sich keine geschlechtsspezifischen Unterschiede feststellen und das Sterbealter der untersuchten Männer und Frauen unterschied sich nur geringfügig (Männer: 49,6 Jahre; Frauen: 48,9 Jahre) (vgl. Asseln 2018, S. 74 f.). Die Betroffenen waren zum Todeszeitpunkt in der Regel schwer erkrankt und verstarben alleine, häufig im öffentlichen Raum (20 Prozent) (vgl. Asseln 2018, S. 19).

### 7.2.2 Sterbeorte

Tabelle 19 zeigt geschlechtsunabhängig die Orte des Versterbens auf. Daraus wird ersichtlich, dass etwa die Hälfte der Betroffenen in einem Wohnheim oder einer Übernachtungsstätte verstarb und weitere 20 Prozent auf der Straße bzw. im öffentlichen Raum, worunter u. a. Hauseingänge, Keller, ein Container, ein Lokal sowie eine frei zugängliche Toilette fallen. Auffällig ist, dass im Untersuchungszeitraum insgesamt neun wohnungslose Personen in Gewässern, beispielsweise Flüssen oder Teichen, aufgefunden wurden (vgl. Asseln 2018, S. 19 f.). Dies lässt sich überwiegend auf Unfälle im alkoholisierten Zustand zurückführen. In einem Fall war ein Suizid ursächlich, in einem weiteren Fall die versuchte Vertuschung eines Tötungsdelikts (vgl. Asseln 2018, S. 84).

**Tabelle 19:** Sterbeorte Wohnungsloser in Hamburg (N = 263) – Angaben in Prozent (Quelle: Asseln 2018, S. 19 f.)

| Sterbeort | Gestorbene |
|---|---|
| Wohnheim | 42 |
| Öffentlicher Raum | 21 |
| Krankenhaus | 13 |
| Wohnung | 13 |
| Gewässer | 3 |
| Zelt, Wohnwagen, Gartenlaube | 3 |
| Hotel | 2 |
| Unbekannt | 2 |
| Winternotprogramm | 1 |

Bei der geschlechtsspezifischen Betrachtung lassen sich kaum geschlechterbezogene Unterschiede hinsichtlich des Sterbeortes feststellen. Lediglich bei den in Gewässern verstorbenen Betroffenen handelt es sich ausschließlich um männliche Personen (vgl. Asseln 2018, S. 22). Bei rund 15 Prozent der Betroffenen waren zum Todeszeitpunkt Zeichen der Verwahrlosung erkennbar, beispielsweise krallenartige Fußnägel, verfilztes Kopfhaar, Kot am Körper, notdürftig versorgte Wunden oder Ähnliches (vgl. Asseln 2018, S. 29). Auch hier zeigten sich keine signifikanten geschlechtsspezifischen Auffälligkeiten. Bei etwa einem Fünftel der Betroffenen (19 Prozent) wurden Anzeichen einer Fäulnis festgestellt, was auf einen gewissen zeitlichen Abstand zwischen Todes- und Auffindezeitpunkt schließen lässt (vgl. Asseln 2018, S. 94).

### 7.2.3 Todesursachen

Die Todesursachen von 162 Verstorbenen, die im Zeitraum von 2007 bis 2015 seziert wurden, werden in der nachfolgenden Abbildung 1 dargestellt. Daraus wird ersichtlich, dass es sich bei der häufigsten Todesursache (24,7 Prozent) um eine Drogen- und/oder Alkoholintoxikation handelt. Dies betraf 25,8 Prozent der sezierten Männer und 20 Prozent der sezierten Frauen. 15,4 Prozent der Betroffenen verstarben an Herz-Kreislauf-Erkrankungen und knapp 13 Prozent an den Folgen einer Infektion (vgl. Asseln 2018, S. 68). Geschlechtsspezifisch fällt der unfallbedingte Tod auf: 7,6 Prozent der Männer, jedoch 33,3 Prozent der Frauen verstarben infolge eines Unfalls. Insbesondere die Todesursachen Körperverletzung, Suizid und Ertrinken betrafen ausschließlich Männer (vgl. Asseln 2018, S. 69). Zwei Betroffene (ein Mann und eine Frau) verstarben an Unterkühlung (s. Kap. 6.2.4).

Erschreckend ist auch der hohe Anteil der Betroffenen, deren Todesursache auf Gewalteinwirkungen zurückzuführen ist: 4,9 Prozent der sezierten Personen – ausschließlich Männer – verstarben nach einer äußeren Gewalteinwirkung (s. Kap. 5.4). Weitere 5,5 Prozent (acht Männer und eine Frau) sind Opfer eines Tötungsdelikts geworden (vgl. Asseln 2018, S. 68). Auch die BAG W erfasst mittels

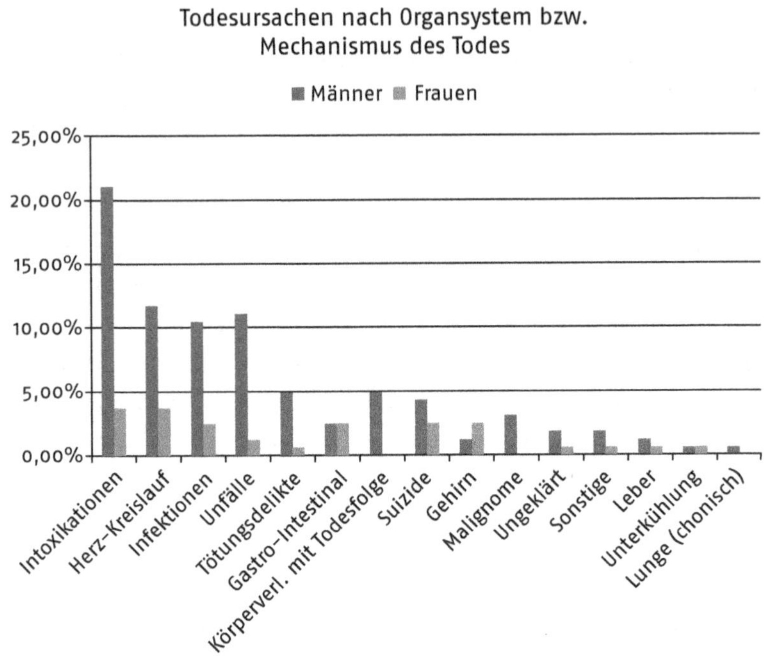


**Abbildung 1:** Todesursachen beider Geschlechter (N = 162) (Quelle: Asseln 2018, S. 70)

der Auswertung von Presseberichten die Anzahl der Wohnungslosen, die durch Gewaltanwendung und Tötungsdelikte versterben. Demnach sind zwischen 1989 und 2019 insgesamt 250 wohnungslose Menschen in Deutschland durch einen nicht-wohnungslosen Täter getötet worden. Durch Täter aus dem Wohnungslosenmilieu sind insgesamt 305 Personen getötet worden. Dabei muss darauf hingewiesen werden, dass sich hierbei lediglich um eine Mindestzahl handelt, die auf der systematischen Auswertung von Presseartikeln basiert (s. Kap. 5.4.2).

## 7.3 Die medizinische Versorgung wohnungsloser Menschen

Im vorherigen Abschnitt wurde dargestellt, dass der Gesundheitszustand wohnungsloser Menschen in vieler Hinsicht gravierend beeinträchtigt ist. Die Ursachen hierfür sind komplexer, als sie auf den ersten Blick erscheinen mögen. Einerseits fördert die prekäre Lebenssituation der Betroffenen die Entstehung von Krankheiten und erschwert eine gesundheitsbewusste Lebensweise. Dieses erhöhte Erkrankungsrisiko steigt andererseits durch die mangelnde Inanspruchnahme medizinischer Angebote weiter. Obwohl Leistungen des Gesundheitssystems grundsätzlich allen Krankenversicherten unabhängig vom jeweiligen sozialen Hintergrund zur Verfügung stehen, werden diese nicht von allen Bevölkerungsgruppen gleichermaßen genutzt. Diverse Hürden unterschiedlichster Art führen dazu, dass Erkrankte Angebote des Gesundheitssystems nicht wahrnehmen (vgl. Mielck 2000, S.172). Diese Tatsache ausschließlich mit der Eigenverantwortung für den Umgang mit Krankheit zu begründen, greift zu kurz.

Die Hemmnisse, die dem Zugang zu medizinischen Leistungen entgegenstehen, bestehen nicht nur auf der individuellen Ebene und sind nicht nur beispielsweise durch Misstrauen oder persönliche Ablehnung des Gesundheitssystems zu erklären. Es existieren vielmehr auch strukturelle und lebenslagenbedingte Hürden, die dazu führen, dass Betroffene die notwendigen Krankenbehandlungen nicht in Anspruch nehmen. Hinzu kommt eine bei Wohnungslosen häufig zu beobachtende Resignation und Gleichgültigkeit der eigenen Gesundheit gegenüber (s. Kap. 6.2.5). Um diesem Umstand zu begegnen, bestehen inzwischen in zahlreichen Städten spezifische niederschwellige Gesundheitsangebote, die – angegliedert an Einrichtungen der Wohnungslosenhilfe – den Zugang zu medizinischen Leistungen erleichtern sollen.

### 7.3.1 Zugang und Inanspruchnahme medizinischer Leistungen

Die hohen Morbiditätsraten wohnungsloser Menschen liegen nicht nur in den krankheitsfördernden Lebensbedingungen begründet, sondern auch im fehlenden Zugang zu medizinischen Leistungen und in deren mangelnder Inanspruchnahme. Dies konnten verschiedene Studien aufzeigen: Trabert stellte fest, dass etwa 60 Prozent der befragten Wohnungslosen nie oder nur selten zu einem Arzt gehen und Erkrankungen in der Regel über einen längeren Zeitraum unbehandelt bleiben (vgl. Trabert 1995, S. 29). Andere Untersuchungen kamen zu dem Ergebnis, dass mehr als zwei Drittel der Wohnungslosen keinen Hausarzt benennen können und 65,1 Prozent der Betroffenen in den drei Monaten vor dem Erhebungszeitraum keinerlei medizinische Hilfe in Anspruch genommen haben (vgl. Völlm et al. 2004, S. 46). Ein Großteil der von einer chronischen Krankheit betroffenen Wohnungslosen war zum Erhebungszeitpunkt unbehandelt. Dies betraf 89 Prozent der Hypertoniker, 79 Prozent der von Herzerkrankungen Betroffenen und mehr als die Hälfte der an Tuberkulose Erkrankten (vgl. Fichter et al. 2000, S. 1152 f.). Die Seewolf-Studie ergab, dass 86 Prozent der Befragten in der Vergangenheit behandlungsbedürftige Beschwerden verspürt hatten, die jedoch lediglich in 56,6 Prozent der Fälle ärztlich behandelt wurden (vgl. Bäuml et al. 2017, S. 120).

In Anbetracht der Tatsache, dass Leistungen des Gesundheitssystems grundsätzlich für alle Krankenversicherten unabhängig vom jeweiligen sozialen Hintergrund zur Verfügung stehen, mögen diese Zahlen verwundern. Die geringe Inanspruchnahme medizinischer Versorgung liegt auch in den Zugangshemmnissen begründet. Steiger (2010) untersuchte im Rahmen seiner Dissertation die Auswirkungen von Wohnungslosigkeit auf den Zugang zum Gesundheitssystem. Zu diesem Zweck befragte er bundesweit Einrichtungen der Wohnungslosenhilfe zu deren Einschätzung hinsichtlich der Zugänglichkeit des Gesundheitssystems für wohnungslose Menschen. Die Antworten differierten erheblich in Bezug auf die einzelnen Angebote und die jeweilige Klientengruppe. Der Zugang zu Allgemeinarztpraxen, Suchtberatungsstellen und allgemeinen Krankenhäusern wurde insgesamt als mittelgradig eingeschränkt bewertet.

Schwer eingeschränkt sei hingegen der Zugang zu Zahnärzten, psychiatrischer Beratung, stationärer Psychiatrie, Optikern, Fachärzten und zur medizinischen Fußpflege. Dabei wird der Zugang zu medizinischen Leistungen von denjenigen Einrichtungen am schlechtesten bewertet, die vorrangig von Betroffenen genutzt werden, die ohne Unterkunft auf der Straße übernachten (vgl. Steiger 2012, S. 211 ff.). Insbesondere für diese Gruppe ist der Zugang zu Leistungen des regulären Gesundheitssystems mit Erschwernissen verbunden. Diese suchen meist auch erst dann medizinische Anlaufstellen auf, wenn sie so stark erkrankt sind, dass das weitere Überleben auf der Straße in Frage gestellt wird (vgl. Schwarzenau 2002, S. 2).

Dass die ärztliche Behandlung auch bei starken gesundheitlichen Einschränkungen hinausgezögert wird, zeigt folgender Ausschnitt aus einem im Rahmen eines Forschungsprojekts geführten Interviews mit einem 39-jährigen Mann, der auf der Straße lebt:

> Interviewer (I): »Was ham Sie denn mit den Füßen?«
>
> Interviewte Person (IP): »Ja, weil ich am Tag so viel immer unterwegs bin. Laufen, dahin, dahin, und die Schmerzen ach das zieht mir hoch bis in die Hüften. (…) Das ist so eine Berberkrankheit das ham sie alle.«
>
> I: »Ja? Und gehen Sie denn ab und zu irgendwie, guckt da manchmal n Arzt drauf oder ne Krankenschwester oder so? Wie sieht es denn aus mit medizinischer Versorgung?«
>
> IP: »Ja, ich mein, wir ham hier zwar das, das Obdachlosenmobil zweimal de Woche. Da sin Ärzte, da könn wir hingehen, wenn was sein sollte. Oder halt im Bonifaz, da is auch ne Ärztin.«
>
> I: »Und nutzen Sie das auch?«
>
> IP: »Ja, wenn's nich mehr geht, ja. (…) Ich tu mir die dann heiß abwaschen, die Füße. Dann schmeiß ich Backpulver drauf. Dann lass ich's einziehen. Und dann komm frische Socken wieder drüber. Das geht dann. Weil, da ham wir alle so unsere Hausmittel.« (zitiert nach Fichtner 2005, S. 108 f.)

Insbesondere wenn Obdachlose eine ärztliche Behandlung von Beschwerden in Betracht ziehen, nutzen sie eher Systeme der Notfallversorgung, wie die Notaufnahme der Krankenhäuser oder den Krankentransport durch einen Rettungswagen in akuten Krisensituationen, worauf häufig ein stationärer Krankenhausaufenthalt folgt. Knapp 50 Prozent der Einrichtungen der Wohnungslosenhilfe, die vorrangig Klienten betreuen, die ohne Unterkunft auf der Straße übernachten, gaben an, dass diese überwiegend diese Notfallversorgung in Anspruch nehmen. Dabei ließ sich eine zunehmende Nutzung feststellen, wenn die Zugänglichkeit zu allgemeinärztlichen Praxen erschwert war (vgl. Steiger 2010, S. 71–74). Auch in der Erhebung von Völlm et al. gaben 55 Prozent der Befragten an, im vergangenen Jahr stationär medizinisch behandelt worden zu sein, davon 10 Prozent dreimal oder häufiger (vgl. Völlm et al. 2004, S. 46). Es liegt die Vermutung nahe, dass eine durchgängige und bedarfsgerechte ambulante medizinische Behandlung dazu beitragen könnte, häufige Krankenhausaufenthalte, die von den Betroffenen selbst oft als unangenehm und einschränkend erlebt werden, zu verhindern oder deren Dauer zu reduzieren. Daher drängt sich die Frage auf, warum wohnungslose Menschen die Leistungen des Gesundheitssystems, und zwar vor allem die ambulanten Angebote, nur in geringem Maße nutzen.

### 7.3.2 Hürden beim Zugang zum Gesundheitssystem

#### Bagatellisierung gesundheitlicher Einschränkungen

Die Inanspruchnahme von Leistungen des Gesundheitssystems setzt voraus, aufgrund gesundheitlicher Beschwerden einen Leidensdruck zu verspüren, von dem man glaubt, dass er durch eine medizinische Behandlung gelindert werden kann. Oben wurde bereits dargestellt, dass ein großer Teil wohnungsloser Personen an behandlungsbedürftigen körperlichen und/oder psychischen Erkrankungen leidet. Es besteht jedoch eine beachtliche Diskrepanz zwischen der objektiv feststellbaren Behandlungsbedürftigkeit und dem subjektiven Krankheitsempfinden der Betroffenen. In Befragungen erklärten 47,5 Prozent der wohnungslosen Personen, es bestehe keine Notwendigkeit der Inanspruchnahme ärztlicher Hilfe, obwohl 62,5 Prozent der Befragten von einer deutlichen Beschwerdesymptomatik berichteten und bei 95 Prozent aufgrund der Befunde der körperlichen Untersuchung eine ärztliche Weiterbehandlung dringend empfohlen wurde (vgl. Trabert 1995, S. 30, 40, 59). Im Rahmen der Untersuchung von Völlm gaben vier von fünf Befragten an, unter diversen gesundheitlichen Beschwerden zu leiden. So litt mehr als die Hälfte der Untersuchten (58,8 Prozent) in den vier Wochen vor der Erhebung an Schmerzzuständen und 40 Prozent fühlten sich bei der Erfüllung ihrer alltäglichen Aufgaben durch ihren Gesundheitszustand teilweise erheblich beeinträchtigt. Auch diese Aussagen spiegeln sich nicht in der subjektiven Bewertung des eigenen Gesundheitszustands wider: 60 Prozent der Befragten schätzen ihren Gesundheitszustand insgesamt als gut oder ausgezeichnet ein. 56,8 Prozent waren sogar der Meinung, sie verfügten im Vergleich zu anderen über eine bessere Gesundheit (vgl. Völlm et al. 2004, S. 46).

Dieses Missverhältnis kann dadurch erklärt werden, dass Beschwerden von Betroffenen in das eigene Körperbild integriert und damit als normal oder zugehörig empfunden werden (vgl. Ishorst-Witte 2009, S. 34). In der Literatur wird von einer ausgeprägten Symptomtoleranz gesprochen. Gesundheitliche Beeinträchtigungen scheinen sich neben den alltäglichen Belastungen einzureihen und werden damit nicht als außergewöhnlich angesehen. Nach Ansen ist die Einstellung der Betroffenen von Demoralisierung geprägt. Denn die täglichen Erfahrungen von Ausgrenzung und Stigmatisierung führen zu einer Verringerung des Selbstwertgefühls, zu Resignation und Fatalismus, weshalb auch Belastungen zunehmend gleichgültig hingenommen werden und der Glaube, etwas verändern zu können, allmählich abhandenkommt (vgl. Ansen 2007, S. 94; Ansen 2008, S. 17; Ministerium für Arbeit und Sozialordnung, Familien, Frauen und Senioren Baden-Württemberg 2011, S. 24). Als Konsequenz verharren die Menschen in ihrer Situation (s. Kap. 6.6). Die Autoren der Seewolf-Studie bezeichnen diese innere Umdeutung als überlebensnotwendigen Anpassungsprozess an die suboptimalen Lebensbedingungen (vgl. Bäuml et al. 2017, S. 169). Für diese Sichtweise spricht auch, dass ein signifikanter Zusammenhang zwischen dem subjektiven Gesundheitszustand und der Dauer der Obdachlosigkeit besteht: Je länger die Betroffenen wohnungslos waren und je länger die Belastungen durch die prekäre Lebenssituation andauerten, desto positiver fiel ihre subjektive Einschätzung aus (vgl. Völlm et al. 2004, S. 46).

#### Lebenslagenbedingte Hürden

Neben den bisher genannten Herausforderungen entstehen bedingt durch die Lebenslage der wohnungslosen Menschen weitere Barrieren, die den Zugang zu Leistungen des medizinischen Regelsystems erschweren. Mit der Nutzung medizinischer Leistungen wird deren doppelte Bedürftigkeit sichtbar: zum einen die *medizinische Behandlungsbedürftigkeit*, zum anderen die *soziale Bedürftigkeit*, die bei der ärztlichen Anamnese oder aufgrund der Versicherungsunterlagen der Betroffenen (beispielsweise anhand darin eingetragener Adressen von Notunterkünften oder Einrichtungen der Wohnungslosenhilfe, oder durch Fehlen einer Anschrift) sichtbar wird. Dies wird insbesondere dann als beschämend erlebt, wenn der Kontakt zum behandelnden Arzt schon vor Eintritt der Wohnungslosigkeit bestand. Das kann dazu führen, dass Betroffene die vorhergehende ärztliche Behandlung abbrechen (vgl. Fichtner 2005, S. 109).

Behandlungsbedürftige Obdachlose berichten unter anderem, dass eine unfreundliche Behandlung durch das medizinische Personal sowie Diskriminierung in Wartebereichen dazu führen, dass sie die entsprechenden Gesundheitsangebote nicht in Anspruch nehmen (vgl. Völlm et al. 2004, S. 46). Die Qualität der Beziehung zwischen Arzt und Patient wird stets auch vom sozioökonomischen und kulturellen Habitus des Patienten beeinflusst. Den statushohen Ärzten fällt die Kommunikation mit ähnlich gestellten Patienten besonders leicht, was sich auch auf die Qualität der Behandlung positiv auswirkt (vgl. Mielck 2000, S. 173). Die ungleiche soziale Lebenssituation zwischen den von Wohnungslosigkeit Betroffenen und dem medizinischen Personal kann zu Missverständnissen, gegenseitigen Kontaktängsten und negativen Zuschreibungen führen. Damit wird das Vertrauensverhältnis zwischen Arzt und wohnungslosen Patienten empfindlich belastet, was dazu führt, dass Betroffene notwendige Behandlungen abbrechen oder gar nicht erst nachfragen. Dass sogar eine längerfristige hausärztliche Behandlung mit dem Eintritt von Wohnungslosigkeit und der sich daraus entwickelten Schamgefühle abgebrochen wird, zeigt folgendes Interview mit einem 22-jährigen Bewohner einer betreuten Wohneinrichtung im Rahmen eines Forschungsprojekts:

> Interviewer (I): »Wie erleben Sie in dem Zusammenhang (…) den Kontakt zu Ärzten? Gibt's da was, was Ihnen auffällt, oder?«
> Interviewte Person (IP): »(…) Das ist eigentlich kein Problem, weil das ist, das war, ich bin dann auch zu nem Arzt gegangen, wo öfters solche Leute hingehen. (…) Ich wäre normalerweise zu nem anderen Arzt gegangen. Und der hätte mich wahrscheinlich noch komischer angeguckt, ja. Aber so.«
> I: »Und wieso wäre der anders?«
> IP: »Ja, weil, das is son Arzt, ja da kommen wirklich nur so diese altgediegenen Leute hin oder, oder Privatversicherte ja. Das is son Allgemeinmediziner und da gehe ich jetzt schon seit Jahren hin und so und äh der denkt sich dann natürlich auch gleich die Lebenssituation wenn, wenn, wenn der das Ding vom Sozialamt sieht. Ja, dann denkt der sich halt seinen Teil dazu, das ist ganz klar.« (zitiert nach Fichtner 2005, S. 109)

Die eingeschränkten Hygienemöglichkeiten und der damit bei Mitpatienten oder medizinischem Personal möglicherweise entstehende Eindruck der Ungepflegtheit fördern das Schamgefühl der Betroffen zusätzlich, wodurch eine große Hemmschwelle entsteht, sich in das Wartezimmer einer Arztpraxis zu begeben. Betroffene, die in der Regel häufig soziale Ausgrenzung oder Herabsetzung von anderen erfahren, fühlen sich im ärztlichen Setting beschämt, weshalb Arztbesuche eher vermieden werden (vgl. Steiger 2012, S. 217 f.). Das zeigt folgende Aussage eines 29-jährigen Mannes, der zum Zeitpunkt des Interviews in einem Übergangswohnheim lebte:

> Interviewer (I): »Und wie ist es mit den Ärzten, wie erleben Sie das?«
> Interviewte Person (IP): »Ja ich war jetzt so lange nicht mehr beim Arzt, als ich zuletzt beim Arzt war, hatte ich noch die alte Wohnadresse und äh Krankenkarte; musste mich dann praktisch nicht outen, dass ich hier wohne. Aber ich hatte gehört, unten in den Runden, die also montagmorgens stattfindet, in denen die Ärzte sich beklagt haben über dieses Haus, dass die Leute ungewaschen zum Arzt gehen und so weiter.« (zitiert nach Fichtner 2005, S. 109)

Aber auch unbekannte oder unverständliche Abläufe und Wartezeiten belasten Betroffene über das übliche Maß hinaus und hindern sie daran, medizinische Leistungen des Regelsystems wahrzunehmen oder sich auf eine längerfristige Behandlung oder einen notwendigen Krankenhausaufenthalt einzulassen: »Die Vorstellung, einige Zeit im Krankenhaus verbringen zu müssen, ist für seelisch kranke oder suchtkranke wohnungslose Menschen sehr beängstigend oder gar nicht zu bewältigen.« (Gillich 2016, S. 8) Die Erfordernisse des Alltags wohnungsloser Menschen, beispielsweise die Auszahlung von Sozialhilfeleistungen, die Öffnungszeiten von Kleiderkammern, Postausgabestellen und Suppenküchen, die Beschaffung eines Zugangs zu Dusch- und Waschgelegenheiten oder die Sicherung des Schlafplatzes und des eigenen Gepäcks nehmen einen so großen Stellenwert ein, dass die Vereinbarung und Einhaltung verbindlicher Arzttermine für viele Wohnungslose eine oftmals unüberwindbare Hürde darstellt. Dies wird auch anhand folgender Schilderung deutlich:

> »(…) Da hab ich dann die Sachen im Keller gelagert, oder in alten Häusern hab ich meine Taschen mit Klamotten im Keller gelagert und so. Und dann hab ich meine Sachen immer raus geholt und wenn ich gemerkt hab die sind schon muffelig oder so, bin ich zum Waschcenter gegangen, morgens um sechs Uhr, hab meine Wäsche gewaschen und so. Zeug neu in die Tüten rein getan und nachher wieder in einen Keller rein. Dann bin ich ins Schwimm-

> bad gegangen für 2,50 Euro oder so, konnte ich dann in Ruhe duschen und so und hab mich dann auch immer, was weiß ich nicht, dahin gelegt, da konnte man sich auch hinlegen und geschlafen, für 2,50 Euro, war dann O.K. (…) Also und was auch manchmal, wenn ich kein Geld hatte fürs Schwimmbad oder so, dann habe ich immer geguckt, morgens waren meine Haare verwirrt oder so. Dann bin ich immer, dann hab ich immer, Rasierer habe ich in der Tasche gehabt, dann bin ich, was weiß ich nicht, in öffentliche Toiletten gegangen. Bei C&A bei Kaufhof oder so hab ich mich am Spiegel rasiert, Haare gemacht, Haargel immer bei gehabt, zack, zack, Haare fertig gemacht.« (zitiert nach Steiger 2010, S. 124 f.)

Auch die räumliche Erreichbarkeit der Arztpraxis oder des Krankenhauses kann ein Problem darstellen. Die Erhebung von Steiger zeigt, dass Betroffene auch aufgrund von Antriebsstörungen unter einer eingeschränkten Mobilität leiden, weshalb die Bewältigung längerer und teils unbekannter Wege eine enorme Hürde bilden können (vgl. Steiger 2010, S. 113 ff.).

#### Fehlender Krankenversicherungsschutz

Das sozialstaatliche Gesundheitssystem hält eine Vielzahl von Angeboten zur Behandlung diverser Erkrankungen bereit. Die Nutzung dieser medizinischen Regelversorgungen ist jedoch an bürokratische Voraussetzungen gebunden: Bei der Inanspruchnahme medizinischer Behandlungen muss ein Krankenversicherungsschutz vorliegen und mittels Vorlage der Versichertenkarte nachgewiesen werden. In Kapitel 5.2 wurde bereits dargestellt, dass nicht alle Wohnungslosen über ein regelmäßiges Einkommen, sei es durch staatliche Transferleistungen oder durch Einkünfte aus Erwerbsarbeit, verfügen. Ohne zuverlässigen Finanzzufluss wird das tägliche Leben zu einem (Über-lebens-)Kampf, der keine Ressourcen zur Aufrechterhaltung oder Beschaffung des Krankenversicherungsschutzes bereithält. Dem Statistikbericht der BAG W kann entnommen werden, dass knapp 30 Prozent der Wohnungslosen über keinen oder einen ungeklärten Krankenversicherungsschutz verfügen (vgl. BAG W 2018b, S. 8).

In Deutschland herrscht seit der Gesetzesreform zur Stärkung des Wettbewerbs in der gesetzlichen Krankenversicherung im Jahr 2007 zwar die Pflicht, alle Bürger als Mitglieder in die gesetzliche Krankenversicherung aufzunehmen, die nicht anderweitig über eine Absicherung im Krankheitsfall verfügen. Während die Versicherungsbeiträge entweder vom Arbeitgeber oder bei Erwerbslosigkeit über die Agentur für Arbeit, das Jobcenter oder das Sozialamt entrichtet werden, müssen sich Menschen ohne Einnahmen selbst um deren Begleichung bemühen. Die Beiträge bewegen sich in der Regel im niedrigen dreistelligen Bereich. Personen, die ihren Lebensunterhalt ohne regelmäßigen Geldzufluss bewältigen, können diese Beiträge aus eigener Kraft nicht aufbringen und sind daher nicht krankenversichert. Als Folge müssen medizinische Leistungen selbst finanziert werden. Die damit verbundenen Probleme verdeutlicht das folgende Interview mit einem 56-jährigen Obdachlosen:

Interviewer (I): »Sie sind im Grunde seit fünfzehn Jahren nicht mehr versichert?«
Interviewte Person (IP): »Och Gott, 26.«
I: »26?«
IP: »Jo, aber pumperl-gesund bin ich doch meistens. (…) Gut einmal war ich fünf Tage drin, da hab ich 3800 Mark zahlen müssen.«
I: »Im Krankenhaus?«
IP: »Ja«
I: »Wegen was?«
IP: »Asthmaanfall. (…) Ja, des is, im Winter wenn's so kalt und, und, und so bissl feucht is, hab ich mehr damit zu tun. Aber sonst normal, normal nich.« (zitiert nach Fichtner 2005, S. 108)

Aber selbst wenn sich die persönliche Situation der Betroffenen verbessert und die Beitragszahlungen nach einer gewissen Zeit ohne Krankenversicherungsschutz wieder aufgenommen werden können, ergeben sich durch die rückwirkende Beitragspflicht eine Reihe von Problemen: Betroffene werden verpflichtet, für den Zeitraum der Versicherungslücken die monatlichen Beiträge rückwirkend zu begleichen. Bei einer langjährigen Versicherungslücke können dabei Kosten in Höhe von mehreren Tausend Euro entstehen.

Insbesondere, wenn Betroffene über längere Zeiträume hinweg keine Beiträge gezahlt haben, ist die vollständige Begleichung der aufgelaufenen Beitragsschuld kaum zu leisten. Dies kann bedeuten, dass der Anspruch auf Leistungen der gesetzlichen Krankenversicherung solange ruht, bis diese beglichen sind oder zumindest eine Rückzahlungsvereinbarung getroffen wurde. Den bürokratischen Aufwand, der damit verbunden ist, können allerdings viele Betroffene nicht leisten (vgl. Deutscher Verein für öffentliche und private Fürsorge e.V. 2014, S.4f.). Darüber hinaus herrscht unter Wohnungslosen auch ein Mangel an Kenntnissen bezüglich des eigenen Versicherungsstatus. So konnten einer Untersuchung zufolge etwa ein Drittel der Befragten keine Angaben zu ihrem Krankenversicherungsstatus machen (vgl. Völlm et al. 2004, S.46).

Vom fehlenden Krankenversichertenschutz sind erwerbslose, wohnungslose EU-Bürger besonders betroffen. Über die europäische Krankenversichertenkarte können sie zwar grundsätzlich innerhalb der EU medizinische Leistungen in Anspruch nehmen. In der Praxis wird jedoch von erheblichen Problemen im Fall der Inanspruchnahme berichtet. Vor allem fehlende Kenntnisse über die Bedeutung und den Leistungsumfang werden bemängelt, was dazu führt, dass Betroffene an niederschwellige Gesundheitsangebote der Wohnungslosenhilfe verwiesen oder Leistungen gänzlich verweigert werden (vgl. Tießler-Marenda 2016, S. 21f.).

#### Finanzielle Hürden

Selbst wenn die Betroffenen über einen Krankenversicherungsschutz verfügen, deckt die Versicherung nicht alle medizinischen Leistungen umfassend ab. Gemäß § 61 SGB V sind unter anderem für Heilmittel Zuzahlungen in Höhe von 5 bis 10 Euro pro Verordnung zu leisten. Bei stationären Maßnahmen wie Krankenhausaufenthalten fallen 10 Euro je Kalendertag an. Zwar gibt es die Möglichkeit, sich bei geringem Einkommen von Zuzahlungen befreien zu lassen. Bis zu einer gewissen Belastungsgrenze – die in der Regel bei etwa 100 Euro liegt – muss jedoch auch bei geringem Einkommen ein

Eigenanteil gezahlt werden. Für Zuzahlungen, die über der Belastungsgrenze liegen, kann eine Befreiung von der Zuzahlungspflicht beantragt werden. Hierfür müssen neben Einkommensnachweisen auch Quittungen über die bisher geleisteten Zuzahlungen eingereicht werden. Dieser bürokratische Aufwand kann insbesondere von dem auf der Straße lebenden Personenkreis kaum geleistet werden (vgl. Deutscher Verein für öffentliche und private Fürsorge e.V. 2014, S.7). Dass finanzielle Gründe eine bedeutsame Barriere bei der Inanspruchnahme von medizinischen Leistungen darstellen, zeigt auch die Untersuchung von Steiger. 94 Prozent der befragten Einrichtungen der Wohnungslosenhilfe beobachteten demnach eine Verschlechterung des Zugangs zu medizinischen Leistungen aufgrund der Praxisgebühr, die von 2004 bis 2012 für ärztliche Behandlungen quartalsweise erhoben wurde. Drei Viertel der Einrichtungen berichteten, dass ihre Nutzer aufgrund der Praxisgebühr auf Arztbesuche verzichteten (vgl. Steiger 2010, S.102f.).

### 7.3.3 Niederschwellige Gesundheitsangebote für wohnungslose Menschen

#### Das Mainzer Modell

Die oben dargestellten Zugangshürden zeigen, dass die von Wohnungslosigkeit Betroffenen zu einem großen Teil von den etablierten medizinischen Regelangeboten nicht erreicht werden. Um diese wesentliche Lücke der Gesundheitsversorgung wohnungsloser Menschen zu schließen, ist es daher bedeutsam, ein Versorgungskonzept zu schaffen, das sich an der Lebenswelt von auf der Straße lebenden Menschen orientiert. Hierfür ist eine interdisziplinäre Zusammenarbeit zwischen Medizin und Sozialarbeit erforderlich. Ein solches Konzept hat Trabert Mitte der 1990er Jahre mit dem »Mainzer Modell« geschaffen. Dieses sieht unter anderem die Etablierung niederschwelliger medizinischer Angebote innerhalb ambulanter und stationärer Einrichtungen der Wohnungslosenhilfe sowie aufsuchende Angebote vor, die eine Erstversorgung vor Ort sicherstellen können. Durch die Einrichtung medizinisch-pflegerischer Sprechstunden in ambulanten Einrichtungen der Wohnungslosenhilfe steht ein verlässliches Angebot insbesondere für diejenigen Personen zur Verfügung, die ausschließlich ambulante Einrichtungen anlaufen und sonstige Institutionen meiden. Die Kontaktaufnahme erfolgt unbürokratisch durch die Betroffenen vor Ort.

Das Mainzer Modell sieht vor, diese verbindlichen Sprechstunden durch »Geh-Strukturen«, also aufsuchende Komponenten in Form von »Medical Streetwork«, zu ergänzen. Betroffene werden beispielsweise mittels eines Arztmobils regelmäßig an ihren Aufenthaltsorten im öffentlichen Raum aufgesucht, um ihnen eine medizinische Erstversorgung vor Ort anzubieten. Die Erfahrung zeigt, dass durch diese besondere Form der aufsuchenden Hilfe auch ein Teil derjenigen Betroffenen erreicht werden kann, die sich ohne jegliche Kontakte zum Hilfesystem auf der Straße aufhalten (vgl. Trabert 2013, S. 53 f.). Diese äußerst niederschwelligen Gesundheitsangebote zeichnen sich durch eine patientenorientierte, unbürokratische Hilfe aus, wobei eine frühzeitige Diagnostik und die Einleitung einer entsprechenden Therapie das Fortschreiten von Krankheit verhindern kann (vgl. Trabert 2010, S. 103).

Betroffene schätzen an diesen Angeboten einerseits die kostenlose und anonyme Behandlung, in deren Rahmen einige Medikamente ohne Zuzahlungen ausgegeben werden können. Andererseits sind an die Kontaktaufnahme zum medizinischen Personal keine Anforderungen wie verbindliche Terminvereinbarungen geknüpft. Die Behandler sind geschult im Umgang mit Menschen, die über keinen Wohnraum verfügen, und sie besitzen Verständnis für die besondere Lebenssituation und die Erkrankungen der Menschen, die auf der Straße leben (vgl. Steiger 2012, S. 218 f.). In der Befragung von Fichtner hat sich gezeigt, dass Beziehungen zwischen wohnungslosen Patienten und Ärzten, die Sprechstunden in Einrichtungen der Wohnungslosenhilfe anbieten, oft als sehr eng und vertrauensvoll beschrieben und dementsprechend auch in höherem Umfang genutzt werden (vgl. Fichtner 2005, S. 109 f.).

Die niederschwelligen medizinischen Angebote sollen jedoch keinesfalls die Angebote des bestehenden medizinischen Regelsystems ersetzen. Vielmehr zielen sie darauf ab, den Zugang zum regulären Gesundheitssystem zu erleichtern und die Betroffenen dort zu (re-)

integrieren (vgl. Trabert 2010, S. 103; Steiger 2012, S. 216). Es soll vermieden werden, dass »durch den Aufbau eines Netzwerkes mobiler medizinischer Dienste für Wohnungslose eine zweitklassige Versorgungsebene eingezogen wird, die dazu führt, (…) bereits destabilisierte Personengruppen weiter aus normalen Lebensbezügen herauszudrängen und auf Sonderdienste zu verweisen« (Kunstmann 2012, S. 9). Diese Personengruppe, die bisher weitgehend keinen Zugang zu medizinischen Angeboten hatte, soll (wieder) Zugang zu einer umfassenden medizinischen Versorgung erhalten, die durch niederschwellige Angebote nicht gewährleistet werden kann.[2]

Vereinzelt wird in Fachkreisen Kritik am Ausbau niederschwelliger medizinischer Hilfen geäußert. Dabei wird unter anderem die stigmatisierende Wirkung dieser Angebote angeführt. Auch wird eine Gefahr darin gesehen, dass durch die Spezialisierung auf wohnungslose Menschen eine Konzentration auf bestimmte Krankheitsbilder erfolgt, weshalb andere Erkrankungen nicht erkannt werden würden (vgl. Steiger 2012, S. 219). Darauf lässt sich entgegnen, dass eine professionelle Soziale Arbeit auf wissenschaftlicher Auseinandersetzung und einer evidenzbasierten Praxis beruht (vgl. Niebauer & Klug 2014, S. 321). Es sei »Aufgabe einer ethisch verantwortungsvollen Wissenschaft und Praxis Sozialer Arbeit in der Wohnungslosenhilfe, Versorgungslücken zu erkennen und entsprechend durch Initiieren und Entwickeln von eigenständigen Konzepten und Methoden auf der Mikroebene entgegenzuwirken« (Niebauer & Klug 2014, S. 322). Deshalb sei es notwendig, Hilfsangebote auf die Lebenswelt und den Bedarf von Betroffenen abzustimmen, was bei niederschwelligen Angeboten in der Regel der Fall ist (vgl. Niebauer & Klug 2014, S. 322).

#### Verfügbarkeit niederschwelliger Gesundheitsangebote

Die Bedeutung niederschwelliger Angebote zur medizinischen Versorgung für Adressaten der Wohnungslosenhilfe schlägt sich allerdings nicht in deren Verfügbarkeit nieder. Eine Untersuchung zur

2 Das Ziel, Betroffene in das reguläre System der medizinischen Versorgung zu integrieren, wird bei Kunstmann (2012) ausführlicher diskutiert.

Verfügbarkeit ergab, dass je nach Hilfeangebot lediglich 18 bis 59 Prozent der Einrichtungen der Wohnungslosenhilfe angaben, dass einzelne niederschwellige Angebote für ihre Klienten erreichbar sind (vgl. Steiger 2012, S. 214). Tabelle 20 verdeutlicht die Erreichbarkeit von niederschwelligen medizinischen Angeboten für die Nutzer von Einrichtungen der Wohnungslosenhilfe. Dabei wurden nicht nur Angebote erfasst, die von den Einrichtungen selbst initiiert wurden, sondern auch solche, die sich in räumlicher Nähe befinden und damit für die Betroffenen nutzbar sind. Auffallend ist dabei, dass 59 Prozent der befragten Einrichtungen eine niederschwellige Suchtberatung anbieten oder direkt dorthin verweisen können, was sich vermutlich dadurch erklären lässt, dass dieses Angebot durch die in den Einrichtungen tätigen Sozialpädagogen selbst angeboten werden kann. Für knapp ein Drittel der Klienten (30 Prozent) ist aufsuchende medizinische Hilfe erreichbar. Die Versorgungslage hängt dabei allerdings von der räumlichen Situation ab. In Großstädten stehen niederschwellige Angebote eher zur Verfügung als in ländlichen Gebieten. So können 51 Prozent der Einrichtungen in Großstädten aufsuchende medizinische Hilfen anbieten, während es in ländlichen Gebieten nur fünf Prozent sind (vgl. Steiger 2012, S. 215). Insgesamt besteht für 75,8 Prozent der Klienten der Einrichtungen, die Steiger befragt hat, die Möglichkeit, niederschwellige medizinische Hilfe anzunehmen, entweder direkt in der befragten Einrichtung oder in erreichbarer Nähe (vgl. Steiger 2010, S. 66).

**Tabelle 20:** Erreichbarkeit niederschwelliger medizinischer Angebote (Quelle: Steiger 2012, S. 215)

| Niederschwelliges medizinisches Hilfeangebot | Anteil der für Klienten erreichbaren Einrichtungen (in Prozent) |
|---|---|
| Suchtberatung | 59 |
| Niederschwellige Allgemeinpraxis/ Sprechstunden | 54 |
| Psychiatrische Beratung | 42 |
| Aufsuchende medizinische Hilfe | 30 |
| Fußpflege | 18 |

Die Bedeutung der niederschwelligen medizinischen Angebote für wohnungslose Menschen ist beachtenswert: 34,6 Prozent der Einrichtungen, die über niederschwellige allgemeinärztliche Angebote oder aufsuchende medizinische Arbeit verfügen, gaben an, dass diese Angebote die von Betroffenen am häufigsten genutzten Hilfeangebote bei Gesundheitsproblemen darstellen. Einrichtungen der Wohnungslosenhilfe, die verhältnismäßig häufig von Klienten genutzt werden, die auf der Straße leben, gaben zu 65,5 Prozent an, dass die niederschwelligen Angebote der medizinischen Versorgung die wichtigste Anlaufstelle ihres Klientels bei Gesundheitsproblemen darstellt (vgl. Steiger 2010, S.75 f.).

Niederschwellige medizinische Angebote in Einrichtungen der Wohnungslosenhilfe oder aufsuchender Art werden (noch) nicht flächendeckend angeboten. Dies wird vorrangig mit monetären Aspekten begründet, denn die Finanzierung von Gesundheitsangeboten der Wohnungslosenhilfe erfolgt bisher überwiegend durch Spendenmittel, Stiftungen oder begrenzte Projektzuschüsse. Um die entsprechenden Räumlichkeiten einzurichten und laufende Material- und Personalkosten zu decken, bedarf es jedoch einer verlässlichen, kontinuierlichen Finanzierung dieser Angebote. Medizinisch-pflegerische Angebote für wohnungslose Menschen werden zudem in erheblichem Maße von ehrenamtlichen Helfern erbracht, was nur wenig Nachhaltigkeit gewährleistet (vgl. Ministerium für Arbeit und Sozialforschung, Familie und Senioren Baden-Württemberg 2011, S. 59).

KAPITEL 8

# Abwärts zur Wohnungslosigkeit und Obdachlosigkeit

In der Beschreibung der Lebenslage und Lebensweisen wohnungsloser und obdachloser Menschen werden Aspekte von »besonderen sozialen Schwierigkeiten« sichtbar, die mit der Wohnungslosigkeit und der Obdachlosigkeit eng zusammenhängen. Im folgenden Abschnitt werden Schritte und Phasen auf dem Weg zu dieser komplexen Problemlage dargelegt sowie wesentliche Faktoren bei ihrer Entstehung diskutiert. Der Fokus der Erörterung liegt dabei auf den Gründen für ein Leben ohne Unterkunft und auf der Straße.

## 8.1 Obdachlosigkeit – Charaktereigenschaft oder Krankheit?

Wohnungslose und obdachlose Menschen werden von den einen missachtet oder verachtet, von den anderen bemitleidet. In einem organisierten, geregelten und durchstrukturierten Gemeinwesen wirkt ein Leben ohne feste Bleibe und Unterkunft für die Mehrheit der Bewohner befremdlich, verstörend und stellt ein Ärgernis dar. Damit ist ein öffentliches Interesse entstanden, das Phänomen der Obdachlosigkeit zu erklären und möglichst auch zu bewältigen, auf welche Weise auch immer.

Zunächst wurde versucht, individuelle Eigenschaften der Betroffenen für die Entstehung der Wohnungslosigkeit verantwortlich zu machen. Dabei wurden und werden sie meist als »arbeitsscheu« charakterisiert, zusammen mit einer impliziten Schuldzuweisung für ihre Lage (s. Kap. 5.6). Denn durch ihr abweichendes, unangepasstes Verhalten und die angeblich zugrundeliegenden, moralisch verwerflichen Einstellungen, so die weit verbreitete Meinung, grenzen sich diese Menschen selbst aus der bürgerlichen Gesellschaft aus. Daher brauche es Korrekturmaßnahmen, durch Regelungen und Sanktionen (die in der Nazi-Zeit mit der »Aktion Arbeitsscheu« sogar tödlich verlaufen konnten; s. Kap. 2.1.2). Noch in den ersten Jahren der Bundesrepublik beinhalteten Sanktionen beispielsweise die Einweisung in ein »Arbeitshaus« (vgl. Klee 1979, S. 26 ff.). Heute werden Leistungen gekürzt, wie sie bei Empfängern von Arbeitslosengeld II (Hartz IV) vorgesehen sind, wenn diese nicht zur vorgeschriebenen Zusammenarbeit mit den für sie zuständigen Behörden bereit sind.

Eine immer wieder gelingende Integration in das Arbeitsleben jedoch, und zwar sogar von Menschen, die längere Zeit wohnungslos und arbeitslos waren, widerspricht allerdings der behaupteten wesenhaften Arbeitsscheu.

> Herr J. hatte einige Jahre auf der Straße gelebt und erhielt schließlich ein Zimmer in einer betreuten Wohngruppe des Vereins OBDACH e. V. in Heidelberg. Hier beteiligte er sich an einer Initiative, die sich zum Ziel gesetzt hatte, einerseits Menschen, die lange obdachlos waren, zu beschäftigen und andererseits die Wohnräume in einen menschenwürdigen Zustand zu versetzen. Herr J. widmete sich den anfallenden Aufgaben mit großer Zuverlässigkeit, Sorgfalt und Durchhaltevermögen. Damit motivierte er weitere Mitglieder der entstehenden Arbeitsgruppe (ebenfalls ehemals obdachlose Menschen) zur engagierten Mitarbeit an mehreren Renovierungs- und Sanierungsprojekten. Obwohl er sich nun (nach eigener Aussage) regelmäßig über das Wochenende freute, war er immer bereit, auch außerhalb der Arbeitszeit den Bewohnern bei kleinen Störungen oder Defekten in ihren Wohnungen zu helfen. (Eigene Aufzeichnung der Autoren)

Aber auch bei Menschen, die nur eine geringe Affinität zur Erwerbsarbeit zeigen, spielen Erfahrungen im Lebenslauf eine – im Vergleich zu festgelegten negativen Charaktereigenschaften – entscheidende Rolle.

> Herr F. war in einer Familie aufgewachsen, in der die Eltern und insbesondere der Vater, ein Hochschullehrer, hohe Erwartungen an die Leistungsfähigkeit ihrer Kinder richteten. Herr F. konnte diese Erwartungen jedoch nicht erfüllen und scheiterte bereits in seiner Schulbildung. Auf eine sich steigernde Folge von Misserfolgen und Vorwürfen reagierte er mit totaler Leistungsverweigerung, verbunden mit einem erheblichen Alkoholkonsum. (Eigene Aufzeichnung der Autoren)

Darüber hinaus dürfte die angebliche Arbeitsscheu (als Charaktereigenschaft) mancher obdachloser Menschen vor allem eine Nebenwirkung unerfreulicher Erfahrungen in ihrer Arbeitsbiographie sein, z.B. von Leiharbeit im Niedriglohnsektor, befristeten Arbeitsverhältnissen oder dauerhafter Arbeitslosigkeit. Im Übrigen zeigt die Beobachtung der Sandler in Wien, dass die Ablehnung einer geregelten Arbeit erst mit dem Eintritt in die Szene der Obdachlosen zu einem Merkmal ihrer dort erworbenen Identität geworden ist (s. Kap. 5.1; vgl. Girtler 1980, S. 8). Gegenüber der abwertenden Definition obdachloser Menschen als amoralische Charaktere begannen gegen Ende des 19. Jahrhunderts Ärzte Wohnungslosigkeit und »Landstreicherei« als eine Art Krankheit zu definieren (vgl. Paulgerg-Muschiol 2009, S. 44). So »entdeckten« und beschrieben Psychiater damals einen angeborenen »Wandertrieb« oder auch »krankhafte Wanderzustände« von Landstreichern, die sich auf ähnliche Weise beispielsweise auch bei Schulschwänzern oder Fahnenflüchtigen manifestierten. Noch weiter ging die psychiatrische Charakterisierung wohnungsloser Menschen als Psychopathen oder »abnorme Persönlichkeiten«. Wenn Therapien oder Eingliederungsmaßnahmen erfolglos blieben, so lag dies demnach an der festgelegten krankhaften Persönlichkeitsstruktur, einer »seelisch vererbten Abartigkeit« (s. Kap. 7.1; vgl. Klee 1979, S. 57). Die Vernichtung dieser Menschen durch das NS-Regime fand hier eine Legitimierung (Klee 1979, S. 45). In weiteren Erklärungsmodellen wurde die »psychopathische Wesensart« der meisten wohnungslosen Menschen ergänzt durch weitere Faktoren wie Alkoholismus, Kriminalität oder durch neurotische Fehlentwicklungen (vgl. Klee 1979, S. 45, nach Aderhold 1970).

In einer medizinischen Studie der achtziger Jahre des vergangenen Jahrhunderts wurden angeblich hirnorganische Veränderungen bei einer Vielzahl von verstorbenen Obdachlosen entdeckt (vgl. Paulgerg-Muschiol 2009, S. 46, nach Veith und Schwindt 1983). Daraus wurde der Schluss gezogen, dass organische Missbildungen als Ursache von Obdachlosigkeit zu bewerten sind. Hier wird allerdings übersehen, dass organische Veränderungen im Zentralnervensystem auch Resultat ungünstiger Lebenslagen und schädigender Verhaltensweisen sein können. Dieses neurologische Konzept schließt an eine Tradition der NS-Medizin an, nach der Schwererziehbarkeit und Verwahrlosung bei Kindern und Jugendlichen »organische Ursachen im Gehirn habe« (Bebenburg 2019).

Obwohl ein solcher behaupteter Zusammenhang nicht nachgewiesen werden konnte, hält sich auch in der medialen Öffentlichkeit seit langer Zeit die Vorstellung, dass neurologische und psychiatrische Störungen und Erkrankungen Hauptursache der Obdachlosigkeit sind (vgl. Paulgerg-Muschiol 2009, S. 48). Dabei wird übersehen, dass soziale Faktoren (Sozialisationsbedingungen, fehlende soziale Bindungen, psychosoziale Belastungen und Erfahrungen) einen wesentlichen Einfluss auf die Entstehung und Bewältigung psychischer Beeinträchtigungen ausüben (vgl. Waltz 1981, S. 41 f.). Dass psychische Beeinträchtigungen einen gewichtigen Faktor bei der Entstehung der Wohnungslosigkeit darstellen, kann freilich trotz der Kritik an dem Konzept des Obdachlosen als einer psychopathischen Persönlichkeit nicht bestritten werden (s. Kap. 7.1.2).

## 8.2 Wirtschaftliche und gesellschaftliche Rahmenbedingungen

Spätestens seit den Siebzigerjahren des vergangenen Jahrhunderts wandten sich Sozialpolitik und Forschung von monokausalen Erklärungsansätzen ab, die Obdachlosigkeit vor allem als eine Folge abweichender Charaktereigenschaften oder krankhafter Veranlagungen der jeweiligen Personen darstellten. Demgegenüber wird die Aufmerksamkeit zunehmend auf gesellschaftliche Entstehungsfaktoren, wie soziale Ungleichheit, Unterprivilegierung, Einkommensarmut, Sozialisationsbedingungen und Mängel in der Wohnungsversorgung gerichtet, ohne allerdings individuelle Faktoren zu leugnen (vgl. Malyssek & Störch 2009, S. 52 f.).

### 8.2.1 Benachteiligte Lebenslage

Einen ersten Eindruck von den bestimmenden Faktoren, die zur Wohnungslosigkeit führen können, vermitteln die Angaben in der Statistik der BAG W zu den Gründen eines Wohnungsverlustes (s. Tabelle 21). Hier wurde jeweils nur der Faktor erfasst, der den Befragten am wichtigsten erschien.

Etwa die Hälfte (49 Prozent) der wohnungslos gewordenen Menschen verlor die eigene Wohnung aufgrund von Kündigung durch den Vermieter, Räumungen, Räumungsklagen oder richterlicher Anordnung. Bei den Räumungen waren Mietschulden (13 Prozent) der am häufigsten genannte Grund. Hinzu kamen Räumungen wegen »anderer Probleme« (insgesamt 6 Prozent). Damit ist vor allem

**Tabelle 21:** Gründe für den letzten Wohnungsverlust – Angaben in Prozent (Quelle: BAG W 2018b)

| Wohnungsverlust aufgrund von: | Männer | Frauen | Gesamt |
|---|---|---|---|
| Kündigung durch Vermieter | 28 | 25 | 27 |
| Räumung wegen Eigenbedarf | 2 | 1 | 1 |
| Räumung wegen Mietschulden | 13 | 14 | 13 |
| Räumung wegen anderer Probleme | 5 | 5 | 5 |
| Selbstkündigung | 16 | 20 | 17 |
| Ohne Kündigung ausgezogen | 31 | 29 | 30 |
| Vertragsende | 3 | 3 | 3 |
| Richterliche Anordnung (Gewaltschutzgesetz) | 1 | 1 | 1 |
| Räumungsklage | 3 | 3 | 3 |
| N (Anzahl der Nennungen) | 11 862 | 4283 | 16 145 |

gemeint, dass die Menschen mit ihren Mitbewohnern, Nachbarn oder Vermietern in Konflikt geraten waren. Ein hoher Anteil (17 Prozent) der Menschen wurde wohnungslos, nachdem sie selbst gekündigt hatten. Noch größer ist die Gruppe der Wohnungslosen (30 Prozent), die ohne Kündigung aus ihrer Wohnung ausgezogen sind.

Dass hinter den angegebenen Gründen für einen Wohnungsverlust ökonomische und soziale Probleme stehen, liegt nahe. Denn der größte Teil der erfassten Wohnungslosen ist arbeitslos, und zwar zum großen Teil schon lange Zeit (s. Kap. 5.1). Die Art und die Höhe ihres Einkommens sind meist mehr als bescheiden (s. Kap. 5.2). Ihre eingeschränkten materiellen Möglichkeiten hängen zu einem erheblichen Teil mit ihrer sozialen Lage zusammen, die durch fehlende oder mangelhafte schulische und berufliche Qualifikationen geprägt ist (s. Kap. 4.2.6).

**Tabelle 22:** Unmittelbar auslösende Faktoren für den Wohnungsverlust – Angaben in Prozent (Quelle: BAG W 2018b)

| Auslösender Faktor | Männer | Frauen | Gesamt |
|---|---|---|---|
| Gewalt durch Partner | 1 | 7 | 3 |
| Ortswechsel | 23 | 19 | 22 |
| Verlust des Arbeitsplatzes | 6 | 3 | 5 |
| Aufenthalt im Krankenhaus | 2 | 2 | 2 |
| Haftantritt | 8 | 4 | 7 |
| Trennung/Scheidung | 15 | 17 | 16 |
| Auszug aus elterlicher Wohnung | 8 | 11 | 9 |
| Höhere Gewalt | 2 | 2 | 2 |
| Gewalt durch Dritte | 3 | 3 | 3 |
| Tod von Familienangehörigen | 1 | 1 | 1 |
| Mietschulden | 17 | 18 | 17 |
| Konflikte im Wohnumfeld | 14 | 13 | 14 |
| N (Gesamtzahl) | 15 997 | 5991 | 21 988 |

Die unter diesen Voraussetzungen prinzipiell unsichere und schwierige sozioökonomische Situation wird dann besonders schwierig, wenn der Arbeitsplatz verloren geht und keine neue Stelle am Ort angeboten wird. Dieses Ereignis geben 5 Prozent der Wohnungslosen als Auslöser für den Verlust der Wohnung an (s. Tabelle 22).

Der Verlust des Arbeitsplatzes ist in manchen Fällen sogar unmittelbare Ursache eines Wohnungsverlustes, und zwar dann, wenn der Arbeitsplatz mit einer Betriebs- oder Werkswohnung verbunden ist und diese dann nicht mehr zur Verfügung steht (vgl. Paulgerg-Muschiol 2009, S. 131). Betroffen von dieser Misere sind insbesondere Beschäftigte mit Migrationshintergrund, die überwiegend schlecht bezahlte und unsichere Arbeitsplätze im Gastgewerbe, der Fleischindustrie, der Bauindustrie oder dem Reinigungsgewerbe haben (s. Kap. 5.1).

Ein Beispiel hierfür ist Herr M. Er wuchs als Mitglied einer ethnischen und religiösen Minderheit im Nahen Osten auf und kam als Asylbewerber nach Deutschland. Hier fand er eine Arbeitsstelle in einem Hotel, wo er auch ein Zimmer bekam. Sprachprobleme machten ihm Schwierigkeiten, Kontakte zu knüpfen, Beziehungen aufzubauen und sich in seiner neuen Heimat einzuleben. Nach einer betriebsbedingten Kündigung verlor er auch das mit der Stelle verbundene Zimmer und lebte danach auf der Straße. (Eigene Aufzeichnung der Autoren)

### 8.2.2 Trügerische Hoffnung: Wohnortwechsel

22 Prozent der von der BAG W erfassten Wohnungslosen hatten den Wohnort gewechselt – vermutlich zum großen Teil ebenfalls wegen eines Arbeitsplatzverlustes (s. Tabelle 22). In dem Ortswechsel sehen diese Menschen den Anlass für ihre Wohnungslosigkeit. Damit kann jedoch das Problem auftauchen, in dem gewählten Ort keine bezahlbare Wohnung zu finden. Insbesondere in den attraktiven Großstädten sind die Wohnkosten meist besonders hoch und mit einem durchschnittlichen oder gar unterdurchschnittlichen Einkommen

kaum erschwinglich. Als Folge kann Wohnungslosigkeit entstehen (vgl. Paulgerg-Muschiol 2009; Girtler 1980; GISS 2015).

Manche Betroffenen versuchen zwar, ihrer Notlage dadurch zu entkommen, dass sie sich verschulden. Sie riskieren damit jedoch, ihren Zahlungsverpflichtungen gegenüber den Wohnungseigentümern nicht (mehr) nachkommen zu können. 17 Prozent haben Mietschulden angesammelt und wurden nach eigenen Angaben aus diesem Grund wohnungslos.

### 8.2.3 Gesellschaftlicher Wandel

Die Zusammensetzung der von Wohnungslosigkeit und Obdachlosigkeit betroffenen Gruppen ändert sich: Die Anteile von Frauen und jungen Menschen nehmen zu. Als Ursachen für diese Veränderungen werden Änderungen der Geschlechterrollen, insbesondere im Erwerbsleben sowie die Zunahme schwieriger Familienstrukturen genannt (s. Kap. 4.2). Diese Veränderungen verlangen Anpassungsprozesse, insbesondere von Frauen, die nicht immer leicht zu meistern sind. Die als Versuch der Problemlösung getroffene Entscheidung für eine Trennung oder Scheidung ist für einen erheblichen Teil (16 Prozent) Auslöser der Wohnungslosigkeit (s. Tabelle 22).

Viele Kinder sind in ihren Entwicklungschancen beeinträchtigt, vor allem wenn in prägenden Lebensabschnitten die notwendige Zuwendung und Unterstützung von Seiten der primären Bezugspersonen fehlt. Hintergrund hierfür kann Stress in der Familie (z. B. wegen materiellen und finanziellen Problemen oder wegen einer Trennung) oder die Überforderung einer alleinerziehenden Bezugsperson sein. Der von jungen Menschen nicht selten gewählte Ausweg ist der Anschluss und die Bindung an neue Bezugsgruppen, z. B. im Alkohol- und Drogenmilieu, und damit ein Leben auf der Straße (vgl. Brox 2017; Girtler 1980).

### 8.2.4 Notstand in der Wohnungsversorgung

Als wesentliche Ursache der Wohnungslosigkeit entwickelte sich in den letzten Jahren das Problem des Mangels an bezahlbarem Wohnraum: Der vielerorts rasante Anstieg der Mieten und Immobilienpreise bringt immer mehr Menschen in Deutschland in Bedrängnis. »Wohnen ist in deutschen Großstädten in vielen Fällen zum Armutsrisiko, in jedem Fall zum Überschuldungsrisiko geworden«, urteilt die Inkassogesellschaft Creditreform (Creditreform Boniversum GmbH 2018, S. 44). »Seit 1990 ist der Bestand an Sozialwohnungen um ca. 60 Prozent gesunken (…). Zusätzlich haben Kommunen, Bundesländer, der Bund und öffentliche Unternehmen, wie beispielsweise die Deutsche Bahn, eigene Wohnungsbestände an Investoren verkauft. Damit haben sie Reserven bezahlbaren Wohnraums aus der Hand gegeben« (BAG W 2017, S. 2), und damit den Kräften des Marktes überlassen. So stiegen die Mieten in den vergangenen 10 Jahren in Berlin um 89 Prozent, in München um 52 Prozent und in Stuttgart um 48 Prozent. 40 Prozent der Bewohner von Großstädten machen sich große Sorgen, sich in 5 Jahren keine angemessene Wohnung mehr im eigenen Viertel leisten zu können (vgl. Der Spiegel 2019). Die neuen Besitzer von bisher erschwinglichen Wohnungen, z. B. Vonovia und Deutsche Wohnen, nutzen als gewinnorientierte Unternehmen jede Möglichkeit, ihre Einnahmen zugunsten ihrer Anteilseigner zu steigern und damit die Mieten ihrer Bewohner zu erhöhen. Weniger zahlungskräftige Mieter werden verdrängt und laufen Gefahr, wohnungslos zu werden (vgl. Tambour 2019).

Manche Mieter versuchen sich durch Sparen am Notwendigsten zu behelfen, um das Risiko der Wohnungslosigkeit zu vermeiden. So werden zum Beispiel Tafelläden von immer mehr finanziell klamm gewordenen Menschen aufgesucht.

> »In Stuttgart kämen auch Menschen, die das ganze Leben gearbeitet hätten. ›Jetzt müssten sie dort zu Mittag essen, um sich ihre Miete noch leisten zu können‹, so Harald Wohlmann vom Stuttgarter Caritasverband.« (Süddeutsche Zeitung 2019)

Wenn Menschen, die von Wohnungslosigkeit bedroht sind, aktiv werden und sich an eine städtische Wohnungsgesellschaft, die kommunale Sozialverwaltung oder auch an die Presse wenden, machen sie dabei meist negative Erfahrungen. Mit ihrem bescheidenen Einkommen sind die hohen Mieten der angebotenen Wohnungen nicht bezahlbar. Hinzu kommt eine innere Reserviertheit bei Wohnungseigentümern gegenüber Menschen, deren Wohnadresse (nach einer Einweisung durch die Ordnungsbehörde) ein sozialer Brennpunkt ist oder die durch negative Schufa-Einträge gekennzeichnet sind. Die Sozialämter haben im Übrigen nur selten Möglichkeiten, wohnungslos gewordene Menschen wirksam zu unterstützen, da ihr Zugang zur Wohnungswirtschaft meist zu gering ist (vgl. GISS 2015). Dass ein längerfristiges erfolgloses Warten auf eine eigene Wohnung gravierende psychische und soziale Folgen haben kann, liegt nahe.

Die hilflose Situation der Sozialbehörden gegenüber Hilfe suchenden, von Wohnungslosigkeit bedrohten Bürgern haben allerdings viele Kommunen (speziell ihre Finanzbehörden) zum großen Teil selbst verschuldet. Mit dem Verkauf eines beträchtlichen Teils der kommunalen Wohnungsbestände an renditeorientierte Unternehmen verminderten sie den Anteil an erschwinglichen Wohnungen und trugen so zum Anwachsen der Wohnungslosigkeit bei.

## 8.3 Psychosoziale Voraussetzungen

Die sozialstrukturellen Erklärungsansätze machen auf wesentliche Bedingungen aufmerksam, die als wichtige Risikofaktoren zur Entstehung einer Wohnungslosigkeit oder Obdachlosigkeit beitragen können. Sie werden ergänzt durch Prozesse auf psychosozialer Ebene, die einzelne Menschen dazu veranlassen, obdachlos zu werden und auf der Straße zu leben. Auch hier beeinflussen soziale Rahmenbedingungen, wie belastende Familienstrukturen oder Peergroups und deren Interaktionsformen und Verhaltenserwartungen während der – vielfach unzulänglichen – Sozialisation, den jeweils persönlichen »Weg« in die Wohnungslosigkeit.

### 8.3.1 Nahtloser Übergang

Es gibt Menschen, die schon von Kindheit und Jugend an wohnungslos sind und kein festes Dach über dem Kopf haben. So verlief die

»Karriere« des jüngsten Sohnes einer Familie von Kleinbauern vom Schulabbruch über kurze Gelegenheitsjobs in der nahegelegenen Großstadt hin zur Wohnungslosigkeit beinahe nahtlos – auf niedrigem sozialem Niveau. Ähnlich kann das Leben von Wanderarbeitern verlaufen, die als Kinder von Hilfskräften auf dem Land aufgewachsen sind (vgl. Paulgerg-Muschiol 2009, S. 135), wie das folgende Beispiel zeigt:

> Auch Herr H., der Sohn der Mitarbeiterin eines Schaustellerbetriebes war aufgrund der Rahmenbedingungen seiner Herkunft für eine spätere Wohnungslosigkeit quasi prädestiniert. Wenn er nicht mit seiner Mutter von Jahrmarkt zu Jahrmarkt zog, kam er zeitweilig bei nahen Verwandten oder in Kinderheimen unter. Dort besuchte er unregelmäßig die Schule und erlernte die notwendigen Kulturtechniken nur rudimentär. Er blieb »funktionaler Analphabet«, konnte aber aufgrund seiner praktischen Fähigkeiten zunächst in dem Betrieb mitarbeiten und im Wohnwagen unterkommen. Nach Verlust dieses unsicheren Jobs wegen der Stilllegung des Betriebs fiel auch seine Unterkunft im Wohnwagen weg: Er war zugleich und endgültig wohnungslos. (Eigene Aufzeichnung der Autoren)

### 8.3.2 Ablehnung in der Kindheit

Obdachlos gewordene Menschen lebten vielfach unter ungünstigen materiellen und/oder psychosozialen Bedingungen in Kindheit und Jugend, die sie daran hinderten sich zu einer psychisch stabilen Persönlichkeit mit einem ausgeprägten Selbstwertgefühl (einschließlich der Fähigkeit, mit schwierigen Situationen aktiv umzugehen) zu entwickeln. Ihnen fehlte oft die notwendige Zuwendung, viele wurden vernachlässigt, geprügelt, missbraucht, andere waren einer unterdrückenden Strenge unterworfen. Als krasses, aber nicht einzigartiges Beispiel beschreibt Frau M. ihre Geschichte:

> »›Schwierigste Kindheitsverhältnisse: Auf der Straße in einem Auto geboren, bereits als Baby vernachlässigt, aufgewachsen in ständig wechselnden Pflegefamilien und Kinderheimen, geprägt von Missbrauchs- und Gewalterfahrungen. Ich war bereits mit 12 Jahren drogen- und alkoholabhängig, wiederholt in der Kinder- und Jugendpsychiatrie.‹ Nach weiteren Klinikaufenthalten und einem Suizidversuch kam sie schließlich mit einer Mitarbeiterin von OBDACH e. V. in Kontakt und erhielt dort eine betreute Wohnmöglichkeit.« (Mayer & Schulz 2018, S. 14)

Einigen später obdachlos gewordenen Menschen wurde in ihren Familien die Rolle eines Sündenbocks zugewiesen, andere wurden durch zu hohe Erwartungen ihrer Väter und Mütter überfordert, wie das Beispiel von Herrn F. zeigt (s. Kap. 8.1.1; vgl. Paulgerg-Muschiol 2009, S. 113). Einige Eltern sind selbst durch eigene traumatisierende Erfahrungen, wie beispielsweise Kriegserlebnisse belastet und infolgedessen nicht in der Lage gewesen, sich ihren Kindern in geeigneter Weise zuzuwenden (vgl. Brox 2017). Andere wurden als Kinder abgeschoben, kamen zu Großeltern, in Pflegefamilien oder Heime, wie z. B. Frau U.:

> »Für Frau U. interessierte sich ihre noch sehr junge, allein lebende Mutter von Geburt an nicht – das kleine Mädchen wurde von einem Heim ins nächste verschoben, da es sich zu wehren versuchte« (Hank & Hopp 2011, S. 50).

### 8.3.3 Not, Stress und Sucht in der Familie

In manchen Familien ist der Gebrauch von Suchtmitteln, insbesondere von Alkohol und Drogen, alltäglich. In anderen Familien erleben Kinder einen eher lockeren Umgang mit gesellschaftlichen Regeln, Vorschriften und Gesetzen. Die Lebenssituation vieler Herkunftsfamilien obdachloser Menschen ist zudem geprägt durch dauernden psychosozialen Stress, aus Angst vor dem, was in den nächsten Tagen auf sie zukommen wird.

Dabei wird deutlich, dass in einem erheblichen Teil dieser Familien große materielle und psychische Not, Armut und Ausgrenzung herrschen. Die Menschen spüren überall Einschränkungen und stoßen in regelmäßigen Abständen an enge Grenzen. Sie können am gesellschaftlichen Leben kaum teilnehmen, sind als Außenseiter etikettiert, werden ausgegrenzt und missachtet (vgl. Girtler 1980, S. 109; auch Malyssek & Störch 2009). Manche waren selbst zumindest zeitweise wohnungslos, von Wohnungslosigkeit bedroht oder sie lebten in unzumutbaren Wohnverhältnissen. Belastende Erfahrungen können junge Menschen, die später obdachlos werden, für ihr weiteres Leben prägen. Der Konsum von Alkohol und Drogen liegt nicht fern, ebenso eine Vernachlässigung von Regeln und Normen, oder aber eine gewisse Armut an Erwartungen und Perspektiven.

### 8.3.4 Neue Bezugsgruppen – neue Orientierungen

Auseinandersetzungen und Konflikte im familiären Umfeld bewegen manche junge Menschen dazu, sich abrupt von den ursprünglichen, freilich oftmals unzulänglichen, Bindungszusammenhängen zu trennen und alternative Bezugsgruppen zu suchen, an denen sie sich orientieren können. Dabei geschieht es allerdings nicht selten, dass sie sich solchen Gruppen anschließen, in denen der Gebrauch von Alkohol und Drogen sowie der Einsatz von Gewalt zur Lösung von Konflikten dazugehören. Für manche bedeutet diese Anbindung den Beginn einer Abhängigkeit von Suchtmitteln sowie der Missachtung von Regeln und Rechtsvorschriften. Alkohol- und Drogenkonsum sowie Gefängnisaufenthalte aufgrund von kleineren Delikten sind zusätzliche Risiken für den Einstieg in die Obdachlosigkeit – und ein Leben am Rande der Gesellschaft (vgl. Girtler 1980, S. 38).

Auch die Schul- und Berufsbildung sowie der Start ins Erwerbsleben verlaufen unter solchen Umständen, nicht zuletzt aufgrund unzulänglicher sozialer Unterstützung durch die ursprüngliche Bezugsgruppe, vielfach fragil und prekär (s. Kap. 4.2.6).

### 8.3.5 Abhängigkeit und Kontrollverlust

Der Konsum von Alkohol und Drogen prägt nicht nur den aktuellen Alltag und die gesundheitliche Lage vieler obdachloser Menschen. Eine Abhängigkeit von diesen und anderen Suchtmitteln ist vielmehr ein bedeutender Faktor bei der Entstehung der Obdachlosigkeit, denn sie ist häufig Anlass von Ehescheidung, Verlust des Arbeitsplatzes oder Konflikten im Wohnumfeld. Diese einschneidenden Ereignisse sind mehrfach genannte Auslöser der Wohnungslosigkeit (s. Tabelle 22). Der Konsum von Suchtmitteln wird zwar durch soziale Rahmenbedingungen begünstigt, kann sich aber auch schleichend und unmerklich zur verhängnisvollen Gewohnheit entwickeln, bei der die Kontrolle über das eigene Leben verlorengeht. Dies zeigt das Beispiel von Herrn Z.:

> »Herr Z. ist etwa 50 Jahre alt, (…) wohnungslos, langzeitarbeitslos, sozial isoliert und alkoholabhängig (…). Ursprünglich hatte der äußerst eloquente und intelligente Herr Z. ein relativ normales, bürgerliches Leben: Abi, Wehrdienst, Studium, Wirtschaftsdiplom, Hochzeit, Frau und Kinder. Die Feierabendbierchen seit den Zwanzigern steigerten sich: Schnaps kam hinzu, und irgendwann, Mitte, Ende dreißig eskalierte der Konsum. Nach der Scheidung und dem Arbeitsplatzverlust Ende der Neunzigerjahre folgten Obdachlosigkeit, Sucht, der Ausbruch einer Psychose und zunehmende körperliche Verwahrlosung.« (Brück 2017, S. 12)

### 8.3.6 Zusammenbruch des »Hotel Mama«

Ebenfalls Folge einer, wenn auch etwas anders gelagerten Familienproblematik ist darüber hinaus die häufig anzutreffende Unselbständigkeit wohnungsloser Menschen. Hier spielt die Bindung an die Herkunftsfamilie, vor allem zur Mutter, die entscheidende Rolle. Insbesondere unter der Obhut besorgter alleinerziehender Mütter wachsen »Muttersöhne« heran, die sich außerhalb von »Hotel Mama« nicht zurechtfinden (vgl. Malyssek & Störch 2009, S. 28). Wenn diese Beziehungen enden oder brüchig werden, beispielsweise durch

Krankheit und Tod, fehlen manchen dieser Menschen Impulse, Vorstellungen, Pläne, Ressourcen und Erfahrungen, um selbständig und selbstbewusst die Anforderungen des Alltags zu bewältigen.

### 8.3.7 Absturz aus behüteten Verhältnissen

Obwohl sehr viele obdachlose Menschen in einem durch Armut und Ausgrenzung geprägten Milieu aufwuchsen oder in ihrer Kindheit Zuwendung und Fürsorge entbehrten, sind auch vermeintlich günstigere Bedingungen während dieser prägenden Lebensphase für die Menschen keine Garantie vor einem Absturz in die Obdachlosigkeit. Immerhin hat ein nicht unerheblicher Teil der wohnungslos gewordenen Menschen qualifizierte Schul- und Berufsabschlüsse erreicht (s. Kap. 4.2.6). Es gibt durchaus auch wohnungslose Menschen, die zumindest nach außen hin eine »normale«, »gutbürgerliche« Kindheit erlebten, in einer behüteten Atmosphäre aufwuchsen und eine umfangreiche Förderung durch Eltern, Angehörige und Freunde erfuhren.

> Aus einer solchen »behüteten« Situation heraus zog Frau G., gerade erwachsen geworden und der Schule überdrüssig in eine für sie attraktive Universitätsstadt, um »zu sich selbst« zu finden. »Die Atmosphäre dort hat mich beeindruckt: Berber, Punks und andere, die nicht zu definieren waren, saßen zusammen bei Gitarrenmusik« und mit »dem süßlichen Geruch von Haschischpfeifchen über dem liebenswerten Grüppchen«, dem sie sich als »Paradiesvogel« zugehörig fühlte. Das Abgleiten vom gelegentlichen Probieren bis zur physischen und psychischen Abhängigkeit von harten Drogen in der »Szene« führte schließlich zum Verlust einer festen Unterkunft und Wohnungslosigkeit (vgl. Betreute Wohngruppen für alleinstehende Menschen e. V. 1997a, S. 46–52).

Derartige Lebensformen verändern die Person auf lange Sicht entscheidend auf der psychischen Ebene (z. B. durch die Erfahrung des wiederholten Scheiterns) und bewirken sogar »körperliche Leistungsverringerungen und somatische Störungen« (vgl. Malyssek & Störch 2009).

## 8.4 Brüche im Verlauf des Lebens

Obwohl Kindheit und Jugend bei den meisten wohnungslosen Menschen durch materielle Not und Mängel, Belastungen und Stress geprägt sind, sprechen einige andere (auch hier skizzierte) Lebensläufe gegen einen Determinismus in der Abfolge (vgl. Paulgerg-Muschiol 2009, S. 101). Einige später obdachlos gewordene Menschen versuchen vielmehr, zum Teil auch trotz belastender Erlebnisse und Prägungen während der frühen Sozialisation, sich als junge Erwachsene eine »normale« Existenz in der Gesellschaft aufzubauen oft mit anspruchsvollen Zielsetzungen bei der Familiengründung und im Berufsleben – umgekehrt haben keineswegs alle später obdachlos gewordene Menschen einen prekären sozioökonomischen Hintergrund, wie die oben genannten Beispiele zeigen.

### 8.4.1 Scheitern an kritischen Ereignissen

Kritische Ereignisse, Erlebnisse, Erfahrungen und Brüche können allerdings aussichtsreiche Ziele, Planungen und Abläufe zum Scheitern bringen.

Herr K. wurde zwar von seinem Vater, einem Polizeibeamten, überaus streng behandelt und öfter sogar verprügelt, er zog jedoch seine Schulbildung bis zu seinem Realschulabschluss durch. Zuvor geriet er allerdings in Kontakt zu einer Gruppe, in der exzessiver Konsum verschiedener Alkoholika gebräuchlich war. In der Freizeit fanden regelmäßig wilde und ausgedehnte Touren mit Motorrädern statt. Nach seiner abgeschlossenen Ausbildung in einem Bauhandwerk heiratete er und gründete mit Hilfe seiner Frau eine eigene zunächst erfolgreiche Transportfirma. Nach wiederholten Alkoholexzessen und finanziellen Schwierigkeiten in dem Betrieb trennte sich seine Frau von ihm. Ein sehr

> schwerer Motorradunfall hatte eine Vielzahl von Frakturen und inneren Verletzungen mit anschließenden stationären Behandlungen zur Folge. Das Ergebnis war Erwerbsunfähigkeit aufgrund schwerer körperlicher Beeinträchtigungen zusammen mit erheblichen finanziellen Einbußen, und dem Verlust der eigenen, nicht mehr bezahlbaren Wohnung. Damit begann sein Leben als Obdachloser auf der Straße. (Eigene Aufzeichnung der Autoren)

Die unterschiedlichsten »kritischen Ereignisse« können als »schwere Schicksalsschläge« den Verlauf eines jeden Lebens beeinflussen (vgl. Waltz 1981). Solche Ereignisse im persönlich privaten Bereich werden im Statistikbericht der BAG W von 2016 als Auslöser eines Wohnungsverlustes genannt (s. Tabelle 22), wobei vor allem die folgenden eine wichtige Rolle spielen:

- Trennung oder Scheidung (17 Prozent)
- Inhaftierung (7 Prozent)
- Verlust des Arbeitsplatzes (5 Prozent)

Genannt werden darüber hinaus:

- Gewalt durch den Partner (7 Prozent; wurde vor allem von Frauen angegeben)
- Schwere Erkrankung mit Klinikaufenthalt (2 Prozent)
- Verlassen der elterlichen Wohnung (9 Prozent)
- Verlust der finanziellen Handlungsfähigkeit durch Ansammlung von Schulden (17 Prozent)

Einige der kritischen Ereignisse, z. B. Unfälle, Todesfälle, treten abrupt und unerwartet auf, andere bilden das Ende eines längeren Prozesses, wie beispielsweise die Anhäufung von Schulden oder eine Trennung. Bei einem Großteil der Ereignisse, wie bei einem Ortswechsel oder auch der Überschuldung wirken mehrere Entstehungsfaktoren zusammen – Obdachlosigkeit ist also vielfach Ergebnis eines multifaktoriellen Geschehens.

### 8.4.2 Katastrophe oder Herausforderung?

All diese Ereignisse verlangen von den betroffenen Menschen einen – aktiven oder passiven – Umgang mit ihnen. Sie können entweder als mehr oder weniger dramatische Schicksalsschläge oder gar als persönliche Katastrophen ohne Ausweg, oder aber als Lernerfahrungen und Herausforderungen wahrgenommen und bewertet werden. Dramatisch wirken Ereignisse vor allem dann, wenn

- sie kumuliert und in schneller Folge, oder
- plötzlich und unerwartet auftreten, oder
- den eigenen Vorstellungen und Erwartungen widersprechen.

Aber auch herbe »Schicksalsschläge« führen selbst dann nicht zwangsläufig in die Wohnungslosigkeit, wenn sie besonders schockierend wirken, da man sich in seinem Leben scheinbar »eingerichtet« hat. Beispiele zeigen vielmehr, dass es durchweg von jedem einzelnen Menschen abhängt, wie er mit »kritischen Ereignissen« im Lauf seines Lebens umgeht – aktiv oder erleidend-passiv. Dabei ist es von Bedeutung, welche Bewältigungspotenziale ihm zur Verfügung stehen, wie beispielsweise (vgl. Waltz 1981, S. 49; Paulgerg-Muschiol 2009, S. 102):

- die Fähigkeit, aktiv und angstfrei auf Herausforderungen zu reagieren
- ein stabiles Selbstwertgefühl
- die Chance, sein eigenes Leben aktiv zu gestalten
- ein gewisses Maß an Sorgfalt, Zuverlässigkeit und Achtsamkeit
- soziale Kompetenz

Hier ist allerdings festzuhalten, dass die Verfügbarkeit über derartige bedeutsame Potenziale ganz wesentlich mit der sozialen Lage und der Sozialisation in Kindheit und Jugend zusammenhängt (s. Kap. 7.2.2; vgl. Waltz 1981, S. 75). Wenn diese Potenziale nicht ausreichen, besteht ein erhöhtes Risiko, die Lage als ausweglos zu bewerten. Die Probleme können dann zur totalen Überforderung führen – mit folgenden typischen Reaktionsweisen (vgl. Malyssek & Störch 2009):

- Man resigniert und steckt »den Kopf in den Sand«.
- Man lässt die Post ungeöffnet liegen.
- Man lässt die Schulden anwachsen.
- Man sucht keine Hilfe.
- Man reißt aus.

### 8.4.3 Fehlende soziale Unterstützung

Eine besonders wichtige Rolle beim Umgang mit schwierigen Herausforderungen spielen hier – ebenso wie bei Problemen der psychischen Gesundheit – das Fehlen und die Vernachlässigung von Bindungen sowie von persönlichen Netzwerken oder auch der Bruch damit:

> »Moralische Unterstützung, instrumentelle Hilfe, Informationsvermittlung und sonstige Arten der sozialen Hilfe und Unterstützung werden benötigt, um mit chronischen Problemen, Lebensereignissen und psychosozialen Transitionen fertig zu werden.« (Waltz 1981, S. 49)

Die oben dargestellten Daten zeigen, dass ein Großteil der wohnungslosen Menschen nur wenige Kontakte hat und dass die meisten der Befragten niemanden nennen können, der ihnen im Notfall Hilfe leisten kann (s. Kap. 5.5.1). Genau solche Kontaktpersonen dürften in einer Situation der selbst eingeschätzten Ausweglosigkeit von großer und entlastender Wirkung sein. Stattdessen wächst das Risiko, aus Nachlässigkeit, Blindheit und Hilflosigkeit keine oder die falschen Entscheidungen zu treffen, ohne dass der Betreffende von irgendjemandem daran gehindert wird.

## 8.5 Scheinbare Ausweglosigkeit

Zentrale Kontextbedingungen für eine selbst empfundene Ausweglosigkeit sind eine finanzielle Notlage, Probleme im Arbeitsleben, Schulden und kritische Lebensereignisse sowie dramatische Schicksalsschläge. Vor allem die Häufung derartiger Schwierigkeiten kann zu falschen oder fehlenden Entscheidungen führen. In der in München von Larissa von Paulgerg-Muschiol durchgeführten Studie bei obdachlos gewordenen Männern werden zwei typische, sich ergänzende individuelle »Wege zur Wohnungslosigkeit« (Obdachlosigkeit) herausgearbeitet:

- Allmähliches Abrutschen, Hineinschlittern in die Wohnungslosigkeit
- scheinbar bewusste und absichtliche Flucht (in eine andere Welt/Stadt)

Bei beiden Optionen wird deutlich, dass die Ausgangssituation als ausweglos – nicht aber als Herausforderung – bewertet wird. Im ersten Fall wird jede Auseinandersetzung mit der Notlage vermieden, im zweiten Fall wird die Notlage zwar meist zur Kenntnis genommen, bei der Reaktion darauf handelt es sich jedoch um eine wenig rationale Kurzschlusshandlung (vgl. Paulgerg-Muschiol 2009, S. 126).

### 8.5.1 Allmähliches Abrutschen

Auffallend bei vielen Verläufen in die Obdachlosigkeit ist eine »Kumulation von kritischen Lebensereignissen« und harten Schicksalsschlägen.

> Ein Beispiel hierfür ist die weitere »Karriere« der oben beschriebenen Frau U. (s. Kap. 8.3.1). Nach Erfahrungen der Vernachlässigung in ihrer Kindheit verliert sie nach abgebrochener Lehre ihre Arbeitsstelle und anschließend ihre kleine Wohnung. Sie findet Unterschlupf in einem Obdachlosenheim. Nach einer Vergewaltigung wird sie schwanger, übergibt ihren kleinen Sohn einem Heim und landet auf der Straße (vgl. Hank & Hopp 2011, S. 50).

Das Abgleiten wird den Betroffenen oft zu spät bewusst: Sie realisieren nicht, dass Mietschulden eine Kündigung nach sich ziehen, dass diese eine Räumungsklage zur Folge hat und dass die Einweisung in eine Notwohnung nichts anderes als Wohnungslosigkeit bedeutet, die nur durch den Einsatz aller (oft nicht verfügbaren) Kräfte zu überwinden ist. Sie setzen dann Strategien ein, um den drohenden Abstiegsprozess zu verhindern, z. B. durch Aktivierung persönlicher Netzwerke (Verwandte, Freunde). Als hilfreich erweisen sich oft – allerdings häufig zerrissene – familiäre Netzwerke und Bezugspersonen, insbesondere Mütter, zu denen auch aus der Ferne wieder Kontakte geknüpft werden. Einige der wohnungslos gewordenen Personen ziehen wieder zur Mutter, bleiben dort bis zu deren Tod (vgl. Paulgerg-Muschiol 2009, S. 140). Bei manchen dieser Menschen zeigt sich erst in der akuten Notlage, dass sie (wie auch die Söhne des »Hotel Mama«) nie gelernt haben, ihr Leben selbst zu steuern und auf eigenen Beinen zu stehen, also aktiv und selbstsicher mit kritischen Lebensereignissen umzugehen und damit den Absturz ins wohnungslose Elend zu vermeiden.

### 8.5.2 Fluchtversuch aus der Ausweglosigkeit

Nicht nur durch ein zunächst unmerkliches, passiv erlebtes Abrutschen, sondern auch durch aktive und abrupte Veränderung der eigenen Situation, also durch Flucht, kann es zur Wohnungslosigkeit kommen. Das Fliehen geschieht aus unterschiedlichen Gründen, zum Beispiel um bestimmte Herausforderungen zu vermeiden oder Belastungen zu verdrängen. Auf jeden Fall will man Vergangenes hinter sich lassen, z. B. Beziehungen, Netzwerke, Zwänge (vgl. Girtler 1980, S. 38).

Die Flucht stellt einen wenig durchdachten und misslingenden Versuch der Befreiung und der Emanzipation dar. Flucht beinhaltet vor allem ein panikartiges Verlassen von Familie und Arbeitsplatz und somit der in vielen Fällen zielbewusst aufgebauten Existenz. Fliehen als »Umgang mit kritischen Lebensereignissen« impliziert häufig Defizite bei Konflikt- und Problembewältigungsstrategien – auf individueller Ebene. In manchen Fällen hängt dies mit psychischen Problemen, ausgelöst durch Drogen- oder Alkoholabhängigkeit, zusammen.

Anlässe zur Flucht können Trennung oder angekündigte Scheidung, Konflikte mit Eltern und der Familie oder mit dem Kinder- und Jugendheim sein, in das man eingewiesen worden war. Auch eine bevorstehende Räumungsklage in Verbindung mit einem Arbeitsplatzverlust und ausweglos erscheinenden finanziellen Problemen kann zur Flucht veranlassen (vgl. Paulgerg-Muschiol 2009, S. 146).

Die Suche nach einer neuen, vielleicht und hoffentlich besseren Arbeit veranlasst manche Menschen, in eine andere, meist viel größere Stadt in der Erwartung eines umfangreicheren Angebots an Jobs zu ziehen. Andere sind durch eine enge soziale Kontrolle persönlich belastet und suchen die Anonymität der Großstadt. Dabei geraten sie ungewollt vom Regen in die Traufe: Durch den dort angespannten Wohnungsmarkt sind sie überfordert, unterstützende Netzwerke fehlen und die um Hilfe gebetenen Institutionen wissen meist nicht mehr als die Vermittlung von Notwohnungen oder Unterkünften in Absteigen – als Vorstufe der Wohnungslosigkeit (vgl. Paulgerg-Muschiol 2009, S. 138). So geben 22 Prozent der von der BAG W im Jahr 2016 erfassten Wohnungslosen einen Ortswechsel als Auslöser für ihre Wohnungslosigkeit an (vgl. BAG W 2018b; s. Kap. 6.6.3).

In einem Beispiel folgt auf einen schweren Unfall die Berufsunfähigkeit. Trotz hoher Verschuldung wird ein Neustart mit Hilfe des Bruders möglich. Mit dem folgenden gesundheitlichen Zusammenbruch – er erleidet einen Herzinfarkt – und dem anschließenden Verlust der Freundin wird er schließlich nicht mehr fertig: Er ergreift die Flucht und zieht in die Großstadt (vgl. Paulgerg-Muschiol 2009, S. 149).

Im nächsten Beispiel wird deutlich, dass ein allmähliches Abrutschen in eine hilflose Lebenssituation nur scheinbar durch Flucht zu vermeiden ist:

Bei Herrn A. waren unüberwindbar scheinende finanzielle Schwierigkeiten letztlich Grund für seine Fluchtreaktion. »Mit

> unbezahlten Telefonrechnungen hatte er einen erklecklichen Schuldenberg angehäuft. Angebote zur Schuldenregulierung verdrängte er und schob diese auf die lange Bank. Folgende Pfändungen führten zur Ehekrise; seine Frau ließ sich scheiden und zog mit den beiden Kindern fort. »Seine Einsamkeit begann ihn zu zermürben (…). Mit Alkohol versuchte er, seine Probleme zu vernebeln. So kam es, dass er auch noch seine Arbeit verlor; er konnte bald die Miete nicht mehr zahlen, die Unterhaltsverpflichtungen mussten unerfüllt bleiben und Forderungen prasselten von allen Seiten auf ihn hernieder. Herr A. floh in eine andere Stadt (…) Aber er hatte keine Wohnung, die Gläubiger hatten alles Brauchbare aus seiner letzten Wohnung herausgeholt, ihn arm gemacht.« (Betreute Wohngruppen für alleinstehende Menschen e.V. 1997b, S. 24)

Ortswechsel als Fluchten führen in vielen Fällen früher oder später in die Wohnungslosigkeit und zum beruflichen Abstieg: Entweder wird gleich Platte gemacht oder man findet zunächst eine Unterkunft in einer Notwohnung, Pension, bei Freunden, bevor dann der Daueraufenthalt auf der Straße folgt.

## 8.6 Ressourcen und Potenziale

Beispiele wie die von Hans Fallada geschilderte Familientragödie »Kleiner Mann – Was nun?« sollen zeigen, dass auch extrem ungünstige finanzielle und andere materielle Rahmenbedingungen (bei Fallada zur Zeit der Weltwirtschaftskrise 1929) keine hinreichenden Gründe für die Entstehung von Wohnungslosigkeit sind. Diese beeinflussen zwar das individuelle Handeln entscheidend mit, determinieren es jedoch letztlich nicht. Zu den Einflussfaktoren gehören darüber hinaus bestimmte innere und äußere Ressourcen und Potenziale, die eine Bewältigung von psychosozialen Belastungen und Ereignissen ermöglichen oder aber erschweren.

Zu den die Bewältigung erschwerenden Voraussetzungen gehören:

- Eine passive, resignative und fatalistische Einstellung. Diese beinhaltet das Bewusstsein von Machtlosigkeit, Fremdbestimmung und Hilflosigkeit. Mit einer solchen im Allgemeinen in den Herkunftsfamilien erlernten Orientierung wird die Bewältigung problematischer Ereignisse und Erfahrungen erschwert oder verhindert.
- Fehlende oder unzulängliche soziale Bindungen, soziale Integration, Unterstützungspotenziale und Netzwerke (vgl. Waltz 1981, S. 49).

Ein interessantes Beispiel dafür, welche Bedeutung die Einstellung, Herr der Lage zu sein, sowie das Gefühl von Selbstbestimmung und ein verfügbares Netzwerk als persönliche innere und äußere Ressourcen haben, ist das Glück von Herrn H.:

> Herr H. führte in jungen Jahren ein bewusst unkonventionelles, bewegtes und abenteuerliches Leben, das ihn unter anderem auf eine Insel im Mittelmeer führte. Dort blieb er längere Jahre und lebte von Gelegenheitsarbeiten. Zurückgekehrt nach Heidelberg fand er zunächst keine feste Unterkunft und machte »Platte«. Er scheute sich nicht, in der Fußgängerzone unterstützt durch Begleitmusik zu betteln. Mit der Obdachlosigkeit fand er sich nicht ab, und er nahm aufgrund eines Hinweises Kontakt mit dem Verein OBDACH e. V. auf. Von diesem Verein bekam er schließlich ein eigenes Zimmer in einer Wohngemeinschaft. Einer seiner vielen Kumpel vermittelte ihm nach einigen Jahren seine eigene kleine Wohnung (mit Mietvertrag) als Nachmieter. Als das Wohngebäude, in dem sich diese Wohnung befand, abgerissen wurde, erhielt Herr H. von der Eigentümerin, der städtischen Wohnbaugesellschaft, eine angemessene Ersatzwohnung in zentraler Lage. (Eigene Aufzeichnung der Autoren)

Das Glück von Herrn H. war vollkommen. Mit dem Faktor Glück hatte zu tun, dass er als ehemals Obdachloser in einer Stadt mit einem extrem angespannten Wohnungsmarkt eine gute Wohnung erhielt. Zu seinem Glück trug er allerdings zum Teil auch selbst bei:

Herr H. fasste seine Wohnungslosigkeit als zu überwindenden Mangel auf. Dieser Mangel forderte ihn heraus. Er ergriff die Initiative, er nahm die missliche Lage nicht einfach hin. Sein Aufenthalt auf der Straße und das »Sitzungmachen« beeinträchtigte sein vorhandenes, in seiner unkonventionellen Lebensweise erworbenes, Selbstwertgefühl anscheinend nur wenig. Dieses wurde durch ein offensichtlich dichtes Netzwerk von Kumpeln unterstützt und stabilisiert. Von einer seiner Kontaktpersonen erhielt er die Information über eine frei werdende Wohnung. Zur Verbesserung seiner Situation trugen auch günstige Rahmenbedingungen bei, wie das Vorhandensein von betreuten Wohngemeinschaften bei dem Verein OBDACH e. V. und eine gegenüber wohnungslosen Menschen wohlwollende Zivilgesellschaft.

Der obdachlose Herr H. wusste sich zu helfen und fand die für ihn passende wesentliche Hilfe. Zumindest in der Erlangung einer richtigen Wohnung zeigte er keine »besonderen sozialen Schwierigkeiten«, sondern Selbstbewusstsein und Eigeninitiative.

KAPITEL 9

# Unterstützung und Hilfe für wohnungslose Menschen

Aus der Unterzeichnung der Deklaration der Menschrechte resultiert nach der Überzeugung der Vertreter der Wohnungslosenhilfe in Deutschland eine Verpflichtung öffentlicher Institutionen zur Hilfe und Unterstützung von wohnungslosen und von Wohnungslosigkeit bedrohten Menschen. Denn durch die

> »unfreiwillige Obdachlosigkeit werden wichtige Individualrechte, wie Recht auf Leben, auf Gesundheit, auf körperliche Unversehrtheit und auf Menschenwürde gefährdet. Diese fundamentalen Grund- und Menschenrechte stehen allen (…) Menschen zu« (Ruder 2015, S. 56).

## 9.1 Ziele und Leitlinien

In dem Grundsatzprogramm der Bundesarbeitsgemeinschaft Wohnungslosenhilfe e. V. (BAG W) wurden im Jahr 2001 aufgrund der prekären Situation der wohnungslosen Menschen und ihrer Ansprüche auf fundamentale Menschenrechte einige wesentliche Ziele der Hilfe vereinbart. Dabei wird vorausgesetzt, dass auch wohnungslose und obdachlose Menschen über Qualitäten und Fähigkeiten verfügen, die ein selbständiges und selbstverantwortliches Leben möglich machen, wenn sie freigelegt und angeregt werden. Daher werden die folgenden Ziele beschrieben:

- die Erschließung »lebensnotwendiger materieller Ressourcen«
- die Förderung von Arbeit und Beschäftigung

Auch für Menschen in Armut, Wohnungsnot oder ohne eigene Wohnung ist Arbeit und Beschäftigung von hohem Wert, selbst wenn manche von ihnen angeben, mehr als eine Gelegenheitsarbeit käme für sie nicht in Betracht (vgl. Girtler 1980, S. 64). Beobachtungen und Erfahrungen mit wohnungslosen Menschen zeigen jedoch, dass sich bei einer regelmäßigen Beschäftigung Selbstsicherheit und Selbstvertrauen entwickeln. Zudem kann ihnen ein eigenes und selbst erarbeitetes Einkommen und die Verwirklichung von lösbaren Aufgaben Befriedigung verschaffen. Darüber hinaus sollen Hilfeangebote auch zum Ziel haben:

- die Verbesserung ihrer prekären psychosozialen Situation
- die Stärkung ihrer »Selbsthilfekräfte und (des) Selbstvertrauen(s)«
- die Überwindung ihrer sozialen Isolierung
- die Bewältigung »persönlicher Lebenskrisen«

Vorrangiges Ziel allen Handelns jedoch ist,

- die Verminderung der Wohnungslosigkeit, und zwar durch
- die Verhinderung von Wohnungsverlust, oder
- die Vermittlung menschenwürdiger Wohnungen (vgl. BAG W 2001).

## 9.2 Zielgruppen und Handlungsschwerpunkte

Bereits zwei Jahre vor dem Beschluss des Grundsatzprogramms der BAG W wurden von einem von der Berliner Sozialverwaltung berufenen Expertengremium bereits ähnliche Leitlinien erarbeitet und dem Abgeordnetenhaus vorgelegt. Entsprechend diesen Leitlinien soll sich die Berliner Wohnungslosenpolitik ausrichten. Es wird hervorgehoben, dass die Hilfen die jeweilige Situation der unterschiedlichen Zielgruppen berücksichtigen müssen. Zugleich wird hier betont, dass die Unterstützung und Betreuung wohnungsloser Menschen »mit besonderen sozialen Schwierigkeiten« auch besondere Ansprüche an Kompetenz und Qualifizierung der unterstützenden Personen stellt. Daher ist in diesen Leitlinien der »Aufbau eines Qualitätssicherungssystems für die Angebote im Hilfesystem« festgelegt (vgl. Abgeordnetenhaus von Berlin 1999).

Die hier beispielhaft vorgestellten Angebote und Maßnahmen orientieren sich im Übrigen nicht nur an der spezifischen Lage bereits wohnungslos gewordener Menschen, sondern versuchen auch, gefährdete Personen vor dem Verlust ihrer Wohnung zu bewahren:

> »Nur ein den Zielgruppen und ihrem jeweiligen Hilfebedarf entsprechendes Angebotssystem kann unter Berücksichtigung der aufzuwendenden finanziellen Mittel zum gewünschten Erfolg der Prävention und (Re)Integration führen« (Abgeordnetenhaus von Berlin 1999, S. 6).

Der Handlungsplan der Berliner Wohnungslosenpolitik orientiert sich an den unterschiedlichen Kategorien von Wohnungsnotfällen und versucht, die juristischen Aspekte (des Ordnungsrechts und des Sozialrechts) in diese zu integrieren.

### 9.2.1 Wohnraumsicherung zur Prävention von Wohnungslosigkeit

Nicht zuletzt aufgrund »besonderer sozialer Schwierigkeiten« befinden sich Menschen als »Wohnungsnotfälle« in Gefahr, ihre Wohnung zu verlieren. Sie sind zum großen Teil überschuldet und können ihre Miete nicht zahlen. Manche Mieter streiten mit Nachbarn, beschädigen Einrichtungen, stören die Ruhe, bedrohen ihre Mitbewohner, stören den Hausfrieden oder entwickeln Verwahrlosungserscheinungen. Dann drohen Kündigungen, Räumungsklagen oder Zwangsräumungen (s. Kap. 8.2.1, vgl. GISS 2015, S. 14). Diese Menschen riskieren damit, ihre schon schwierig gewordene Situation zu verschlimmern und zu verfestigen sowie das noch bestehende soziale Umfeld zu verlieren. Mit einer einmal entstandenen Wohnungslosigkeit begeben sich diese Menschen, vor allem in Städten mit einem angespannten Wohnungsmarkt, in Gefahr, auf Dauer wohnungslos zu bleiben. Wenn sie ihre Wohnung verlieren, geht diese im Übrigen oft auch für das Segment der bezahlbaren Wohnräume auf dem Wohnungsmarkt der jeweiligen Kommune verloren (vgl. GISS 2015, S. 63 f.).

Um Wohnungslosigkeit gar nicht erst entstehen zu lassen, sind für die zuständigen Ordnungs- und Sozialbehörden zumindest Informationen über konkret bedrohte Personen und Familien erforderlich. Hierzu ist eine möglichst enge Kooperation zwischen verschiedenen Behörden, Gerichten, Trägern der Sozialhilfe, Energieversorgern und Wohnungsbaugesellschaften notwendig. So machen beispielsweise in einigen Kommunen die lokalen Energieversorger die Sozialbehörden auf Zahlungsrückstände und drohende Stromsperren bei ihren Kunden aufmerksam. Dadurch erhalten diese Behörden eine Handhabe zur Unterstützung der Betroffenen.

Um ihre Wohnung behalten zu können, benötigen nach der Erfahrung von Sozialbehörden und Trägern der Wohnungslosenhilfe viele Menschen kontinuierliche Beratung und Betreuung – im häuslichen Bereich und durch qualifizierte Fachkräfte. Diese orientieren sich dabei weniger am Ordnungsrecht als am Sozialhilferecht, insbesondere an den §§ 67 ff. des Sozialgesetzbuchs XII, das die Hilfen für Menschen mit »besonderen sozialen Schwierigkeiten« definiert (vgl. Abgeordnetenhaus von Berlin 1999).

Unter der Voraussetzung, dass eine drohende Wohnungslosigkeit bekannt wird, sind die zuständigen kommunalen Stellen bemüht, den Wohnraum der betroffenen Mieter zu sichern. Allerdings fehlen häufig, vor allem in kleineren Gemeinden, genau diese Voraussetzungen für die Einleitung der entsprechenden Maßnahmen, da insbesondere der Informationsfluss von den Vermietern, den Trägern der Sozialhilfe, den Gerichten und anderen Einrichtungen zu den zuständigen kommunalen Stellen nicht gewährleistet ist. In Baden-Württemberg zum Beispiel erfahren diese Stellen von bedrohten Wohnverhältnissen meist (in 57 Prozent der Fälle mit Schwerpunkt auf den kleineren Gemeinden) erst in einem relativ späten Stadium, nämlich durch die Amtsgerichte und Gerichtsvollzieher. Dann aber haben die zuständigen Stellen oft keine Möglichkeiten mehr, präventiv einzugreifen. Sobald es zur Zwangsräumung kommt, bleibt den Ordnungsämtern nur die Einweisung in Notunterkünfte.

Dennoch konnte beispielsweise in Baden-Württemberg 2014 wenigstens in den »bekannt gewordenen Krisenfällen« zu 65 Prozent »der Wohnraum gesichert werden« (GISS 2015, S.14). Als Instrument zur Wohnraumsicherung dient weitestgehend die Übernahme der Mietschulden durch die Gemeinden.

### 9.2.2 Wohnungslose mit besonderem Unterstützungsbedarf

Beispielhaft wird der Berliner Handlungsplan mit den wichtigsten Zielgruppen sowie der (auch anderswo vielfach noch zu deckende) Handlungsbedarf skizziert. In diesem Handlungsplan wird den aktuell wohnungslosen Menschen besondere Beachtung geschenkt, und es werden fünf Gruppen mit besonderem Unterstützungsbedarf definiert und beschrieben.

#### Wohnungslose Familien und Elternteile mit Kindern

Diese Bevölkerungsgruppe steht vor allem wegen der Gefährdung der Entwicklungschancen der Kinder im Fokus der Sozialverwaltung (s. Kap. 4.2.2). In Baden-Württemberg sind die betroffenen Haushalte mit Kindern aufgrund von ordnungsrechtlichen Maßnahmen zwar zum Teil in Normalwohnungen, aber fast zur Hälfte in Schlichtwohnungen, in Pensionen, Hotels, Containern, Baracken oder Heimen – oftmals ohne qualifizierte Betreuung – untergebracht (vgl. Abgeordnetenhaus von Berlin 1999; GISS 2015, S.137). Damit kann konstatiert werden, dass in diesem Sektor der Wohnungslosigkeit ein erheblicher Handlungsbedarf – mit potenziell nachhaltiger Wirkung – besteht (s. Kap. 10.2)

#### Alleinstehende wohnungslose Männer und Frauen

Zu dieser insgesamt umfangreichsten Gruppe unter den Wohnungslosen, mit einem Anteil von über 80 Prozent (s. Kap. 4.2.1), gehören alleinstehende Personen, die in kommunalen Obdachlosenheimen, Pensionen und Wohnheimen untergebracht sind. Ein geringer Teil von ihnen lebt in ambulanten oder stationären Einrichtungen freier Träger.

Alleinstehende wohnungslose Männer bilden mit einem Anteil

von 89 Prozent »die Hauptgruppe aller statistisch erfassten wohnungslosen Männer« (Abgeordnetenhaus von Berlin 1999, S. 8; auch BAG W 2018b; s. Kap. 4.2.5). Diese sogenannten »klassischen Wohnungslosen« zeichnen sich aus durch gravierende soziale Schwierigkeiten in Verbindung mit »komplexen Problemlagen«. Da die Unterbringung sowie die begleitende Unterstützung dieser größten Gruppe unter den wohnungslosen Menschen weithin als geregelt gelten, erhalten sie keine darüber hinausgehende Aufmerksamkeit in dem Handlungsplan. Damit wird allerdings indirekt eine gewisse Hilflosigkeit, wenn nicht sogar eine Vernachlässigung derjenigen Menschen ausgedrückt, die, wie in Kap. 5 und 6 beschrieben, in vielfältige und komplexe soziale Problemlagen geraten sind. Die Vermutung liegt nicht fern, dass eine Kommune, die über eingeschränkte finanzielle Möglichkeiten verfügt, gezwungen ist, einen großen Teil der Wohnungslosen ihrem weiteren Schicksal oder ihrem vermeintlichen Selbsthilfepotenzial, zu überlassen, sofern nicht bürgerschaftliche Initiativen oder Organisationen in die Bresche springen (s. Kap 10.1).

In der Praxis der Wohnungslosenhilfe zeichnet sich jenseits der dargestellten Problemfelder in den letzten Jahren »immer stärker eine lokale absolute Verarmung und Verelendung bei Unionsbürgern ab« (BAG W 2019c). Da diese Menschen in Wohnungsnotfällen kaum Zugang zu Hilfen haben, sind hier spezifische Hilfeansätze und Angebote erforderlich (s. Kap. 10.1.3; vgl. BAG W 2019c).

#### Obdachlose und auf der Straße lebende Menschen

Personen ohne Unterkunft sind durch ähnliche komplexe Problemlagen gekennzeichnet wie die alleinstehenden Wohnungslosen. Ihre Probleme werden allerdings durch das Leben auf der Straße verschärft und verkompliziert. Zu den zusätzlichen Belastungen gehört eine höhere Morbidität an akuten und chronischen Erkrankungen, vor allem auch im psychischen Bereich, und eine erhöhte Abhängigkeit von Alkohol und Drogen (s. Kap. 6.3). Dazu kommen – insbesondere bei Frauen – vermehrt Gewalt- und Missbrauchserfahrungen.

Diesen Menschen sollen erreichbare Angebote der Beratung, des Aufenthaltes und der Grundversorgung gemacht werden. Dazu gehören auch die Sicherstellung einer niedrigschwelligen Gesundheitsversorgung sowie Maßnahmen zum Schutz vor Erfrieren im Winter. Erfahrungen zeigen, dass insbesondere die Personen, die ohne Unterkunft auf der Straße leben, am ehesten durch aufsuchende Angebote (Streetwork) zu erreichen sind. Kontinuierliche Beziehungsarbeit, eine akzeptierende und ressourcenorientierte Haltung sowie die Achtung der Selbstbestimmung sind dabei wichtige Handlungsgrundsätze (vgl. BAG Streetwork/Mobile Jugendarbeit e.V. 2018, S. 5 ff.). Auch Hilfen für diese Zielgruppen stoßen vielfach an finanzielle und personelle Grenzen, die teilweise durch einzelne Initiativen und Projekte überwunden werden (vgl. Kap. 10.5).

#### Wohnungslose mit starken psychischen Beeinträchtigungen und Suchtproblemen

Ein erheblicher Teil der Wohnungslosen ist von psychischen Beeinträchtigungen sowie Abhängigkeit von Suchtmitteln betroffen. Diese Probleme können Folgen, jedoch auch Entstehungsfaktoren einer Wohnungslosigkeit sein (s. Kap. 6.3 und 7.1.2). Die von dieser komplexen Problemlage betroffenen Menschen brauchen möglichst koordinierte Hilfeangebote in den Bereichen Psychiatrie, Psychotherapie, Suchtberatung und Suchttherapie sowie der Wohnungslosenhilfe (s. Kap. 10.5.3).

#### Langzeitwohnungslose mit starken Abbauerscheinungen und pflegebedürftige Wohnungslose

Anders als die übrigen Gruppen sind diese Menschen unter dem Aspekt der Hinführung zu einer eigenständigen Lebensführung »aussichtslose Fälle« oder »Beheimatungsfälle«. Ursachen für deren Lage können ein langes Leben auf der Straße sein oder eine Hospitalisierung nach langen Aufenthalten in Obdachlosenheimen ohne Betreuung (s. Kap. 5 und 6). Sie sind meist durch körperliche, psychische und soziale Beeinträchtigungen geschädigt. Ihre Lebenserwartung ist dementsprechend meist deutlich verringert. Ihr Hilfebedarf ist erheblich und reicht von Körperpflege, regelmäßiger Ernährung, Intervention bei Suchtverhalten, Kommunikation, Beschäftigung, sozialer Anerkennung, Hilfen bei gesundheitlichen Problemen bis hin zu einer dauerhaften Unterbringung, unterstützt durch eine umfassende und intensive Betreuung (vgl. Abgeordnetenhaus von Berlin 1999, S. 11; s. Kap. 10.4).

## 9.3 Akteure und Maßnahmen

Das Hilfesystem für wohnungslose und von Wohnungslosigkeit bedrohte Menschen in Deutschland gehört im Wesentlichen zwei Rechtskreisen an, nämlich dem Ordnungsrecht und dem Sozialhilferecht. Innerhalb der entsprechenden Grundstrukturen bestehen weitere Differenzierungen, z. B. zwischen Kommunen, Jobcentern und Landratsämtern oder unterschiedlichen Sozialhilfeträgern. Diese Differenzierung beinhaltet zwar eine Vielzahl von problemadäquaten Angeboten, erweist sich jedoch nicht immer als hilfreich, vor allem dann, wenn schnelle Reaktionen auf Notsituationen erforderlich sind, zum Beispiel wenn ein Mieter unmittelbar von Wohnungslosigkeit bedroht ist. Daher wurde bereits 1987 vom Deutschen Städtetag eine Konzentration der Aufgabenbereiche, Zuständigkeiten und Kompetenzen der Wohnungslosenhilfen in eigenen Organisationseinheiten gefordert (vgl. GISS 2015, S. 62 f.). Eine solche Bündelung der Aufgaben konnte beispielsweise bis 2014 in Baden-Württemberg in 78 Prozent der Großstädte, jedoch nur in 42 Prozent der kleineren Städte (22 000 bis 100 000 Einwohner) realisiert werden (vgl. GISS 2015).

### 9.3.1 Sicherheit und Ordnung – Polizei- und Ordnungsrecht

In einem Gutachten für die BAG W heißt es: »Die unfreiwillige Obdachlosigkeit stellt eine Beeinträchtigung des Schutzgutes der öffentlichen Sicherheit dar. Es ist daher Aufgabe der Polizei, Maßnahmen zur Abwehr dieser Gefahr zu ergreifen.« (Ruder 2015, S. 56) Dies macht deutlich, dass obdachlos gewordene Personen nach Polizeirecht Anspruch haben auf die Unterbringung in eine »vorübergehende, behelfsmäßige und menschenwürdige Unterkunft zur Befriedigung der notwendigsten Lebensbedürfnisse«. Hier muss in jedem

Fall das sogenannten »zivilisatorische Minimum« gewährleistet sein (vgl. Ruder 2015, S. 58).

Regelungen mit dieser Intention liegen in allen Bundesländern vor. Für ihre Umsetzung sind die jeweiligen kommunalen Verwaltungsbehörden zuständig. Die Unterbringung wohnungslos gewordener Menschen ist beispielsweise in Baden-Württemberg durch das Polizeigesetz geregelt. Dieses sieht vor, »dass Städte und Gemeinden als Ortspolizeibehörde wohnungslose Menschen im Bedarfsfall mit Unterkunft zu versorgen haben« (vgl. GISS 2015, S. 50). Von dieser Art der Unterbringung (durch Einweisungsverfügung) sind in Baden-Württemberg 63 Prozent der wohnungslosen Menschen betroffen.

Im konkreten Fall wird die Regelung durch Einweisungsverfügungen umgesetzt. Dabei bleibt es den Gemeinden (oder anderen Stellen) weitgehend selbst überlassen, welche Art von Räumen sie den wohnungslos gewordenen Menschen zur Verfügung stellen, da hierzu keine verbindlichen Vorgaben existieren. Dementsprechend können Lage, Größe, Ausstattung und Qualität der Unterkünfte sehr unterschiedlich sein: von gut-bürgerlich bis unzumutbar (s. Kap. 5.3.2).

Wenn erst einmal die Wohnungslosigkeit zur unbestreitbaren Tatsache geworden ist, ist ein Neuanfang in einer gemieteten Wohnung meist sehr schwierig. So zeigen die eher lückenhaften Angaben aus wenigen Städten und Gemeinden, dass dort 2014 nur 13 Prozent der ordnungsrechtlich untergebrachten Haushalte »in ein normales Wohnverhältnis« reintegriert werden konnten (vgl. GISS 2015, S. 15).

Dafür gibt es verschiedene Gründe:

- Auf dem Wohnungsmarkt fehlen bezahlbare Wohnungen, insbesondere in den Metropolen und Universitätsstädten – zu einem nicht geringen Teil verursacht durch den Verkauf kommunaler Wohnungsbestände.
- Es besteht ein erheblicher Mangel an Kleinwohnungen für Einpersonenhaushalte.
- Die Sozialbehörden besitzen oft keinen oder nur einen unzuläng-

lichen Kontakt und Zugang zur weitgehend privatisierten Wohnungswirtschaft.

- Wohnungsbesitzer schrecken oft vor der Vermietung an Personen zurück, die als bisherige Adresse eine Notwohnung oder eine billige Pension angeben müssen.

Damit ist der Weg aus einer Wohnung mit Nutzungsvertrag in eine Mietwohnung mit Hürden ausgestattet, die nur schwer zu überwinden sind. Dazu bedarf es viel Mut von Seiten der wohnungslosen Menschen sowie Geduld und die Bereitschaft, bei Rückschlägen nicht aufzugeben. Geduld, aber auch Hartnäckigkeit benötigen auch die Vertreter der Sozialbehörden und der Wohnungslosenhilfe, wenn sie ihren Klienten wirksam helfen wollen (vgl. GISS 2015, S. 60 f.).

### 9.3.2 »Besondere soziale Schwierigkeiten« – Sozialgesetzgebung

Im Sozialgesetzbuch sind Regelungen zu den Hilfen und deren Finanzierung zur Überwindung »besonderer sozialer Schwierigkeiten« nach §§ 67 ff. SGB XII im Hinblick auf aktuelle oder drohende eine Wohnungslosigkeit sowie Suchterkrankungen festgelegt. Diese Hilfen bilden den Kern der professionellen Wohnungslosenhilfe (vgl. GISS 2015, S. 22). Die Verantwortung für diese Hilfen liegt in der Zuständigkeit der örtlichen Sozialhilfeträger, also bei den Sozialämtern der Stadt- und Landkreise. Diese beauftragen in der Regel freie und kirchliche Träger mit der Durchführung der Hilfen. Die Mitarbeitenden dieser Einrichtungen sind zu einem erheblichen Teil Sozialarbeiter, die von ehrenamtlichen Mitarbeitern unterstützt werden (vgl. GISS 2015).

Leistungsberechtigt für diese Hilfen sind Menschen, die aufgrund ihrer spezifischen und im Allgemeinen komplexen Probleme und Lebensverhältnisse einen besonderen Unterstützungsbedarf haben (s. Kap. 2.2.2; vgl. Bundesministerium für Justiz und Verbraucherschutz 2001).

### Wohnen

Das Hilfesystem für wohnungslose Menschen in »besonderen sozialen Schwierigkeiten« in Deutschland ist vielschichtig und besteht aus einem breiten Spektrum von Angeboten.

Dazu gehören Wohnangebote für 46 Prozent der in Baden-Württemberg gemäß §§ 67 ff. SGB XII unterstützten (und in der Studie des Sozialministeriums erfassten) 7952 Wohnungslosen. Davon befinden sich 53 Prozent in individuellen Wohnräumen und 47 Prozent in Wohngruppen. 33 Prozent der untergebrachten Personen leben in stationären, 9 Prozent in teilstationären Einrichtungen. In 35 Prozent der stationären Einrichtungen finden Maßnahmen zur Tagesstrukturierung statt (vgl. GISS 2015, S. 58).

### Psychosoziale Unterstützung

Neben den Wohnangeboten kommt den Fachberatungsstellen eine besondere Bedeutung zu. »Aufgabe der Beratungsstelle ist u. a., nach einer Erstberatung die erforderlichen Hilfen festzustellen, einzuleiten und zu koordinieren« (GISS 2015, S. 59). In Baden-Württemberg existierten 2014 57 Beratungsstellen der Wohnungslosenhilfe. Ihre beratenden und betreuenden Leistungsangebote sind außerordentlich vielfältig, wie die folgende Tabelle 23 zeigt. Sie werden ergänzt durch Tätigkeiten in der Prävention von Wohnungslosigkeit (für ca. 500 Personen) sowie durch die Betreuung von Bewohnern von Obdachlosenunterkünften (ca. 660 Personen). Die Angebotsvielfalt ist allerdings nicht flächendeckend verteilt, sondern auf die Großstädte konzentriert.

Zu den genannten Angeboten kommen in einzelnen Kommunen weitere hinzu:

- Straßensozialarbeit (Streetwork)
- Tagesaufenthaltsstätten (Teestuben, Wärmestuben), zum Teil mit Essensangeboten, Duschen, Wäschepflege
- Übernachtungseinrichtungen (insbesondere im Winter)
- medizinische Ambulanzen

**Tabelle 23:** Angebote der 57 Fachberatungsstellen der Wohnungslosenhilfe in Baden-Württemberg vom 01.01.2014 bis 30.09.2014 (Quelle: GISS 2015, S. 59)

| Leistungsangebote | | Anzahl der anbietenden Einrichtungen | Anzahl der beratenen u./o. betreuten Personen |
|---|---|---|---|
| Erstberatung über Leistungsansprüche und Hilfemöglichkeiten | | 40 | 8558 |
| Sozialpädagogische Begleitung und Beratung | | 32 | 5856 |
| Erreichbarkeitsadresse | | 32 | 2516 |
| Geldmitverwaltung | | 34 | 1583 |
| Clearing (Ermittlung des Hilfebedarfs, Zielfindung, ...) | | 31 | 6851 |
| Aufsuchende Hilfe | | 28 | 1757 |
| Vermittlung (gesamt) | | 33 | 3076 |
| Davon in: | Wohnung | 31 | 705 |
| | Aufnahmehaus | 21 | 399 |
| | Teilstationäre Versorgung | 14 | 111 |
| | Stationäre Versorgung | 26 | 336 |
| | Ambulantes Wohnangebot | 30 | 419 |
| | Ordnungsrechtliche Unterbringung | 28 | 408 |
| | Sonstige Hilfe (Altenhilfe, Suchthilfe, Gesundheitshilfe) | 25 | 369 |

**Arbeit und Beschäftigung**

Im Sinne ihres Handlungsprogramms setzt sich die Bundesarbeitsgemeinschaft Wohnungslosenhilfe e.V. für verschiedene Maßnahmen zur Integration wohnungsloser Menschen in das Arbeitsleben ein. Hierzu wurde eine Reihe von Empfehlungen und Programmen erarbeitet. Themen sind:

- alltagsgestaltende Maßnahmen
- beschäftigungsvorbereitende Maßnahmen
- Ausbau des öffentlich subventionierten Arbeitsmarktes
- Entwicklung spezifischer Fördermaßnahmen für Frauen (vgl. BAG W 2020)

Die Finanzierung der Maßnahmen erfolgt durch kommunale Zuschüsse, öffentliche Fördermittel und Spenden. Die Leistungen hängen also von der Finanzkraft der Kommunen und den Möglichkeiten der Spender und Förderer ab und sind dementsprechend quantitativ und qualitativ sehr unterschiedlich (s. Kap. 10.3). Teilweise wird die Finanzierung auch an die Bedingung geknüpft, dass die Träger ein mit den Vorgaben der Kommune abgestimmtes Hilfekonzept vorlegen und dieses durch qualifizierte Mitarbeiter umsetzen. Dazu verlangt beispielsweise die Senatsverwaltung von Berlin von den Leistungsträgern Leistungsnachweise (vgl. Senatsverwaltung für Gesundheit und Soziales 2007). Es bleibt aber weitgehend den Trägern der Einrichtungen überlassen, inwieweit sie die entsprechenden Leitlinien umsetzen.

## 9.4 Finanzielle Hilfen

Die finanziellen Hilfen sind im Sozialgesetzbuch (SGB II, SGB XII) geregelt. In den Bundesländern und dort in den Kommunen (Sozialamt) stehen normalerweise die finanziellen Mittel des Arbeitslosengeldes (ALG II) und der Grundsicherung im Alter und bei Erwerbsunfähigkeit für die in Not geratenen Menschen zur Verfügung – meist Geld für den Lebensunterhalt, das bei Vorliegen finanzieller Hilfebedürftigkeit (und der erklärten und erwiesenen Bereitschaft zur Zusammenarbeit) ausgezahlt wird (vgl. GISS 2015, S. 22).

In der Realität findet diese Finanzierung nicht immer statt, z. B. wenn die persönlich empfundenen Hürden auf dem Weg zur auszahlenden Stelle zu hoch sind oder eine Schamschwelle existiert. Hier scheint erheblicher Unterstützungsbedarf zu bestehen, um beispielsweise die Antragstellung zu bewältigen. Ein Nebeneffekt dieser Schwierigkeiten ist der beträchtliche Anteil von Menschen ohne Einkommen unter den Wohnungslosen (s. Kap. 5.2).

KAPITEL 10

# Projekte und Initiativen

Mit einigem Recht fühlen sich arme und vor allem wohnungslose Menschen vernachlässigt, missachtet, vergessen, manchmal sogar verachtet und an den gesellschaftlichen – und auch topographischen – Rand gedrängt. Viele Maßnahmen staatlicher und kommunaler Behörden und Angebote von Wohlfahrtsverbänden haben diese Menschen im Blick. Allerdings sind deren Mittel, Kompetenzen und Kapazitäten begrenzt und befinden sich manchmal auch in Konkurrenz zu den Interessen und Bedürfnissen der bürgerlichen Gesellschaft nach Ruhe, Ordnung und Sicherheit.

Dennoch entstanden in den letzten Jahren innerhalb und außerhalb der zuständigen Institutionen Initiativen und Projekte, die unter explizitem und implizitem Bezug auf die universellen Menschenrechte versuchen, diesen Menschen das Bewusstsein zu vermitteln, dass sie ernst zu nehmen sind, dazugehören, gebraucht werden, einen wichtigen Teil der Gesellschaft darstellen. In dieser Gesellschaft verdient jeder Mensch Anerkennung und Respekt, um ein Leben in Würde führen zu können. Dieser Denkansatz setzte sich bei den zuständigen Experten der Wohnungslosenhilfe spätestens seit der Jahrtausendwende durch, wobei hier einige der Initiativen ihrer Zeit bereits voraus waren (vgl. BAG W 2001). Die Initiatoren und Akteure der Projekte bringen viel Verständnis und Empathie für die bedürftigen Menschen und ein hohes Maß an Kreativität bei der Umsetzung ihrer Ideen zum Ausdruck.

Einige hier aufgeführte Beispiele schließen an die oben dargestellten Leitlinien und Handlungsschwerpunkte an (s. Kap. 9.2). Sie sollen zeigen, dass die Gesellschaft insgesamt viel gewinnt, wenn sie sich den besonders hilfsbedürftigen Menschen, den Wohnungslosen und Obdachlosen gegenüber solidarisch verhält. Bei zwei der vorgestellten Initiativen werden Wohnräume mit mietvertraglicher Absicherung an obdachlose Menschen vermietet, die durch eine adäquate Betreuung unterstützt werden. Ein weiteres Projekt kümmert sich um die Unterbringung obdachloser Migranten, die sich am untersten Ende einer Skala des Elends befinden. Andernorts ist es das Hauptanliegen der Gemeinwesenarbeit in einem Notwohngebiet, eine Verstetigung von Wohnungslosigkeit und Armut über Generationen hinweg zu verhindern. Durch schulbegleitende Angebote werden die Kinder des Quartiers unter Beteiligung der Eltern in die Lage versetzt, ihre schulische und berufliche Ausbildung mit qualifizierten Abschlüssen zu beenden. Ein weiteres Beispiel sind Beschäftigungsinitiativen, mit deren Hilfe die Teilnehmer eigene Fähigkeiten (wieder)entdecken und dadurch ihr Selbstwertgefühl stärken sollen. Für viele Menschen resultieren Selbstwertgefühl und Selbstachtung aus einem akzeptablen Äußeren oder einer geordneten Wohnumgebung. Dazu verhelfen Projekte mit den Zielen, die eigene Körperpflege zu erleichtern oder Ordnung und Sauberkeit in der eigenen Wohnung herzustellen. Weitere Initiativen sorgen sich um die desolate Situation psychisch kranker sowie pflegebedürftiger obdachloser Menschen. Aufgrund teilweise massiver Schädigungen besteht gerade im Bereich der Gesundheitssicherung und der Pflege ein erheblicher Unterstützungsbedarf. Zur Realisierung der notwendigen Hilfen sind allerdings hohe innere und äußere Barrieren zu überwinden – sowohl auf Seiten der betroffenen Adressaten als auch bei den helfenden Akteuren.

Die Initiatorinnen und Initiatoren der Projekte sind zum Teil kritische und engagierte Mitarbeiter von Sozialverbänden oder gemeinnützigen Stiftungen, zum Teil aber auch aufmerksame und sensible Bürgerinnen und Bürger einer informierten Zivilgesellschaft. Ein wesentliches Merkmal der Projekte ist die Bildung von Netzwerken aus unterschiedlichen Kooperationspartnern, Akteuren und Förderern.

Solche Projekte leisten einen wesentlichen Beitrag dazu, dass die Problematik der Wohnungslosigkeit und der Obdachlosigkeit zu einem beachteten Thema in der gesellschaftspolitischen Diskussion geworden ist. Darüber hinaus gehen von den beispielhaften Konzepten und Maßnahmen Impulse zu ihrer Institutionalisierung zu Gunsten der bedürftigen Menschen aus.

## 10.1 Menschenwürdige Wohnungen für Menschen auf der Straße

In der Vergangenheit haben Menschen ohne Vorurteile und Berührungsängste und mit offenem Sinn für soziale Probleme Anstoß an bestimmten Umgangsformen mit obdachlosen Menschen genommen und die Initiative ergriffen, um diese selbst »von der Straße zu holen«. Der Grundgedanke dieser und anderer vergleichbarer Handlungsansätze ist es, dass eine eigene menschenwürdige Wohnung eine ganz wesentliche Voraussetzung für ein selbstbewusstes und selbstverantwortliches Leben ist.

### 10.1.1 »Obdachlose von der Straße holen«: OBDACH e.V.

In boomenden Metropolen und Städten mit einer großen studierenden Bevölkerung ist das Angebot an bezahlbarem Wohnraum besonders dürftig und das Risiko, wohnungslos zu werden und auch zu bleiben, besonders hoch.

Mitte der achtziger Jahre des vergangenen Jahrhunderts sahen sich einige Heidelberger Bürgerinnen dazu veranlasst, etwas gegen die Wohnungslosigkeit zu tun und insbesondere denjenigen Menschen unter die Arme zu greifen, die auf dem engen Wohnungsmarkt keine Chance haben. Sie mieteten Wohnungen im eigenen Namen an, die sie an ihnen persönlich bekannte obdachlose Menschen untervermieteten. Dabei hatten sie mit dem weit verbreiteten Vorurteil zu kämpfen, diese Menschen hätten sich bewusst und selbst für ihre Situation entschieden, seien auch nicht in der Lage, einen Haushalt zu führen und überdies auch an keinem festen Wohnsitz und an keinem ständigen Arbeitsverhältnis interessiert. Die zuvor genannten Heidelberger Frauen kannten jedoch vielmehr den Wunsch dieser Menschen, ein Dach über dem Kopf und eine Adresse zu haben, um sich für eine Arbeitsstelle bewerben zu können. Aufgrund der sehr positiven Resonanz ihrer neuen Untermieter, die ein ganz neues Leben zu führen begannen, konnten sie weitere Mitbürger und auch Vertreter des Sozialamtes der Stadt Heidelberg für die Unterstützung ihrer Initiative und auch die Mitarbeit daran gewinnen:

> »Die Stadt Heidelberg erkannte sehr früh dieses Engagement als eine notwendige Ergänzung ihrer eigenen Sozialarbeit an und half ideell und finanziell. Ebenso gab es von Anfang an eine vertrauensvolle Kooperation mit den anderen Organisationen, die sich für Menschen auf der Straße einsetzen.« (OBDACH e.V. 2007, S. 20)

Der aus dieser Initiative 1987 entstandene Verein OBDACH e.V. hat während der mehr als dreißig Jahre seines Bestehens annähernd 600 wohnungslosen Menschen ein gesichertes Zuhause zur Verfügung gestellt. OBDACH e.V. hat dazu nach und nach insgesamt 35 Wohnungen im gesamten Stadtgebiet von Heidelberg angemietet und zum Teil auch erworben, und die inzwischen 85 einzelnen Wohnräume wiederum – mit jeweils unbefristetem Mietvertrag – an Menschen untervermietet, die bis dahin wohnungslos waren. Der Verein hat damit einen substanziellen Beitrag zur Bewältigung der Obdachlosigkeit in Heidelberg geleistet.

Der größte Teil der Wohnungen ist im Besitz der Stadt oder der städtischen Wohnungsgesellschaft GGH; Wohneigentum konnte mit Hilfe großzügiger Spenden und Vermächtnisse erworben werden. Diese Unterstützung wurde durch eine gezielte Öffentlichkeitsarbeit und Netzwerkbildung in der Stadtgesellschaft angeregt und gepflegt. Zugleich entstand ein wachsendes Interesse der Kommunalpolitik am wohnungspolitischen Engagement des Vereins OBDACH e.V.

Dass es dem Verein gelang, diese Wohnungen ehemals obdachlosen Menschen zur Verfügung zu stellen, ist alles andere als selbstverständlich. Denn in Heidelberg fehlen nach Angaben der Wohnraumbedarfsanalyse über 6000 Wohnungen, vor allem solche, die sich auch Menschen mit einem geringen oder sogar einem durchschnittlich hohen Einkommen leisten können. Ein Indiz für die prekäre Situation von Menschen mit geringem Einkommen ist der überdurchschnittlich hohe Anteil ordnungsrechtlich eingewiesener wohnungsloser Menschen in Heidelberg (s. Kap. 4.2.4).

Der Verein OBDACH e.V. befindet sich also in Konkurrenz mit vielen Wohnungssuchenden auf einem extrem angespannten Markt. So erstaunt es auch nicht, dass dem Verein meist nichts anderes übrig bleibt, als Wohnungen in Randlagen, an viel befahrenen Verkehrswegen oder in Gebäuden anzumieten, deren Substanz und Ausstattung erneuerungsbedürftig sind. Allerdings wird erfolgreich versucht, bei der Verteilung der Wohngebäude über das Stadtgebiet (in 8 von 14 Stadtteilen) eine Ghettobildung zu vermeiden.

Seit seinem Bestehen ist es ein Anliegen von OBDACH e.V., den ehemals wohnungslosen Menschen nicht nur Räume, sondern menschenwürdige, d.h. zumutbare Wohnungen anzubieten. Daher werden die Wohnungen mit Hilfe von Spenden sukzessive mit funktionalen sanitären Einrichtungen und Küchen und gutem (meist gespendeten) Mobiliar ausgestattet. Die Wände werden tapeziert und gestrichen, neue Böden werden verlegt. Diese Arbeiten werden zum großen Teil durch das vereinsinterne Arbeitsteam, unterstützt durch ehrenamtliche Mitarbeiter, ausgeführt (vgl. OBDACH e.V. 2014).

Mit seinen Sanierungs- und Renovierungsprojekten bringt dieser Verein die Überzeugung zum Ausdruck, dass gerade auch Menschen, die aus unterschiedlichen Gründen obdachlos geworden sind, ein Recht auf ein eigenes, sicheres Zuhause haben, wo sie sich wohlfühlen können. Immer wieder lässt sich feststellen, dass auch ehemals wohnungslose Menschen durch ein Leben in einer guten Wohnung innere Stabilität gewinnen; sie beginnen, sich in ihrer unmittelbaren Umgebung einzuleben – und auf der anderen Seite werden sie von ihren Mitbürgern als »normale« Nachbarn akzeptiert und respektiert.

Der angesichts der vorliegenden »besonderen sozialen Schwierigkeiten« der ehemals obdachlosen Menschen vielfach langwierige Entwicklungsprozess wird ganz wesentlich durch die professionelle Betreuung durch Sozialarbeiter des Vereins unterstützt. Damit gelang es den meisten Bewohnern, sich mit ihrem neuen Zuhause zu identifizieren und als Teil der Stadtgesellschaft geachtet zu werden. Darüber hinaus verselbständigen sich regelmäßig einige der Mieter so weit, dass es ihnen gelingt, eine eigene Wohnung – oft in Verbindung mit dem Erhalt einer neuen Arbeitsstelle – anzumieten. Im Jahresdurchschnitt verselbständigten sich von den 80 bis 90 Bewohnern sechs, in den 30 Jahren des Bestehens des Vereins also etwa 200 Personen, und mieteten eine eigene Wohnung an (vgl. Füller 2016, S. 261 f.).

### 10.1.2 Housing first

Das aus den USA stammende und inzwischen in vielen europäischen Ländern und Kommunen adaptierte und erprobte Projekt Housing First hat zum Ziel, die Zahl der Wohnungslosen mit »komplexen Problemlagen« nachhaltig zu vermindern. Der Ansatz beruht auf dem »essentiellen und nicht verhandelbaren Menschenrecht auf Wohnen« und geht davon aus, dass auch wohnungslose und psychisch kranke Menschen nicht in ihren Wohnmöglichkeiten beschränkt werden sollen (vgl. Steffen & Henke 2018, S. 12). Dabei sollen diese Menschen einen abgeschlossenen persönlichen Wohnraum – mit mietvertraglicher Absicherung – erhalten. Dieses Angebot wird allerdings durch »wohnbegleitende Hilfen« ergänzt. Diese sollen vor allem durch aufsuchende Sozialarbeit geleistet werden. Die vermieteten Wohnungen des Projektes stammen meist von den Kommunen oder den städtischen Wohnungsgesellschaften. Mehrere Evaluationsstudien zeigen eine hohe Akzeptanz bei den Wohnungslosen. Vielfach konnte die Wohnungslosigkeit deutlich vermindert werden, so z. B. um 47 Prozent innerhalb von 4 Jahren in der dänischen Stadt Odense. Im Kreis Minden-Lübbecke wurde nach intensiver wohnbegleitender Unterstützung ein Großteil der zunächst untervermieteten Wohnungen von den ehemals wohnungslosen Bewohnern fest angemietet (vgl. Steffen & Henke 2018).

Das Projekt Housing First lässt sich mit dem Konzept und der Vorgehensweise von OBDACH e. V. (s. Kap. 10.1.1) vergleichen:

- Vermietung von Wohnräumen mit festem Mietvertrag
- Gestaltung des Wohnraums durch den Bewohner
- Intensive wohnraumbegleitende Unterstützung durch Sozialarbeiter

Das Housing First-Programm unterscheidet sich insbesondere dadurch von OBDACH e. V., dass hier die Bewohner frühzeitig Hauptmieter ihrer eigenen Wohnung sind. Im Vordergrund des Handelns in beiden Projekten stehen die Achtung der Menschenwürde und das Menschenrecht auf Wohnen.

### 10.1.3 Ein Zuhause für Wanderarbeiter

Die vielen wohnungslosen und obdachlosen EU-Bürger (in bestimmten Großstädten bilden sie einen Anteil von mehr als 50 Prozent, s. Kap. 4.2.3) ohne Arbeit fallen im deutschen Sozialsystem durch alle Netze – und befinden sich damit unter allen wohnungslosen Menschen in der prekärsten Lage. Einige Kommunen stellen sich auf den Standpunkt, für diese Menschen nicht zuständig zu sein: »Da sie meist keinen Anspruch auf Sozialleistungen hätten, könne man sie nicht dauerhaft unterbringen, sondern ihnen nur eine Rückfahrkarte in die Heimat bezahlen« (Voigts 2018b; s. auch Kap. 5.3.5).

In Köln rief der Rat der Stadt eine Initiative ins Leben, die den elementaren Problemen der Migranten einen höheren Stellenwert zubilligt als der bestehenden lückenhaften Rechtslage. Hier wird mit städtischen Mitteln ein Gebäude, das bisher als Notunterkunft für Wohnungslose während der Wintermonate fungiert hat, als ganzjähriges Übernachtungsangebot für wohnungslose EU-Bürger hergerichtet. Darin gibt es zunächst 90 Schlafplätze, einen Tagesaufenthaltsraum, Essensausgabe, Duschen, Waschmaschinen sowie eine medizinische Ambulanz und Sozialberatung in verschiedenen osteuropäischen Sprachen. Als Träger des Projektes bietet der Verein SKM im Auftrag der Stadt Köln die genannten Leistungen an.

## 10.2 Perspektiven für Kinder und Jugendliche in einem Notwohngebiet

Wenn Familien aufgrund des Verlustes der eigenen Wohnung in eine Notwohnung eingewiesen werden, sind hier insbesondere die Kinder in Gefahr, langfristig und auf Dauer zu einem Leben am Rand der Gesellschaft gezwungen zu sein (s. Kap. 5.3.6). Mit diesem Problem setzt sich die »Gemeinwesenarbeit Mörgelgewann« in Heidelberg aktiv auseinander. Eines ihrer wichtigsten Ziele ist es, die Chancen der hier aufwachsenden Kinder in den Bereichen Schule und Ausbildung zu verbessern, d. h. möglichst vielen einen qualifizierten Abschluss zu ermöglichen. Dazu wird ein Bündel von aufeinander abgestimmten Maßnahmen angeboten.

Das Notwohngebiet Mörgelgewann/Kirchheimer Weg liegt am Rande des Stadtteils Weststadt der Stadt Heidelberg und ist durch eine ehemalige Militäranlage, einen Autobahnzubringer und ein Sportgelände begrenzt. Hier leben rund 300 Menschen, die als Wohnungslose von der Stadt Heidelberg dort untergebracht wurden. Seit 1974 unterstützt der Caritasverband im Auftrag der Stadt Heidelberg die in dem Quartier lebenden Familien und Einzelpersonen durch ein Programm der Gemeinwesenarbeit. Die hier tätigen Sozialarbeiterinnen und Sozialarbeiter beziehen die Bewohner in die Gestaltung der Hilfeangebote so weit wie möglich mit ein.

Die Gemeinwesenarbeit wird ergänzt durch die Jugendhilfe Mörgelgewann. Diese richtet sich mit ihrem Angebot der Jugendsozialarbeit an Kinder und Jugendliche im Alter von 13 bis 21 Jahren. Zu den Arbeitsschwerpunkten zählt die Begleitung im schulischen, beruflichen und lebenspraktischen Kontext mit dem Ziel, die jungen Menschen in ihrer Entwicklung so zu stärken, dass sie ein eigenständiges und unabhängiges Leben als respektierte Mitglieder der Stadtgesellschaft führen können.

> »Zur täglichen Arbeit mit den Jugendlichen gehörten in 2016/17 Hausaufgabenbetreuung, Nachhilfe, Praktikumsplatzsuche, Berufsberatung, Hilfe zur Anfertigung von Bewerbungsschreiben sowie Einbindung der Jugendlichen in Ausbildungsbetriebe.

> Das Erreichen eines Schulabschlusses und der Übergang in die Berufswelt war für Jugendliche aus dem Notwohngebiet nach wie vor eine große Herausforderung. Um diese zu meistern, benötigten sie emotionale Unterstützung und Motivation, aber auch haltgebende Grenzen, um die Schullaufbahn, Bildungsmaßnahmen oder Ausbildungen nicht abzubrechen. Die Übergangsphase in den Beruf nach der Haupt- und Förderschule war eine schwierige Zeit für die Jugendlichen, die sich von der Mehrheitsgesellschaft deutlich durch ihre kulturelle und soziale Bildung unterschieden und sich insgesamt benachteiligt fühlten.« (Feig 2018, S. 32)

Inzwischen können die Mitarbeiterinnen und Mitarbeiter der Gemeinwesenarbeit von deutlich mehr Jugendlichen mit Schulabschlüssen und Ausbildungsplätzen berichten als in den vorangegangenen Jahren. Diese Erfolge gründen unter anderem auf verstärkter Netzwerkarbeit, insbesondere mit den Joblotsen der benachbarten Schulen und der Jugendagentur Heidelberg sowie mit Schulsozialarbeitern, Jugendamt, Jugendhilfe im Strafverfahren, Jugendtreffs. Damit gelang es, Kontakte und Beziehungen der Jugendlichen aus dem Notwohngebiet zu jungen Menschen aus anderen Stadtteilen herzustellen oder zu stabilisieren. »Positive Beziehungserfahrungen mit Menschen außerhalb des Notwohngebietes sind für sie von immenser Bedeutung, um Perspektiven für das eigene Leben zu entwickeln.« (Feig 2018, S. 33)

## 10.3 Neues Selbstwertgefühl durch Beschäftigung

Bereits Beobachtungen während der Weltwirtschaftskrise im vergangenen Jahrhundert weisen auf die Bedeutsamkeit einer dauerhaften Beschäftigung für das Selbstbewusstsein der Menschen hin. Dies wird beispielsweise in der Studie »Die Arbeitslosen von Marienthal« von Paul Lazarsfeld und Marie Jahoda dargestellt und auch in dem Roman »Kleiner Mann – was nun?« von Hans Fallada eindringlich beschrieben (vgl. Jahoda et al. 1975; Fallada 2012). Die Bundesarbeitsgemeinschaft Wohnungslosenhilfe e.V. greift diese Gedankengänge in ihren Empfehlungen zur Förderung von Beschäftigungsmöglichkeiten für Wohnungslose auf; sie verweist auf die Bedeutsamkeit der Arbeit für die Alltagsgestaltung der Menschen (vgl. BAG W 2009).

Aus Sorge um die psychische Situation wohnungsloser Menschen bemüht sich der Verein OBDACH e.V. in Heidelberg seit Jahren um Möglichkeiten der Beschäftigung für seine Bewohnerinnen und Bewohner, soweit diese dazu physisch und psychisch in der Lage sind. Vor allem aufgrund ihrer besonderen körperlichen, psychischen und sozialen Probleme ist der erste Arbeitsmarkt nur für einen geringen Teil der ehemals wohnsitzlosen Menschen zugänglich. Von daher wundert es wenig, dass nur 5 von 85 Personen im Jahr 2015 Arbeitsplätze auf dem ersten Arbeitsmarkt hatten. Für die meisten sind vor allem Beschäftigungsmöglichkeiten im zweiten und dritten Arbeitsmarkt bedeutsam. Die meisten von ihnen besitzen jedoch Fähigkeiten, schöpferische Kräfte und Potenziale, die verschüttet und versteckt sind, aber angeregt, motiviert und entwickelt werden können. Arbeit und Beschäftigung fordern Fähigkeiten, Qualitäten und Ressourcen heraus und sind ein wichtiger Teil eines würdevollen Lebens in der Gesellschaft.

2004 startete daher eine Beschäftigungsinitiative, an deren Anfang der Transport und Aufbau von Möbeln sowie der Anstrich von Wohnräumen durch handwerklich geschickte Bewohner stand. Diese Nachbarschaftshilfe wurde durch ehrenamtlich tätige Vereinsmitglieder unterstützt und angeleitet. Mit Hilfe einer größeren Spende konnte eine kleine Werkstatt eingerichtet und mit Werkzeug, Geräten und Maschinen ausgestattet werden. Eine Waschküche mit zwei Waschmaschinen kam hinzu. Vom Jahr 2005 an konnten im Rahmen der Hartz IV-Gesetzgebung vom Verein in Zusammenarbeit mit der Beschäftigungsgesellschaft »Heidelberger Dienste« eigene Arbeitsstellen, finanziert durch das Jobcenter Heidelberg, als »Zusatzjobs« in Ergänzung zum Arbeitslosengeld II, eingerichtet werden. Dadurch und mit Hilfe weiterführender Förderprogramme des Bundes und der EU wurde es möglich, dass OBDACH e.V. ein eigenes Arbeitsteam mit 6 bis 8 Mitarbeitern für

Wartung, Reparatur und Renovierung, sowie Nachbarschaftshilfe, Energieberatung und Wäschepflege aufbauen konnte. Hinzu kam die Stelle des Redakteurs des vereinseigenen »OBDACH-Blätt'l«. Aus dem Team ging ein bis zu seinem Ruhestand fest angestellter Teamleiter und Haustechniker hervor, dessen Stelle vom Verein mit Hilfe von Spenden voll finanziert werden konnte.

Für die Vermittlung von Arbeitsplätzen außerhalb des Vereins sind die Unterstützung durch das Jobcenter, die zeitweilige Förderung durch öffentliche Programme (z.B. Bürgerarbeit) und die Verfügbarkeit von einfachen Arbeitsplätzen in Beschäftigungsgesellschaften, wie den »Heidelberger Diensten« oder dem VBI (Verein zur beruflichen Integration und Qualifizierung e.V.), hilfreich. Es handelt sich hierbei z.B. um Stellen in einem Recyclinghof, einer Fahrradwerkstatt, in der Stadtgärtnerei oder in unterschiedlichen Hausmeisterdiensten. In diesem Sektor waren 2015 sieben Personen beschäftigt. Hinzu kommen weitere geringfügige Beschäftigungsmöglichkeiten unterhalb eines Zusatzjobs für Menschen mit einem eingeschränkten Durchhaltevermögen (vgl. Simpfendörfer-Girmond 2019, S. 6 f.).

Einer der wichtigsten Effekte einer festen Beschäftigung ist das Erleben einer strukturierten Zeit und infolgedessen das Bemühen, seine Zeit einzuteilen und zu bewältigen. Von einem der Beschäftigten wurde es als Errungenschaft bezeichnet, jetzt endlich wieder zu spüren, was ein Feierabend und ein Wochenende bedeuten. Im Verlauf ihrer Tätigkeit erfuhren die Beschäftigten auch, dass Zuverlässigkeit bei Terminen, Sorgfalt bei der Ausführung und die Zusammenarbeit mit Kollegen die tägliche Arbeit erleichtern. Es konnte beobachtet werden, dass viele der Beschäftigten im Laufe der Zeit mit ihren Aktivitäten nicht nur ihren Alltag strukturieren konnten, sondern an Selbstvertrauen, Sicherheit und Lebensmut gewannen (s. Kap. 6.3.3, vgl. Füller 2016). Allerdings wird dieses Ergebnis manchmal nur mit viel Mühe erreicht, wie das von Christiane Simpfendörfer-Girmond geschilderte Beispiel zeigt:

»Ewald P. ist Anfang 40 und langjährig suchterkrankt. (...) In gemeinsamen Gesprächen spricht er aber immer wieder von der Hoffnung, sich durch Arbeit stabilisieren zu können. Versuche, ihn über sogenannte Zwei-Euro-Jobs (...) wieder an die Arbeitswelt heranzuführen, scheitern, weil er die Anforderungen nicht erfüllen kann. Da im Verlauf seiner Erkrankung alle vier Rehabilitationen erfolglos blieben, kann er sich einen weiteren Versuch nicht vorstellen. Die Angst vor einer Veränderung in seinem Leben ist groß, seine körperliche Verfassung denkbar schlecht. Im Zuge der Erweiterung der internen Beschäftigungsangebote bei OBDACH e.V. entwickelte sich auch eine Kooperation mit dem Friedhofsamt. (...) Im Frühsommer des vergangenen Jahres lässt Ewald P. sich auf eine solche Beschäftigung in einem kleinen Stadtteilfriedhof ein. Trotz seiner schlechten körperlichen Verfassung bleibt er dabei. An manchen Tagen kann er nur eine Stunde oder gar nicht arbeiten, an anderen ist er stolz, weil viel mehr geht. Das Erlebnis der Selbstwirksamkeit stärkt ihn, die neue Rolle ermöglicht ihm einen kritischen Blick auf sein Leben. Er entwickelt langsam die Vorstellung, dass auch für ihn ein anderes Leben möglich sein kann (...) Zu Beginn des neuen Jahres startet er in die gerade genehmigte, 4-monatige Rehabilitation für Suchterkrankte. In deren Verlauf beschließt er (...) mit Hilfe eines betreuten Wohnens für abstinent lebende Suchterkrankte in seinem Heimatort die berufliche Integration zu versuchen. Mittlerweile hat er dort eine Stelle in seinem Ausbildungsberuf gefunden und macht gerade den Führerschein. ›Ich fange an zu leben‹, sagt er am Telefon.« (Simpfendörfer-Girmond 2018, S.15f.)

## 10.4 Besondere Unterstützung für besonders Hilfebedürftige

Ein oft viele Jahre währendes Leben auf der Straße hat bei den meisten Menschen einen deutlichen Verschleiß der körperlichen und psychischen Kräfte zur Folge. Sie sind dann oft kaum mehr in der

Lage, in angemessenem Umfang für sich selbst zu sorgen, und ein menschenwürdiges und selbständiges Leben zu führen. Diese Menschen benötigen daher meist eine stärkere Unterstützung, um eine zunehmende Verwahrlosung und Verelendung zu vermeiden (vgl. Abgeordnetenhaus von Berlin 1999).

Unter den Mietern der Wohnungen von OBDACH e. V. in Heidelberg ist ein Drittel (33 Prozent) älter als 60 Jahre, weitere 29 Prozent sind zwischen 50 und 60 Jahren alt. Viele von diesen Menschen benötigen aufgrund ihrer psychischen und physischen Einschränkungen zusätzliche Unterstützung bei der Haushaltsführung und dem Einkaufen sowie Begleitung bei Arzt- und Behördenbesuchen.

Mit Hilfe von Fördermitteln einer Stiftung konnte OBDACH e. V. im Jahr 2019 das Projekt »Seniorenhilfe« einrichten. Dieses bietet für zehn bis fünfzehn von Sozialarbeitern ausgewählte hilfebedürftige ältere Bewohner eine wöchentliche Unterstützung durch Mitarbeiter des Projekts im Umfang von durchschnittlich eineinhalb Stunden. Auch ältere Personen, die sich eine »fremde« Hilfe im eigenen Wohnumfeld nicht vorstellen konnten, sind jetzt dankbar für die Unterstützung im Haushalt, bei der Reinigung, bei Besorgungen und vor allem auch über die regelmäßige Ansprache. Insgesamt bedeutet die dadurch intensivierte Betreuung eine deutliche qualitative Verbesserung der Lebensumstände der älteren Bewohner (vgl. OBDACH e. V. 2020, S. 3–8). Dies wird an einem Beispiel deutlich:

> »Herr M. ist durch seinen schlechten gesundheitlichen Zustand sehr eingeschränkt. Er kann nicht ohne Gehhilfe auf seinen Beinen stehen. Er ist gezeichnet von einer Polyneuropathie als Folgeschaden des Alkohol- und Nikotinkonsums. Er war nur noch bedingt in der Lage, seinen Haushalt selbständig zu führen. Er nahm sehr gerne die Hilfe von der Wohngruppe für bestimmte Angelegenheiten an, Dinge die er nicht alleine bewältigen konnte, weil er körperlich eingeschränkt war. Hierbei benötigte er darüber hinaus auch unsere Unterstützung. Über unser Angebot der Seniorenhilfe kam jemand regelmäßig zu ihm, um das Zimmer und die Wohnung zu reinigen und unterstützte ihn auch, wenn er Hilfe beim Einkaufen brauchte. Er musste regelmäßig zum

> Arzt gebracht werden und unter ärztlicher Beobachtung bleiben. Herr M. war sehr froh über alle Personen, die ihm geholfen, ihn begleitet und Zeit mit ihm verbracht haben. Seine Tage haben dadurch auch eine gewisse Struktur erhalten und er hat Menschen um sich gehabt, konnte soziale Teilhabe erleben.« (Bamarni 2020, S.7f.)

Das Projekt »Seniorenhilfe« leistet einen wesentlichen Beitrag zur Unterstützung älterer ehemals obdachloser Menschen, die nach einem langen Leben auf der Straße besonders hilfsbedürftig sind. Es schließt eine Lücke zwischen der professionellen sozialen Arbeit und den teilweise unzureichenden Angeboten durch die Pflegeversicherung und übernimmt auch die Arbeit von pflegenden Angehörigen, die bei den allermeisten obdachlosen und ehemals obdachlosen Menschen nicht verfügbar sind. Deutlich wird aber auch, dass diese notwendigen Angebote zurzeit nur durch private Fördermittel leistbar sind.

## 10.5 Gesundheitsbezogene Hilfen für vulnerable Personen

Aufgrund ihrer Lebensbedingungen und Lebensweisen ist die Gesundheit wohnungsloser und vor allem obdachloser Menschen in einem weit überdurchschnittlichen Ausmaß geschädigt. Die benötigte medizinische Hilfe steht allerdings nicht immer zur Verfügung oder wird teilweise nicht in Anspruch genommen. Gründe dafür sind zum Beispiel eine geringe Aufmerksamkeit für Krankheitssymptome, Hemmschwellen vor Arztkontakten oder ein fehlender Versicherungsschutz (s. Kap. 6.2.5 und 7.3.2).

Initiativen und Projekte mit Beteiligung der Medizin und Pflege versuchen, die bestehenden Barrieren der hilfebedürftigen Menschen zu durchbrechen und Beiträge zur Verbesserung ihrer gesundheitlichen Lage zu leisten. Gemeinsam ist diesen Dienstleistungen, dass sie ohne den Einsatz ehrenamtlicher Mitarbeitenden, engagierter Akteure und Spenden aus der Zivilgesellschaft nicht umsetzbar gewesen wären. Für die Versorgung wohnungsloser Menschen, die Planungssicherheit der angestellten Mitarbeitenden und zur Würdigung des ehrenamtlichen Engagements der Helfenden wäre es wünschenswert, wenn die Finanzierung der spendenbasierten Projekte künftig nachhaltig sichergestellt würde.

### 10.5.1 Medical Streetwork: Gesundheitshilfe vor Ort

Wie in Kapitel 6.2.5 und 7.3.2 bereits beschrieben wurde, verhindern Hemmschwellen verschiedener Art, dass sich insbesondere diejenigen Betroffenen, die ohne Unterkunft auf der Straße leben, einer ärztlichen Behandlung unterziehen, auch wenn erhebliche Gesundheitsprobleme einen hohen Leidensdruck verursachen. Um diesem Umstand zu begegnen, wurden unter dem Begriff »Medical Streetwork« Konzepte gesundheitsbezogener Hilfen entwickelt, die – den Ansatz einer »Geh-Struktur« verfolgend – an den Aufenthaltsorten der von Wohnungslosigkeit Betroffenen erbracht werden können (vgl. Trabert 2013, S. 54). Meist handelt es sich dabei um mobile Arztpraxen, die, mit einer medizinischen Grundausrüstung versehen, eine Erstbehandlung von Wohnungslosen vor Ort ermöglichen. Diese rollenden Ambulanzen suchen zu festgelegten Zeiten die Anlaufstellen der Betroffenen, wie beispielsweise Notübernachtungsstellen, Tagesaufenthalte oder Parks, auf und können bei Bedarf gesundheitsbezogene Beratung und medizinisch-pflegerische Basisleistungen erbringen. Neben unbürokratischen gesundheitsbezogenen Hilfen wird auch eine Anbindung der Betroffenen an niedergelassene Allgemein- und Fachärzte angestrebt, um eine (Re-) Integration Betroffener in das medizinische Regelversorgungssystem zu fördern und die Etablierung eines behelfsmäßigen Parallelsystems zu verhindern.

Diese aufsuchenden gesundheitsbezogenen Angebote werden von medizinisch oder pflegerisch geschultem Personal auf ehrenamtlicher Basis erbracht und in der Regel von Sozialarbeiterinnen und Sozialarbeitern begleitet. Die Beratung und Behandlung von Betroffenen erfolgt anonym und kostenfrei und erfordert in der Regel keinen bestehenden Krankenversicherungsschutz.

Aufsuchende Gesundheitshilfen dieser Art haben sich inzwischen in mehreren Großstädten, unter anderem in Berlin, Hamburg, Stuttgart, Essen und Mainz, etabliert. Auch wenn diese Angebote aufgrund der begrenzten Ausstattung und Ressourcen keine umfassende fachärztliche Behandlung »auf der Straße« bieten können, trägt Medical Streetwork erheblich dazu bei, mit den Betroffenen in Kontakt zu treten, über weiterführende Behandlungsmöglichkeiten aufzuklären und Zugangsschwellen abzubauen.

### 10.5.2 Mobile Duschen: »Waschen ist Würde«

Menschen, die ihr Leben überwiegend im öffentlichen Raum verbringen, sind in ihren Möglichkeiten einer umfassenden Körperhygiene in der Regel stark eingeschränkt. Sanitäre Anlagen in Einrichtungen der Wohnungslosenhilfe stehen nicht immer in ausreichender Anzahl zur Verfügung und deren Nutzung ist an die jeweiligen Öffnungszeiten und andere Modalitäten gebunden. Somit ist es Betroffenen nicht immer möglich, täglich zu duschen oder ihre Kleidung zu wechseln. Um diese Situation zu verbessern, wurden in Berlin und Hamburg mobile Hygieneangebote geschaffen.

Seit 2019 betreibt der gemeinnützige Träger SkF in Berlin das sogenannte Duschmobil für obdachlose Frauen. Dabei handelt es sich um einen umgebauten Transporter, in dem bis zu fünf Frauen täglich die Hygienemöglichkeiten nutzen können. Hygienemittel, Wechselkleidung und Lunchpakete werden gestellt. Für die Nutzerinnen besteht außerdem die Möglichkeit, ein niedrigschwelliges Beratungsangebot wahrzunehmen, das bei Bedarf an spezialisierte Angebote vermittelt. Finanziert wurde das Projekt durch die Spende eines Unternehmers und das Bezirksamt Berlin Mitte (vgl. SkF e. V. 2020).

Ein ähnliches Projekt wurde ebenfalls im Jahr 2019 in Hamburg umgesetzt: auf Initiative von Dominik Bloh, der selbst viele Jahre auf der Straße lebte (s. Kap. 6.1), wurde ein ausrangierter Linienbus der Hamburger Verkehrsbetriebe zu einem »Duschbus« umgebaut. Dieser verfügt über drei ausgestattete Badezimmer und fährt nach einem festgelegten Fahrplan die verschiedenen Aufenthaltsorte obdachloser Menschen an, um gemäß des Leitspruchs »Waschen ist Würde«

deren Möglichkeiten zur Körperhygiene durch eine kostenfreie Nutzung des Duschbusses zu erweitern. Das Angebot richtet sich an Männer und Frauen. Notwendige Hygieneartikel, Handtücher und saubere Wechselwäsche werden den Nutzerinnern und Nutzern zur Verfügung gestellt. Das gemeinnützige Projekt konnte durch eine Crowdfunding-Kampagne realisiert werden. Auch die laufenden Kosten werden ausschließlich durch Spendenmittel gedeckt (vgl. GoBanyo gGmbH 2020). Ein halbes Jahr nach Projektstart zieht Bloh in einem Interview eine positive Bilanz:

> »Allein im April und im Mai wurde 784 Mal geduscht. Das ist schon eine unfassbar starke Zahl. Da merkt man, wie dringend der Bedarf ist, sagte Bloh. Besonders an heißen Tagen hänge das Team dann auch mal eine Stunde dran: ›Wir wollen niemanden wegschicken.‹« (Hamburger Morgenpost 2020)

#### 10.5.3 »Straßenvisite«: Psychiatrische Sprechstunde auf der Straße

Wie in Kapitel 7.4.2 bereits ausgeführt wurde, ist der Personenkreis der auf der Straße lebenden Menschen, die von psychischen Erkrankungen betroffen sind, selbst für die niederschwelligen Angebote der Wohnungslosenhilfe oft nicht erreichbar. Um Kontakt zu dieser Personengruppe herzustellen und Handlungsmöglichkeiten aufzuzeigen, wird in Hamburg eine psychiatrische »Straßenvisite« in Trägerschaft der Caritas Hamburg durchgeführt: Ein Sozialarbeiter und eine Psychiaterin suchen wohnungslose Menschen an ihren Aufenthaltsorten in der Hamburger Innenstadt auf, die aufgrund psychischer Beeinträchtigungen noch keine geeignete Hilfe in Anspruch nehmen konnten. Neben vertraulichen Gesprächen sind auch die Vermittlung Betroffener an weiterführende Hilfen, die Begleitung zu Ärzten oder Ämtern und eine Behandlung psychischer Belastungen vor Ort Teil des Hilfsangebots (vgl. Caritasverband für das Erzbistum Hamburg e. V. 2020).

Die Zielgruppe wird von der Psychiaterin Dorothee Freudenberg folgendermaßen beschrieben:

> »(…) bei einem knappen Drittel wissen wir, dass sie sozial unversorgt sind, sie beziehen also keine Sozialleistungen und sind nicht krankenversichert. Der fehlende Bezug von Sozialleistungen ist wie die Obdachlosigkeit Folge der psychischen Erkrankung und ihrer unzureichenden Behandlung. Sie sind durch alle Maschen des Hilfesystems gefallen und das elende Leben auf der Straße verstärkt die psychische Störung. Auch bei der vorhandenen guten sozialarbeiterischen Unterstützung setzt das Stellen der für den Leistungsbezug erforderlichen Anträge ein Mindestmaß an Kontakt- und Kooperationsbereitschaft voraus, die bei ihnen wegen ihrer psychotischen Ängste und Verworrenheit nicht besteht.« (Freudenberg 2009, S. 13)

Die Sicherung des Überlebens der Betroffenen hat für Freudenberg erste Priorität. Erst wenn auch eine materielle Absicherung erfolgen konnte, kann eine erfolgreiche Krankheitsbewältigung einsetzen. Die Arbeitsweise des interdisziplinären Teams ist abhängig von den individuellen Schicksalen und Bedarfen der Klientinnen und Klienten:

> »Mit autoritär-mütterlichen Nachdruck erreichte ich vor 3 Wochen bei der 64-jährigen Frau D., die völlig hilflos, stark verwahrlost und mit entzündeten, stark nässenden Beinen an der Bushaltestelle vor der Bahnhofsmission saß, dass sie ihre anfängliche Ablehnung aufgab und dem Transport in die Caritas-Krankenstube für Obdachlose zustimmte. Drei Tage später habe ich sie dort besucht und sie zeigte sich glücklich über die erhaltene Pflege und Versorgung, u. a. über ihr Bett. Es stellte sich heraus, dass sie vor drei Jahren schon einmal eine Betreuerin hatte. Die Betreuung wurde vom Amtsgericht jedoch bald wieder aufgehoben, weil die Betreuerin die Frau nicht hatte erreichen können, d. h. man gab die schon damals als schwer verwahrlost und völlig hilflos beschriebene Frau einfach auf. Ich habe erneut eine Betreuung angeregt und es wurde vom Amtsgericht Mitte in Rekordzeit bereits eine neue Betreuerin bestellt. Es geht jetzt darum, mit ihr gemeinsam für Frau D. eine gute Wohnmöglichkeit zu finden.

> Diese maternalistische Vorgehensweise ist jedoch meist nicht machbar. Manche der hilfsbedürftigen psychisch kranken Obdachlosen laufen jedes Mal weg, wenn wir sie ansprechen und bei Fragen insistieren. So auch zwei Männer (48 und 69 Jahre alt), die in der Nähe des Hauptbahnhofs leben und mit denen bisher nur ein kurzer unverbindlicher small-talk möglich ist, was einer von ihnen anfangs auch nicht aushalten konnte. Sie sind extrem verwahrlost und ihr körperlicher Zustand ist so schlecht, dass die Gefahr besteht, dass sie den Winter nicht überleben. Um für sie handeln zu können, bedarf es der Legitimation und diese bietet das Betreuungsrecht mit der Möglichkeit der Unterbringung zum Zweck der Heilbehandlung nach § 1906 BGB. Das Betreuungsrecht ist eigentlich wie für diesen Personenkreis geschaffen, denn es ist unbestreitbar, dass sie aufgrund ihrer psychischen Erkrankung ihre Angelegenheiten nicht regeln und nicht selbst für sich Sorge tragen können. Leider tun sich die Amtsgerichte und Betreuungsstellen mit der Einrichtung von rechtlichen Betreuungen für Menschen auf der Straße schwer und die Verfahren dauern viel zu lang. Für die beiden genannten Männer laufen bzw. kriechen die Verfahren seit Mitte August. Für eine Unterbringung gem. PsychKG (Psychisch-Kranken-Gesetz[3], SM) scheint mir ihre Situation noch nicht eindeutig akut lebensbedrohlich.« (Freudenberg 2009, S. 14)

### 10.5.4 Wohnungslos und pflegebedürftig: Das »Hotel Anker«

Das »Hotel Anker« ist eine stationäre Einrichtung des AWO Kreisverbands Karlsruhe. Dort stehen 31 möblierte Einzelzimmer für Menschen in »besonderen sozialen Schwierigkeiten« zur Verfügung. Die Rechtsgrundlage der Leistungsgewährung bilden die

3 Die sog. Psychisch-Kranken-Gesetze der Länder regeln die freiheitsentziehende Unterbringung und Behandlung von psychisch Erkrankten in geeigneten Einrichtungen auch gegen den Willen der Betroffenen. Diese ist nur zulässig, wenn aufgrund einer psychischen Erkrankung eine erhebliche Eigen- oder Fremdgefährdung vorliegt und die Gefahr nicht auf andere Weise abgewendet werden kann.

§§ 67 ff. SGB XII (s. Kap. 9.3.2). Die Einweisung erfolgt über die Sozial- und Jugendbehörde der Stadt Karlsruhe. Der Aufenthalt ist grundsätzlich unbefristet: Während einige Bewohner die Einrichtung als Übergangsstation ansehen, stellt das Hotel Anker für andere eine langfristige Bleibeperspektive dar (vgl. AWO Kreisverband Karlsruhe-Stadt e.V. 2020). Ein Großteil der Bewohner hat jahrelange Wohnungslosigkeit hinter sich und leidet unter chronischen körperlichen oder psychischen Einschränkungen und Suchterkrankungen. Fast alle dort Untergebrachten weisen einen erhöhten Pflegebedarf auf, dem im Hotel Anker adäquat begegnet werden kann: Neben der sozialpädagogischen Betreuung können die Bewohner auch medizinisch-pflegerische Hilfen in Anspruch nehmen. Ein vor Ort tätiger Krankenpfleger, ein ambulanter Pflegedienst am Wochenende und die Anbindung an einen niedergelassenen Allgemeinmediziner sowie an einen Psychiater decken Versorgungsbedarfe umfassend ab (vgl. Ministerium für Arbeit und Soziales, Familien und Senioren Baden-Württemberg 2011, S. 33 f.).

Wohnungslose Personen mit Pflegebedarf haben selten die Möglichkeit, bedarfsgerechte Hilfen in Anspruch zu nehmen. Niederschwellige, aufsuchende medizinisch-pflegerische Versorgungsangebote gelangen an ihre Grenzen, da schwerwiegende Einschränkungen wie Inkontinenz, körperliche Schwäche und Bewegungseinschränkungen auf der Straße oder in Notunterkünften nicht ausreichend versorgt werden können. Eine Unterbringung in Pflegeheimen ist in den meisten Fällen ebenfalls keine langfristige Alternative. Herkömmliche Pflegeheime stellen an die von Wohnungslosigkeit Betroffenen Anforderungen, die diese nicht erfüllen können, wie beispielsweise ein Verbot von übermäßigem Alkoholkonsum, feste Essenszeiten, strikte Abläufe und Vorgaben, bestimmte Abschlusszeiten und Abmeldepflichten bei Verlassen der Gebäude. Zudem liegt der Altersdurchschnitt der übrigen Bewohner in der Regel erheblich über dem Alter, in dem wohnungslose Menschen Pflegebedürftigkeit aufweisen. Hinzu kommen die Lebensverläufe und Biographien, die sich insbesondere bei langjährig Wohnungslosen erheblich von denen der übrigen Bewohner unterscheiden dürften. Das erschwert einerseits die Entwicklung eines Zugehörigkeitsgefühls, andererseits bestehen vermutlich auch seitens der übrigen Bewohner und des Pflegepersonals Vorbehalte und Misstrauen (vgl. Paegelow 2012, S. 60 f.).

Das Hotel Anker ist eine der wenigen Einrichtungen, die speziell auf langjährige Wohnungslose mit Pflegebedarf ausgerichtet sind. Andere betreute Wohnformen halten zwar häufig auch gesundheitsbezogene Angebote bereit, diese sind jedoch nicht explizit auf die Zielgruppe der pflegebedürftigen wohnungslosen Männer und Frauen mit Mehrfachschädigungen ausgerichtet.

### 10.5.5 Hilfen am Lebensende

Ein Sterben in Würde, möglichst schmerzfrei und durch Angehörige begleitet bleibt wohnungslosen Menschen zumeist verwehrt. Für viele bleibt die Straße bis zum Tod der Lebensmittelpunkt. Etwa 20 Prozent der Wohnungslosen versterben im öffentlichen Raum, wo eine gewisse Zeitspanne zwischen dem Todes- und Auffindezeitpunkt vergehen kann (s. Kap. 7.2). Aber auch in stationären Einrichtungen der Wohnungslosenhilfe kann die Gestaltung der letzten Lebensphase nur begrenzt erfolgen. Die Unterbringung in Mehrbettzimmern und die gemeinsame Nutzung von Sanitäranlagen erschweren die Erbringung von Pflegeleistungen und palliativer Versorgung. Es mangelt an adäquaten Angeboten, die auf die besonderen Bedarfe und Biographien wohnungsloser Menschen im letzten Lebensabschnitt zugeschnitten sind (vgl. Hamburgische Arbeitsgemeinschaft für Gesundheitsförderung e. V. 2009, S. 26).

Eine begrüßenswerte Entwicklung ist die zunehmende Öffnung palliativer Angebote für wohnungslose Menschen. Beispielhaft kann an dieser Stelle das Diakonie-Hospiz Wannsee in Berlin genannt werden, das auch schwerstkranke, wohnungslose Menschen auf dem letzten Lebensweg begleitet und eine enge Kooperation mit Einrichtungen und Akteuren der Wohnungslosenhilfe anstrebt (vgl. Diakonie-Hospiz Wannsee GmbH 2020). Auch die im April 2017 erfolgte Eröffnung des VinziDorf-Hospizes in Graz ist positiv hervorzuheben. Dabei handelt es sich um das erste Hospiz im deutschsprachigen Raum, dessen Angebot speziell auf die Bedürfnisse wohnungsloser, schwerkranker Menschen zugeschnitten ist. Die Einrichtung verfügt über zwei Plätze für Betroffene, die einer stationären Hospizversorgung bedürfen und trägt zu einem würdevollen Leben in der letzten Lebensphase bei (vgl. Krankenhaus der Elisabethinen GmbH 2020).

### 10.5.6 Angebote für Menschen ohne Krankenversicherung

In Kapitel 7.3.2 wurden bereits Gründe dafür angeführt, dass auch in einem Sozialstaat wie Deutschland nicht alle Menschen über einen Krankenversicherungsschutz verfügen. Ohne bestehende Krankenversicherung bleibt den Betroffenen der Zugang zu Leistungen des medizinischen Regelsystems verwehrt. Eine medizinische Notversorgung wird zwar weiterhin gewährleistet, diese umfasst jedoch lediglich die Beseitigung akuter Leidenszustände.

Um Betroffene wieder in ein Versichertenverhältnis zu bringen, wurden in mehreren Großstädten (u. a. in Berlin, Köln, Leipzig, Jena, Mainz und München) Clearingstellen für Menschen ohne oder mit ungeklärtem Versicherungsstatus eingerichtet. Neben Wohnungslosen ohne Meldeadresse bzw. ohne Einkommen und Zuwanderern aus EU-Staaten sind davon auch Privatversicherte mit Beitragsschulden betroffen (vgl. Armut und Gesundheit in Deutschland e. V. 2020). In Berlin leben Schätzungen zufolge etwa 60 000 Menschen, die aufgrund fehlender Krankenversicherung oder ungeklärtem Versicherungsstatus keinen geregelten Zugang zur Krankenversorgung haben. Die Beratung der Clearingstellen zielt darauf ab, den Krankenversicherungsschutz und somit den Zugang zum medizinischen Regelsystem (wieder)herzustellen (vgl. Senatsverwaltung für Gesundheit, Pflege und Gleichstellung 2020).

Darüber hinaus bestehen bundesweit Netzwerke, die Betroffenen ohne Krankenversicherung unbürokratisch und anonym eine medizinische Behandlung ermöglichen. Zu nennen ist hier die Organisation MediNetz, deren Angebot sich an alle Personen richtet, die nur eingeschränkt über Zugang zu medizinischen Leistungen verfügen. Die Organisation führt zwar selbst keine medizinischen Behandlungen durch, vermittelt aber Kontakte zu niedergelassenen Arztpraxen und Krankenhäusern, die eine kostenfreie oder vergünstigte Behandlung ermöglichen. Anfallende Kosten werden durch Spenden abgedeckt. Darüber hinaus setzt sich MediNetz aktiv für einen barrierefreien Zugang zum Regelversorgungssystem und für eine Verbesserung der politischen Rahmenbedingungen ein (vgl. MediNetz Rhein-Neckar e.V. 2020). Ein ähnliches Angebot wird auch durch den Malteser Hilfsdienst erbracht: An 20 Standorten in Deutschland können Menschen ohne Krankenversicherung kostenlos und anonym eine medizinische Erstuntersuchung wahrnehmen. Bei Bedarf erfolgt eine Weitervermittlung an niedergelassene Fachärzte aus dem Kooperationsnetzwerk (vgl. Malteser Hilfsdienst e.V. 2020).

KAPITEL 11

# Zusammenfassung und Fazit

»Wohnen wird zum Armutsrisiko« – mit Themen wie diesem macht eine kritische Presse die Öffentlichkeit auf eine dramatische sozialpolitische Krisensituation aufmerksam (vgl. Reimann 2018). Wohnungslosigkeit und Wohnungsnotfälle sind ein Skandal, der zum Handeln zwingt. Für die betroffenen Menschen bedeutet Wohnungslosigkeit ein Leben in Mangel, Abhängigkeit und Ausgrenzung. Viele von ihnen müssen auf einen sicheren und schützenden Raum für ihr alltägliches Leben verzichten. Dieses Leben ist durch vielerlei Einschränkungen und Notlagen gekennzeichnet. Die Menschen sind abhängig von Unterstützungs- und Hilfeleistungen und unterliegen mehr oder weniger rigiden Regelungen und Kontrollen. Damit unterscheiden sie sich von der »Normalbevölkerung« und unterliegen dem Risiko, stigmatisiert und ausgegrenzt zu werden. Die Wohnungslosen sind also ganz besonders »arm dran«.

Wohnungslosigkeit wird in jüngster Zeit nach langer Verdrängung seitens der Politik als Problem zur Kenntnis genommen: Die Erstellung einer bundesweiten Statistik zum Thema Wohnungslosigkeit ist immerhin für das Jahr 2022 geplant. Die Bundesregierung verließ sich bisher immer auf die Schätzungen der Bundesarbeitsgemeinschaft Wohnungslosenhilfe e. V.

Nach der aktuellen Schätzung der BAG W lebten im Jahr 2018 – ohne die in Sammelunterkünften lebenden 441 000 anerkannten Flüchtlinge – 237 000 wohnungslose Personen in Deutschland. Darunter befanden sich ca. 41 000 Menschen, die ohne feste Unterkunft auf der Straße lebten. Die Dimension des Problems Wohnungslosigkeit wird noch erheblich brisanter, wenn man die ca. 3 Millionen Menschen in extremer Armut mit berücksichtigt, die selbst oder deren Familien von Wohnungslosigkeit bedroht oder zu einem Leben in unzumutbaren Wohnverhältnissen gezwungen sind.

Die verfügbaren aktuellen Daten aus Erhebungen zeigen einige interessante Auffälligkeiten bei den von Wohnungslosigkeit betroffenen Menschen. Diese regen zu Schlussfolgerungen und begründeten Vermutungen zur Lebenssituation dieser Menschen an. Wohnungslosigkeit ist nach wie vor eine Domäne alleinstehender Männer, obwohl der Anteil der betroffenen Frauen mit aktuell etwa einem Viertel während der letzten Jahre deutlich zugenommen hat. Senioren sind unter den Betroffenen relativ wenig vertreten: ein Zeichen für eine unterdurchschnittliche Lebenserwartung und überdurchschnittliche Morbidität? Die Dichte der Wohnungslosigkeit liegt vor allem in wachsenden Großstädten und Hochschulstandorten in Baden-Württemberg über dem Landesdurchschnitt – hier deckt das Angebot an erschwinglichem Wohnraum den wachsenden Bedarf bei weitem nicht. Der Anteil von Personen mit Migrationshintergrund unter den Wohnungslosen ist relativ hoch. Vermutlich zeigen sich hier die Kollateralschäden eines liberalisierten Arbeitsmarktes, dessen prekäre Reste vor allem Wanderarbeitern aus armen Verhältnissen vorbehalten sind.

Ein wesentliches Kennzeichen der Wohnungslosigkeit ist die Armut der Betroffenen. Diese Armut scheint, und zwar meist von Kindheit und Jugend an, ihr Schicksal zu sein. Da die meisten keinen qualifizierten Schulabschluss erreichten und keine volle Berufsausbildung absolvierten, bleiben ihnen überwiegend nur ungesicherte, befristete und schlecht bezahlte Beschäftigungsverhältnisse. Eine extrem hohe Arbeitslosenquote und der hier hohe Anteil von Langzeitarbeitslosen können unter diesen Voraussetzungen kaum überraschen. Die finanziellen Möglichkeiten beruhen meist auf Transfereinkommen, ergänzt durch die Erlöse beim Flaschensammeln oder Betteln. Die Allerärmsten sind sogar vollkommen auf solch »alternative« Einkommensquellen angewiesen. Notwendige Reparaturen oder Neuanschaffungen müssen durch Ratenzahlungen oder mit Krediten finanziert werden. Mit der oftmals folgenden Verschuldung wird nicht selten der Weg zur Wohnungslosigkeit eingeschlagen, vor allem dann, wenn Ressourcen zur Bewältigung von Krisensituationen sowie unterstützende Bezugspersonen fehlen. Erfahrungen von materieller Not und Ausweglosigkeit haben in der Regel Ängste, Stress und Resignation – bis hin zum Beginn einer Suchtkarriere oder psychischen Störungen – zur Folge.

Die »Wohnungslosigkeit« selbst hat viele Gesichter. Allen ist aber das Fehlen eines Mietvertrags gemeinsam. Zwar stammt der überwiegende Teil der wohnungslosen Menschen aus armen Verhältnissen, einige jedoch gerieten trotz einer absolvierten Ausbildung, einer respektablen Berufsposition und geordneten Familienverhältnissen in die Wohnungslosigkeit. Es gibt Betroffene, denen ihre bisherige Wohnung von der Ordnungsbehörde der Kommune nach einer Vereinbarung mit dem Vermieter als Bleibe zugewiesen wurde, aber auch Familien in Notwohnungsgebieten oder Personen in Obdachlosenasylen, betreuten Wohngruppen, Abbruchhäusern, Gartenlauben, Wohnwagen sowie Obdachlose ohne jede Unterkunft.

Gerade die Menschen, die auf der Straße leben, sind ohne Schutz ihrer unmittelbaren Umgebung, das heißt dem Lärm, Schmutz, Wind und Wetter ausgeliefert. Gewalt droht wohnungslosen Menschen überall, sie sind gezwungen, sich möglichst wenig zu exponieren, sondern sich möglichst unauffällig zurückzuziehen. Die sozialen Kontakte sind meist spärlich und in Krisensituationen sind sie weitgehend auf sich selbst angewiesen. Dazu kommt, dass sie mit Vorurteilen, Verachtung und Stigmatisierungen leben müssen. Sie seien faul, notorisch arbeitsscheu, asozial, hielten sich nicht an Regel und Ordnung, heißt es. So müssen sie es sogar hinnehmen, dass ihnen der Aufenthalt in den Innenstädten verwehrt wird.

Den Alltag wohnungsloser Menschen bestimmen Not, Entbehrung und Verzicht. Viele »normale« Güter und Dienstleistungen werden nur mit Mühe, wenn überhaupt, erreicht. Schon zur Körperpflege und alltäglichen Hygiene sind innere und äußere Barrieren zu überwinden und ein erholsamer Schlaf ist auf Parkbänken nur selten möglich. Äußere Gefahren und Risiken werden negiert und körperliche und auch psychische Befindlichkeitsstörungen sowie Krankheitssymptome als »normal« und unvermeidlich hingenommen. Eine wichtige Rolle im Alltagsleben spielen Alkohol und andere Suchtmittel, nicht zuletzt auch, um die täglichen Belastungen besser ertragen zu können. Allerdings tragen Alkohol und Drogen bei vielen auch zur Entstehung der Wohnungslosigkeit bei.

Wegen Ordnungswidrigkeiten wie Betteln in Fußgängerzonen oder wegen der Selbstbedienung aus Abfallcontainern der Supermärkte oder wegen Schwarzfahrens werden sie als Delinquenten behandelt und kriminalisiert.

Menschen, die von Wohnungslosigkeit betroffen sind, müssen als Außenseiter mit den reduzierten Lebenschancen auskommen, die ihnen von der Gesellschaft zugebilligt werden. Dadurch entwickelten sich einige typische und problematische Einstellungen und Orientierungen. Man hat von der Zukunft wenig Gutes zu erwarten. Die Konsequenz ist ein auf die Gegenwart und den Augenblick konzentriertes Leben, ohne Perspektiven, Plan und Zukunft. Daraus resultiert eine Haltung der Antriebslosigkeit und Apathie – mit der Aussicht, dass einmal vorhandene Qualitäten und Potenziale verkümmern.

Dass Lebenslage, Lebensweisen und Orientierungen sich auf die gesundheitliche Situation der Menschen auswirken, zeigen medizinische Untersuchungen mit Wohnungslosen: Ihre Lebenserwartung ist über 30 Jahre kürzer als diejenige der durchschnittlichen Bevölkerung. Das Lebensende wohnungsloser Menschen findet im Übrigen vielfach unter menschenunwürdigen Bedingungen, in Elend und Einsamkeit, statt. Die häufig festgestellten körperlichen und psychischen Erkrankungen ergeben sich zum Teil direkt aus ihrer Lebenslage, wie zum Beispiel Hautkrankheiten aus einem Leben im Freien und geringer Körperhygiene. Zu den Angeboten der Gesundheitsversorgung fehlt vielen Wohnungslosen – wegen innerer und äußerer Hürden – der Zugang. Damit werden leichte Erkrankungen schlimmer und im Endeffekt unheilbar.

Wohnungslosigkeit und vor allem Obdachlosigkeit wurde bis in die jüngere Vergangenheit als Charaktereigenschaft dargestellt: die Personen seien wesenhaft faul und arbeitsscheu. Dieser Kennzeichnung widersprechen jedoch gegenteilige Beispiele, aber auch die Daten zur mangelhaften schulischen und beruflichen Qualifikation wohnungsloser Menschen. Von medizinischer Seite wurde als alternative Erklärung Wohnungslosigkeit als Ergebnis psychischer Erkrankungen beschrieben. Dieser Zusammenhang ist zwar gut belegt, er kann jedoch auch in umgekehrter Richtung verlaufen: psychische Störung als Folge dauerhaft belastender Bedingungen eines Lebens in Wohnungslosigkeit. Gegenüber monokausalen Erklärungsversuchen – mit diskriminierenden Auswirkungen auf die Betroffenen stehen Modelle, die das Zusammenwirken von ökonomischen, sozialen und psychischen Einflussfaktoren herausstellen.

Ein wesentlicher Faktor ist das »Schicksal einer Geburt in Verhältnissen der Armut« – arm an Einkommen, Bildung und Prestige. Diese benachteiligende Ausgangslage wird für viele stabilisiert durch ungesicherte Arbeitsverhältnisse mit unzureichender Entlohnung sowie durch das Fehlen von erschwinglichem Wohnraum. Hinzu kommen bei vielen schwierige und psychisch belastende Erfahrungen und Erlebnisse während der Kindheit und Jugend, die sich als hinderlich bei der Entwicklung eines stabilen Selbstwertgefühls erweisen können. Häufig wird der Weg in die Wohnungslosigkeit in Verbindung gebracht mit »kritischen Lebensereignissen« oder »Schicksalsschlägen.« Es ist kaum zu bestreiten, dass ein Arbeitsplatzverlust, eine schwere Krankheit oder eine unerwartete Scheidung einschneidende Erfahrungen für jeden Menschen darstellen. Allerdings können diese Ereignisse unterschiedlich bewertet werden; als auswegloses Schicksal oder als Herausforderung. Die Art der Bewertung scheint zum großen Teil von persönlichen Bewältigungspotenzialen und dem Selbstwertgefühl sowie unterstützenden Netzwerken abzuhängen. Beide Elemente sind bei Wohnungslosen in der Regel wenig ausgeprägt, wodurch das Risiko des Abrutschens in die Wohnungslosigkeit bei einschneidenden Ereignissen noch zusätzlich erhöht ist.

Sowohl von Sozialbehörden wie auch von freien Trägern der Wohnungslosenhilfe wird inzwischen ein Menschenrecht auf Wohnen als auch ein Anspruch wohnungslos gewordener Menschen auf Hilfe anerkannt. Der Ansatz der Hilfeleistungen durch die Träger der Wohnungslosenhilfe geht davon aus, dass wohnungslose Menschen ein selbständiges und selbstverantwortliches Leben führen können, wenn ihre Potenziale freigelegt und gefördert werden. Mit dieser Zielsetzung sollen Möglichkeiten zur Beschäftigung initiiert und implementiert werden. Zur Umsetzung der Hilfen existiert ein differenziertes, auf einzelne Zielgruppen hin ausgerichtetes Hilfesystem. Dieses ist allerdings trotz einer Empfehlung des Deutschen Städtetages von 1987 in vielen Kommunen und Landkreisen in verschiedene Organisationseinheiten aufgegliedert.

Vor allem in Großstädten ist das Hilfeangebot sehr umfangreich; es stößt jedoch überall an finanzielle und organisatorische Grenzen. So erschweren die Bedingungen des Wohnungsmarktes präventive Maßnahmen zur Vermeidung der Wohnungslosigkeit oder die Bereitstellung von Wohnraum, zum Beispiel für alleinerziehende Mütter mit ihren Kindern. Eine besondere Herausforderung für die Akteure der Wohnungslosenhilfe sind Angebote und Maßnahmen zugunsten von psychisch kranken Wohnungslosen sowie für »Langzeitwohnungslose« mit manifesten Abbauerscheinungen. Hier ist jeweils die Kooperation der Wohnungslosenhilfe mit weiteren Partnern, wie Suchtberatungsstellen, Ärzten, Kliniken und Pflegediensten sowie engagierten Bürgerinnen und Bürgern aus der Zivilgesellschaft sinnvoll.

Einzelne Initiativen und Projekte zeigen Möglichkeiten auf, wie der Herausforderung eines Lebens in Wohnungslosigkeit begegnet werden kann. Es handelt sich um die Bereitstellung von Wohnraum mit Mietvertrag, um Beschäftigungsangebote für Langzeitarbeitslose, um gezielte Unterstützung von Jugendlichen in einem Notwohngebiet, um zusätzliche Hilfen für besonders hilfsbedürftige Menschen, Mobile Duschen, Medical Streetwork, psychiatrische »Straßenvisite«, eine Pflegeeinrichtung und ein Hospiz für Wohnungslose. All diesen Initiativen und Projekten gemeinsam ist das hohe Engagement ihrer Akteure, deren Empathie für die betroffenen Menschen, ihr Impuls, ihnen ein menschenwürdiges Leben zu ermöglichen und die Einbeziehung von Partnern bei der Umsetzung der Projekte.

Wohnungslosigkeit muss jedoch nicht nur als Herausforderung für die Betroffenen und die Akteure der Wohnungslosenhilfe gesehen werden. Vielmehr geht es auch darum, dass das »Menschenrecht auf Wohnen« von der Sozial- und Wohnungspolitik eines Staates umgesetzt wird, der die Allgemeine Erklärung der Menschenrechte unterzeichnet hatte.

# Tabellen- und Abbildungsverzeichnis

# Abkürzungsverzeichnis

| | |
|---|---|
| **AWO** | Arbeiterwohlfahrt |
| **BAG W** | Bundesarbeitsgemeinschaft Wohnungslosenhilfe |
| **BMI** | Body Mass Index |
| **BMJFG** | Bundesministerium für Jugend, Familie und Gesundheit |
| **BSHG** | Bundessozialhilfegesetz |
| **DSM** | Diagnostic and Statistical Manual of Mental Diseases |
| **GISS** | Gesellschaft für innovative Sozialforschung und Sozialplanung e. V. |
| **ICD** | International Statistical Classification of Diseases |
| **OECD** | Organisation for Economic Cooperation and Development |
| **Schufa** | Schutzgemeinschaft für allgemeine Kreditsicherung |
| **SGB** | Sozialgesetzbuch |
| **Seewolf** | Seelische Erkrankungsrate in den Einrichtungen der Wohnungslosehilfe im Großraum München |
| **SkF** | Sozialdienst katholischer Frauen |
| **SKM** | Sozialdienst katholischer Männer |

# Literaturverzeichnis


Abgeordnetenhaus von Berlin (Hg.) (1999): Mitteilung über Leitlinien für Wohnungslose in Berlin mit Obdachlosenrahmenplan. Drucksache 13/4095.

Aderhold, D. (1970): Nichtseßhaftigkeit. Eine Gesamtdarstellung des Problems der Nichtseßhaften in der modernen Gesellschaft nach Erscheinungsformen, statistischer Struktur und Ursachen. Köln: Deutscher Gemeindeverlag.

Albrecht, G., Specht, T., Goergen, G. & Großkopf, H. (Hg.) (1990): Lebensläufe. Von der Armut zur »Nichtseßhaftigkeit« oder wie man »Nichtsesshafte« macht. Bielefeld: Verlag Soziale Hilfe.

Allgemeine Erklärung der Menschenrechte. Vom 10. Dezember 1948 (ein Auszug aus der Erklärung der Vereinten Nationen) (2006). Berlin: Verlag für Europäisches Denken.

Ansen, H. (2007): Ein Leben auf Sparflamme. In: Blätter der Wohlfahrtspflege (3), S. 92–96.

Ansen, H. (2008): Ist der Weg in die medizinische Regelversorgung für Wohnungslose endgültig verbaut? In: Schröder, H. & Alber, W. (Hg.): Ist soziale Integration noch möglich? Die Wohnungslosenhilfe in Zeiten gesellschaftlicher Spaltung. Bielefeld: BAG W-Verlag. Verlag der Bundesarbeitsgemeinschaft Wohnungslosenhilfe (Materialien zur Wohnungslosenhilfe, 60), S. 165–181.

Armut und Gesundheit in Deutschland e. V. (Hg.) (2020): Land fördert Clearingstelle für Menschen ohne Krankenversicherung. Online verfügbar unter https://clearingstelle-krankenversicherung-rlp.de/presse/, zuletzt geprüft am 05. 07. 2020.

Asseln, N. (2018): Todesfälle von Wohnungslosen in Hamburg – Entwicklung von 2007–2015. Dissertation. Universität Hamburg. Online verfügbar unter https://ediss.sub.uni-hamburg.de/volltexte/2018/9294/pdf/Dissertation.pdf, zuletzt geprüft am 30. 03. 2020.

AWO Kreisverband Karlsruhe-Stadt e. V. (Hg.) (2020): Hotel Anker. Online verfügbar unter https://www.awo-karlsruhe.de/einrichtungen/hotel-anker/

BAG Streetwork/Mobile Jugendarbeit e. V. (Hg.) (2018): Fachliche Standards 2018. Streetwork und mobile Jugendarbeit. Online verfügbar unter https://irp-cdn.multiscreensite.com/5c840bc2/files/uploaded/Fachstandards_BAG_2018_final.pdf, zuletzt geprüft am 31. 07. 2020.

BAG W – Bundesarbeitsgemeinschaft Wohnungslosenhilfe e. V. (Hg.) (2001): Für eine bürger- und gemeindenahe Wohnungslosenhilfe. Grundsatzprogramm der BAG Wohnungslosenhilfe e. V. Bielefeld. Online verfügbar unter https://www.bagw.de/media/doc/DOK_Grundsatzprogramm_BAGW.pdf

BAG W – Bundesarbeitsgemeinschaft Wohnungslosenhilfe e. V. (Hg.) (2009): Arbeitsmarktpolitisches Programm. Beteiligung von Menschen in Wohnungsnot und in besonderen sozialen Schwierigkeiten am Arbeitsleben. Bielefeld. Online verfügbar unter https://www.bagw.de/media/doc/POS_09_%20Arbeitsmarktpolitisches_Programm_BAG%20W.pdf, zuletzt geprüft am 31. 07. 2020.

BAG W – Bundesarbeitsgemeinschaft Wohnungslosenhilfe e. V. (Hg.) (2011): Wohnungsnotfalldefinition der Bundesarbeitsgemeinschaft Wohnungslosenhilfe e. V. Bielefeld. Online verfügbar unter https://www.bagw.de/media/doc/POS_10_BAGW_Wohnungsnotfalldefintion.pdf, zuletzt geprüft am 25. 07. 2020.

BAG W – Bundesarbeitsgemeinschaft Wohnungslosenhilfe e. V. (Hg.) (2017): BAG Wohnungslosenhilfe: 860 000 Menschen in 2016 ohne Wohnung. Pressemitteilung vom 14. 11. 2017. Berlin. Online verfügbar unter https://www.bagw.de/media/doc/PRM_2017_11_14_Schaetzung_der_Zahl_der_Wohnungslosen.pdf, zuletzt geprüft am 26. 07. 2020.

BAG W – Bundesarbeitsgemeinschaft Wohnungslosenhilfe e. V. (Hg.) (2018a): Rechtsverwirklichung der Hilfen nach §§ 67–69 SGB XII. Grundsatzpositionen der BAG Wohnungslosenhilfe e. V. Berlin. Online verfügbar unter https://www.bagw.de/media/doc/POS_17_Position_Rechtsverwirklichung_%C2%A7%C2%A7%2067-69_SGB%20XII.pdf

BAG W – Bundesarbeitsgemeinschaft Wohnungslosenhilfe e. V. (Hg.) (2018b): Statistikbericht 2016. Berlin. Online verfügbar unter https://www.bagw.de/media/doc/Statistikbericht%202016%20%28Tabellen%29.pdf, zuletzt geprüft am 25. 07. 2020.

BAG W – Bundesarbeitsgemeinschaft Wohnungslosenhilfe e. V. (Hg.) (2019a): BAG Wohnungslosenhilfe: 650 000 Menschen in 2017 ohne Wohnung. Verbessertes Schätzmodell erlaubt genauere Schätzung der Wohnungslosenzahlen. Pressemitteilung vom 30. 07. 2019. Berlin. Online verfügbar unter https://www.bagw.de/media/doc/PRM_2019_07_30_Schaetzung_Zahl_der_Wohnungslosen.pdf, zuletzt geprüft am 31. 07. 2020.

BAG W – Bundesarbeitsgemeinschaft Wohnungslosenhilfe e. V. (Hg.) (2019b): Wohnungslosigkeit: Kein Ende in Sicht. Pressemitteilung vom 11. 11. 2019. Berlin. Online verfügbar unter https://www.bagw.de/media/doc/PRM_2019_11_11_Schaetzung_Zahl_der_Wohnungslosen.pdf, zuletzt geprüft am 25. 07. 2020.

BAG W – Bundesarbeitsgemeinschaft Wohnungslosenhilfe e. V. (Hg.) (2019c): Positionen zum Thema Migration. Online verfügbar unter https://www.bagw.de/de/themen/migration/position_migration.html, zuletzt geprüft am 31. 07. 2020.

BAG W – Bundesarbeitsgemeinschaft Wohnungslosenhilfe e. V. (Hg.) (2019d): Gewalt gegen und unter Wohnungslosen in Deutschland, 1989 bis 2019. Berlin. Online verfügbar unter https://www.bagw.de/media/doc/STA_19_Gewalt_1989-2019.pdf, zuletzt geprüft am 26. 07. 2020.

BAG W – Bundesarbeitsgemeinschaft Wohnungslosenhilfe e. V. (Hg.) (2020): Positionspapiere, Empfehlungen, Programme des Fachbereichs Arbeit und Qualifikation. Online verfügbar unter https://www.bagw.de/de/themen/arbeit_und_qualifikation/position_arbeit.html, zuletzt geprüft am 31. 07. 2020.

Bamarni, S. (2018): Begleitung in schweren Zeiten. In: OBDACH e. V. (Hg.): Jahresbericht 2017. Heidelberg, S. 16–18.

Bamarni, S. (2020): Übergänge menschenwürdiger gestalten – dank Seniorenhilfe. In: OBDACH e. V. (Hg.): Jahresbericht 2019. Heidelberg, S. 7–8.

Bäuml, J., Brönner, M., Baur, B., Pitschel-Walz, G. & Jahn, T. (2017): Die SEEWOLF-Studie. Seelische Erkrankungen in den Einrichtungen der Wohnungslosenhilfe im Großraum München. Freiburg: Lambertus-Verlag.

Bebenburg, P. von (2018): Wohnungslos trotz Arbeit. In: Frankfurter Rundschau, 30. 09. 2018. Online verfügbar unter https://www.fr.de/rhein-main/wohnungslos-trotz-arbeit-10970397.html, zuletzt geprüft am 26. 07. 2020.

Bebenburg, P. von (2019): Forschung an Verwahrlosten. In: Frankfurter Rundschau, 2019. Online verfügbar unter https://www.fr.de/rhein-main/forschung-verwahrlosten-11812544.html, zuletzt geprüft am 31. 07. 2020.

Beierle, S. & Hoch, C. (2017): Straßenjugendliche in Deutschland. Forschungsergebnisse und Empfehlungen. München: Deutsches Jugendinstitut.

Beijer, U., Wolf, A. & Fazel, S. (2012): Prevalence of tuberculosis, hepatitis C virus, and HIV in homeless people: a systematic review and meta-analysis. In: The Lancet Infectious Diseases 12 (11), S. 859–870.

Betreute Wohngruppen für alleinstehende Menschen e. V. (Hg.) (1997a): Von der Seele geschrieben oder Verwandlung eines Paradiesvogels. In: 10 Jahre Betreute Wohngruppen für alleinstehende Menschen, S. 46–52.

Betreute Wohngruppen für alleinstehende Menschen e. V. (Hg.) (1997b): Die Sache mit Herrn A. In: 10 Jahre Betreute Wohngruppen für alleinstehende Menschen, S. 24–25.

Bloh, D. (2017): Unter Palmen aus Stahl. Die Geschichte eines Straßenjungen. Hollenstedt: Ankerherz Verlag GmbH.

Borgmann, L., Rattay, P. & Lampert, T. (2017): Soziale Unterstützung als Ressource für Gesundheit in Deutschland. In: Journal of Health Monitoring 2 (4), S. 117–122.

Brenner, J. (2019): Es wird vor allem auf Vertreibung gesetzt. In: Frankfurter Rundschau, 18. 11. 2019.

Brönner, M., Baur, B., Pitschel-Walz, G., Jahn, T. & Bäuml, J. (2013): Seelische Erkrankungsrate in den Einrichtungen der Wohnungslosenhilfe im

Großraum München: die SEEWOLF-Studie. In: Buttner, P. (Hg.): Wohnungslosenhilfe vor neuen Herausforderungen. Berlin: Dt. Verein für Öffentliche und Private Fürsorge, S. 65–71.

Brox, R. (2017): Kein Dach über dem Leben. Biographie eines Obdachlosen. Reinbek bei Hamburg: Rowohlt Taschenbuch Verlag.

Brück, C. (2017): Wohnungslosigkeit und Sucht – zurück in welche Zukunft?! Perspektivlosigkeit als Ursache für fehlende Abstinenzmotive und Suchtmittelrückfälle bei sucht- und psychisch erkrankten Wohnungslosen. In: Soziale Psychiatrie 155 (01), S. 12–15.

Bude, H. (2008): Die Ausgeschlossenen. Das Ende vom Traum einer gerechten Gesellschaft. München: Hanser.

Bundesministerium für Arbeit und Soziales (Hg.) (2019): Entwurf eines Gesetzes zur Einführung einer Wohnungslosenberichterstattung sowie einer Statistik untergebrachter wohnungsloser Personen. Online verfügbar unter https://www.bmas.de/SharedDocs/Downloads/DE/PDF-Gesetze/Regierungsentwuerfe/reg-wohnungslosenberichterstattungs gesetz.pdf?__blob=publicationFile&v=2, zuletzt geprüft am 30. 03. 2020.

Bundesministerium für Justiz und Verbraucherschutz (Hg.) (2001): Verordnung zur Durchführung der Hilfe zur Überwindung besonderer sozialer Schwierigkeiten vom 24. Januar 2001.

Butterwegge, C. (2016): Armut. Köln: PapyRossa Verlag.

Caritasverband für das Erzbistum Hamburg e. V. (Hg.) (2020): Straßenvisite – aufsuchende Sozialarbeit.

Creditreform Boniversum GmbH (Hg.) (2018): SchuldnerAtlas Deutschland. Überschuldung von Verbrauchern. Jahr 2018. Neuss.

Der Spiegel (Hg.) (2019): Luxus Miete. In: Spiegel Nr. 16, 13. 04. 2020, S. 17–22.

Deutscher Hospiz- und Palliativverband e. V. (Hg.) (2017): Hospiz und Wohnungslosigkeit. Sterben, Tod und Trauer. Sterbende wohnungslose Menschen begleiten. Eine Handreichung zur Kooperation zwischen Diensten und Einrichtungen der Hospiz- und Palliativarbeit sowie Einrichtungen der Wohnungslosenhilfe. Online verfügbar unter https://www.dhpv.de/tl_files/public/Service/Broschueren/Broschuere2017_Wohnungslosigkeit_Ansicht.pdf, zuletzt geprüft am 26. 09. 2020.

Deutscher Mieterbund Nordrhein-Westfalen e. V. (Hg.) (2020): »Nie wieder zurück auf die Straße!«. Online verfügbar unter https://www.mieterbund-nrw.de/fiftyfifty, zuletzt geprüft am 31. 07. 2020.

Deutscher Verband für Wohnungswesen, Städtebau und Raumordnung e. V. (Hg.) (2016): Mehr Bauland für bezahlbaren Wohnungsbau. Gute Beispiele kommunaler Boden- und Liegenschaftspolitik.

Deutscher Verein für öffentliche und private Fürsorge e. V. (Hg.) (2014): Zugänge zu gesundheitlichen Hilfen für wohnungslose Menschen verbessern. Empfehlungen des Deutschen Vereins für eine Kooperation sozialer und gesundheitsbezogener Hilfen.

Deutschlandradio (Hg.) (2017): »Man wird ein anderer Mensch«. Richard Brox im Gespräch mit Sarah Zerback. Online verfügbar unter https://www.deutschlandfunk.de/obdachlosigkeit-man-wird-ein-anderermensch.694.de.html?dram:article_id=400674, zuletzt geprüft am 26.07.2020.

Diakonie-Hospiz Wannsee GmbH (Hg.) (2020): Sterbebegleitung bei wohnungslosen Menschen. Online verfügbar unter https://diakonie-hospiz-wannsee.de/unser-angebot/sterbebegleitung-bei-wohnungs losen-menschen/, zuletzt geprüft am 05.07.2020.

Duden (1996): Rechtschreibung der deutschen Sprache. Mannheim, Leipzig, Wien, Zürich: Dudenverlag.

Fallada, H. (2012): Kleiner Mann – was nun? Roman. 63. Auflage. Reinbek bei Hamburg: Rowohlt-Taschenbuch-Verlag (Rororo, 10001).

Faust, V. (2008): Obdachlosigkeit und seelische Störung. Online verfügbar unter http://www.psychosoziale-gesundheit.net/pdf/Int1_obdach losigkeit.pdf, zuletzt geprüft am 31.07.2020.

Fazel, S., Geddes, J. & Kushel, M. (2014): The health of homeless people in high-income countries: descriptive epidemiology, health consequences, and clinical and policy recommendations. In: The Lancet 384 (9953), S. 1529–1540.

Feig, N. (2018): Jugendhilfe Mörgelgewann. In: Caritasverband Heidelberg (Hg.): Jahresbericht 2016/2017. Heidelberg, S. 32–33.

Fichter, M., Quadflieg, N. & Cuntz, U. (2000): Prävalenz körperlicher und seelischer Erkrankungen. Daten einer repräsentativen Stichprobe obdachloser Männer. In: *Ärzteblatt* 97 (17), S. 1148–1154.

Fichtner, J., Enders-Dragässer, U., Sellach, B. & Zeng, M. (2005): »Dass die Leute uns nich‹ alle über einen Kamm scheren«: Männer in Wohnungsnot. Eine qualitative Untersuchung zu Deutungsmustern und Lebenslagen bei männlichen Wohnungsnotfällen. Frankfurt am Main: Gesellschaft für Sozialwissenschaftliche Frauenforschung e. V.

Forschungsverbund Wohnungslosigkeit und Hilfen in Wohnungsnotfällen. https://nbn-resolving.org/urn:nbn:de:0168-ssoar-125878

Freudenberg, D. (2009): Psychisch kranke Wohnungslose. In: Wohnungslose: Ganz schön krank! Behandlungskonzepte für eine vulnerable Personengruppe. Dokumentation der 3. Kooperationsveranstaltung der Ärztekammer Hamburg und des Regionalen Knotens »Wohnungslosigkeit und Gesundheit« der HAG (5. November 2008), S. 12–14.

Friedrichsen, J. & Huck, S. (2018): Nicht-Orte der Fleischindustrie. Fakten und Hintergründe zum Schlachten in Deutschland. Berlin.

Füller, A. (2016): Wohnungslose: vom Rand zur Mitte der Gesellschaft. In: Soziale Arbeit (06/07), S. 259–266.

Gerull, S. (2018): 1. systematische Lebenslagenuntersuchung wohnungsloser Menschen. Eine Studie der ASH Berlin in Kooperation mit EBET e. V. Berlin. Online verfügbar unter https://www.ebet-ev.de/nachrichten-leser/erste-systematische-untersuchung-der-lebenslagen-wohnungs loser-menschen.html, zuletzt geprüft am 25.07.2020.

Geyer, S. (2015): Soziale Ungleichheiten beim Auftreten chronischer Krankheiten. In: Bundesgesundheitsblatt – Gesundheitsforschung – Gesundheitsschutz volume (59), S. 181–187.

Gillich, S. (2016): Gestorben wird auch auf der Straße. In: Sozial Extra (4), S. 6–9.

Girtler, R. (1980): Vagabunden in der Großstadt. Teilnehmende Beobachtung in der Lebenswelt der »Sandler« Wiens. Stuttgart: Enke.

GISS – Gesellschaft für innovative Sozialforschung und Sozialplanung e. V. (Hg.) (2015): Wohnungslosigkeit in Baden-Württemberg. Untersuchung zu Umfang, Struktur und Hilfen für Menschen in Wohnungsnotlagen. Bremen/Stuttgart.

GoBanyo gGmbh (2020): Der Duschbus für Obdachlose. Online verfügbar unter https://gobanyo.org/, zuletzt geprüft am 05. 07. 2020.

Goffman, E. (1975): Stigma. Über Techniken der Bewältigung beschädigter Identität. Frankfurt am Main: Suhrkamp.

Grabs, J. (2006): Todesursachen von Wohnungslosen in Hamburg. Eine Analyse von 307 Todesfällen. Universität Hamburg. Online verfügbar unter https://d-nb.info/983436924/34, zuletzt geprüft am 30. 03. 2020.

Greifenhagen, A. & Fichter, M. (1996): Psychiatrische Obdachlosenforschung. Von der »Psychopathologie des Landstreichers« zu den »Homeless Mentally Ill«. In: Der Nervenarzt 67, S. 905–910.

Grobe, T. & Schwartz, F. (2003): Arbeitslosigkeit und Gesundheit (Gesundheitsberichterstattung des Bundes, 13). Berlin: Robert Koch-Institut.

Hamburger Morgenpost (2020): Duschbus für Obdachlose: Auf dieses Projekt kann Hamburg stolz sein. In: Hamburger Morgenpost, 14. 06. 2020. Online verfügbar unter https://www.mopo.de/hamburg/duschbus-fuer-obdachlose-auf-dieses-projekt-kann-hamburg-stolz-sein-36847146, zuletzt geprüft am 05. 07. 2020.

Hamburgische Arbeitsgemeinschaft für Gesundheitsförderung e. V. (Hg.) (2009): Wohnungslose: Ganz schön krank! Behandlungskonzepte für eine vulnerable Personengruppe. Dokumentation der 3. Kooperationsveranstaltung der Ärztekammer Hamburg und des Regionalen Knotens »Wohnungslosigkeit und Gesundheit« der HAG (5. November 2008).

Hank, S. & Hopp, G. (2011): Skandal Armut. Lebensbilder aus unserer Mitte. Augsburg: Sankt-Ulrich-Verlag.

Heinrich, J., Mielck, A., Schäfer, I. & Mey, W. (1998): Soziale Ungleichheit und umweltbedingte Erkrankungen in Deutschland. Empirische Ergebnisse und Handlungsansätze. Landsberg: ecomed.

Hohlbein, R. (2019): Der Architekt der Obdachlosen, 2019. Online verfügbar unter https://www.brandeins.de/magazine/brand-eins-wirtschaftsmagazin/2019/unabhaengigkeit/rex-hohlbeinder-architekt-der-obdachlosen, zuletzt geprüft am 26. 07. 2020.

Ishorst-Witte, F. (2001): Zur medizinischen Versorgung Wohnungsloser unter Berücksichtigung einer Analyse von 388 Todesfällen. Universität Hamburg.

Ishorst-Witte, F. (2009): Behandlung von chronischen Wunden bei wohnungslosen Patienten. In: Wohnungslose: Ganz schön krank! Behandlungskonzepte für eine vulnerable Personengruppe. Dokumentation der 3. Kooperationsveranstaltung der Ärztekammer Hamburg und des Regionalen Knotens »Wohnungslosigkeit und Gesundheit« der HAG (5. November 2008), S. 34–25.

Jahoda, M., Lazarsfeld, P. & Zeisel, H. (1975): Die Arbeitslosen von Marienthal. Ein soziographischer Versuch über die Wirkungen langandauernder Arbeitslosigkeit. Mit einem Anhang zur Geschichte der Soziographie. Frankfurt am Main, Leipzig: Suhrkamp Verlag.

Klee, E. (1979): Pennbrüder und Stadtstreicher. Nichtseßhaften-Report. Frankfurt am Main: Fischer-Taschenbuch-Verlag.

Krankenhaus der Elisabethinen GmbH (Hg.) (2020): VinziDorf-Hospiz der Elisabethinen. Online verfügbar unter https://www.elisabethinen.at/vinzidorf-hospiz/, zuletzt geprüft am 05. 07. 2020.

Kunstmann, W. (2012): Medizinische Versorgung wohnungsloser in Nordrhein-Westfalen. Zusammenfassung der zentralen Ergebnisse der Evaluation mobiler medizinischer Dienste für Wohnungslose. In: Wohnungslos 54 (1), S. 6–13.

Lepenies, P. (2017): Armut. München: C. H. Beck.

Leßmann, O. (2006): Lebenslagen und Verwirklichungschancen (capability) – Verschiedene Wurzeln, ähnliche Konzepte. In: Vierteljahrshefte zur Wirtschaftsforschung 75 (1), S. 30–42.

Mayer, K. & Schulz, S. (2018): Mein Weg zurück ins Leben. In: OBDACH e. V. (Hg.): Jahresbericht 2017. Heidelberg, S. 14–15.

Malteser Hilfsdienst e. V. (Hg.) (2020): Malteser Medizin für Menschen ohne Krankenversicherung. Online verfügbar unter https://www.malteser.de/menschen-ohne-krankenversicherung.html, zuletzt geprüft am 05. 07. 2020.

Malyssek, J. & Störch, K. (2009): Wohnungslose Menschen. Ausgrenzung und Stigmatisierung. Freiburg im Breisgau: Lambertus.

MediNetz Rhein-Neckar e. V. (Hg.) (2020): Krank und ohne Papiere oder Versicherung? Online verfügbar unter http://medinetz-rhein-neckar.de/, zuletzt geprüft am 05. 07. 2020.

Menke, R., Streich, W., Rössler, G. & Brand, H. (2004): Report on socioeconomic differences in health indicators in Europe. Health inequalities in Europe and the situation of disadvantaged groups. Bielefeld: Lögd.

Mielck, A. (2000): Soziale Ungleichheit und Gesundheit. Empirische Ergebnisse, Erklärungsansätze, Interventionsmöglichkeiten. Bern, Göttingen, Toronto, Seattle: Verlag Hans Huber.

Mielck, A. (Hg.) (1993): Krankheit und soziale Ungleichheit. Ergebnisse der sozialepidemiologischen Forschung in Deutschland. Wiesbaden: VS Verlag für Sozialwissenschaften.

Ministerium für Arbeit und Sozialforschung, Familien und Senioren Baden-Württemberg (Hg.) (2011): Gesundheitliche Versorgung wohnungsloser Menschen – Eine sozialwissenschaftliche Evaluationsstudie.

Müller, M. (2006): Kriminalität, Kriminalisierung und Wohnungslosigkeit. Eine qualitative Untersuchung. Universität Siegen.

Niebauer, D. & Klug, W. (2014): Forschungsbasierte Praxis in der Sozialen Arbeit am Beispiel der Wohnungslosenhilfe. In: Mührel, E. & Birgmeier, B.

(Hg.): Perspektiven sozialpädagogischer Forschung. Methodologien – Arbeitsfeldbezüge – Forschungspraxen. Wiesbaden: Springer VS (Research), S. 315–330.
OBDACH e. V. (Hg.) (2007): 20 Jahre OBDACH e. V. Ein Bericht über 20 Jahre Arbeit mit Obdachlosen in Heidelberg. Heidelberg.
OBDACH e. V. (Hg.) (2014): Jahresbericht 2013. Heidelberg.
OBDACH e. V. (Hg.) (2020): Jahresbericht 2019. Heidelberg.
OECD (Hg.) (2017): Affordable Housing Database. Online verfügbar unter http://oe.cd/ahd, zuletzt geprüft am 01. 08. 2020.
Paegelow, C. (2012): Handbuch Wohnungsnot und Obdachlosigkeit. Bremen: Paegelow.
Paulgerg-Muschiol, L. von (2009): Wege in die Wohnungslosigkeit. Eine qualitative Untersuchung. Dissertation. Universität Siegen.
Pfahl, L. (2010): Organisierte Armut. In: WZB Mitteilungen (128), S. 11–13.
Preuß, R. (2020): Leben ohne Krankenversicherung. Online verfügbar unter https://www.br.de/nachrichten/deutschland-welt/leben-ohne-krankenversicherung,RonruNV, zuletzt geprüft am 31. 07. 2020.
Püschel, K. & Nawka, S. (2011): Morbidität obdachloser Menschen in Hamburg. In: Wohnungslos 53 (2), S. 53–57.
Reckmann, M. (2019): Ein Wiesbadener erzählt von seinem Leben als Obdachloser: Zwei Stunden Schlaf und alte Kippen, 12. 09. 2019. Online verfügbar unter https://www.fr.de/rhein-main/wiesbaden/wiesbaden-ort29699/wiesbadener-erzaehlt-seinem-leben-obdachloser-zwei-stunden-schlaf-alte-kippen-12997926.html, zuletzt geprüft am 26. 07. 2020.
Reimann, E. (2018): »Wohnen ist zum Armutsrisiko geworden«. In: Rhein-Neckar-Zeitung vom 14. 11. 2018, S. 21.
Reker, T. & Eickelmann, B. (1997): Wohnungslosigkeit, psychische Erkrankungen und psychiatrischer Versorgungsbedarf. In: Deutsches Ärzteblatt 94 (21), S. 1439–1441.
Richter, M. & Hurrelmann, K. (Hg.) (2009): Gesundheitliche Ungleichheit. Grundlagen, Probleme, Perspektiven. Wiesbaden: VS Verlag für Sozialwissenschaften/GWV Fachverlage GmbH Wiesbaden.
Robert Koch-Institut (Hg.) (2016): Gesundheit in Deutschland. Berlin.
Robert Koch-Institut (Hg.) (2018): RKI-Bericht zur Epidemiologie der Tuberkulose in Deutschland. Berlin.
Rosenke, W. (2006): Leben in ständiger Angst vor Gewalt. In: Frankfurter Rundschau, 20. 02. 2006.
Ruder, K. (2015): Grundsätze der polizei- und ordnungsrechtlichen Unterbringung von (unfreiwillig) obdachlosen Menschen unter besonderer Berücksichtigung obdachloser Unionsbürger. Berlin: BAG W-Verlag (Materialien zur Wohnungslosenhilfe, Heft 64).
Salize, H., Dillmann-Lange, C. & Kentner-Figura, B. (2002): Versorgungsbedarf psychisch kranker Wohnungsloser – Sind wir in der Lage, ihn zu erkennen? In: Nouvertné, K. (Hg.): Obdachlos und psychisch krank. Bonn: Psychiatrie-Verlag, S. 28–40.

Salize, H., Dillmann-Lange, C., Kentner-Figura, B. & Reinhard, I. (2006): Drohende Wohnungslosigkeit und psychische Gefährdung. Prävalenz und Einflussfaktoren bei Risikopopulationen. In: Der Nervenarzt 77 (11), S. 1345–1354.

Schaak, T. (2009): Obdachlose, »auf der Straße« lebende Obdachlose in Hamburg. Eine empirische Untersuchung über die soziale Lage »auf der Straße« lebender Menschen in Hamburg. Hamburg. Online verfügbar unter https://www.hamburg.de/obdachlosigkeit/1715490/obdachlosen studie-hamburg-2009/, zuletzt geprüft am 31. 07. 2020.

Schagen, U. & Schleiermacher, S. (2005): 100 Jahre Geschichte der Sozialhygiene, Sozialmedizin und Public Health in Deutschland. Eine Dokumentation der Deutschen Gesellschaft für Sozialmedizin und Prävention. Berlin.

Scheffler, J. (2005): Wohnungslosenhilfe. Online verfügbar unter https://www.diakonie.de/wohnungslosenhilfe, zuletzt geprüft am 24. 07. 2020.

Schilcher, E. (2020): Strukturelle Entlastung durch die Seniorenhilfe. In: OBDACH e. V. (Hg.): Jahresbericht 2019. Heidelberg, S. 6–7.

Schwarzenau, M. (2002): Medizinische Versorgung Wohnungsloser in Deutschland – wo stehen wir? In: Wohnungslos 44 (1), S. 1–6.

Senatsverwaltung für Gesundheit, Pflege und Gleichstellung (Hg.) (2020): Clearingstelle für nicht krankenversicherte Menschen. Online verfügbar unter https://www.berlin.de/sen/gesundheit/themen/migrantinnen-und-migranten-ohne-krankenversicherung/clearingstelle/, zuletzt geprüft am 05. 07. 2020.

Senatsverwaltung für Gesundheit und Soziales (Hg.) (2007): Leistungsbeschreibungen für Projekte der Wohnungslosenhilfe und der Straffälligenhilfe in Berlin. Berlin. Online verfügbar unter https://www.berlin.de/sen/soziales/_assets/besondere-lebenssituationen/wohnungslose/11_lv_leistungsbeschreibungen_2012.pdf, zuletzt geprüft am 31. 07. 2020.

Siegrist, J. (2005): Medizinische Soziologie. München, Jena: Elsevier Urban & Fischer.

Siegrist, J. & Marmot, M. (Hg.) (2008): Soziale Ungleichheit und Gesundheit. Erklärungsansätze und gesundheitspolitische Folgerungen. Bern: Huber.

Simpfendörfer-Girmond, C. (2018): Man darf die Hoffnung niemals aufgeben. In: OBDACH e. V. (Hg.): Jahresbericht 2017. Heidelberg, S. 15–16.

Simpfendörfer-Girmond, C. (2019): Perspektiven entwickeln – Integration und Teilhabe durch Beschäftigung. In: OBDACH e. V. (Hg.): Jahresbericht 2018. Heidelberg, S. 6–7.

SkF e. V. (Hg.) (2020): Duschmobil für Frauen. Online verfügbar unter https://skf-berlin.de/offene-sozialarbeit/wohnungslose-frauen/duschmobil-fuer-frauen/, zuletzt geprüft am 05. 07. 2020.

Sorge, P. (2019): Obdachlose nicht erfasst. In: Rhein-Neckar-Zeitung vom 11. 01. 2019.

Stadt Ulm (Hg.) (2019): Sitzung des Fachbereichsausschusses Stadtentwicklung, Bau und Umwelt – Vorlage zur Wohnungsdebatte.

Statistisches Bundesamt (Hg.) (2018): Statistisches Jahrbuch, 2018. Deutschland und Internationales. Wiesbaden.

Statistisches Bundesamt (Hg.) (2019): Anteil der von Armut und sozialer Ausgrenzung bedrohten Menschen in Deutschland stabil. Wiesbaden. Online verfügbar unter https://www.destatis.de/DE/Presse/Pressemitteilungen/2019/10/PD19_419_639.html, zuletzt geprüft am 26. 07. 2020.

Steffen, A. & Henke, J. (2018): Strategien sozialräumlicher Integration von Wohnungslosen. (FGW-Studie Integrierende Stadtentwicklung, 5). Düsseldorf: Forschungsinstitut für gesellschaftliche Weiterentwicklung e. V. (FGW).

Steiger, I. (2010): Die Auswirkungen von Wohnungslosigkeit auf die Gesundheit und den Zugang in das Gesundheitssystem. Dissertation. Universitätsmedizin Berlin, Berlin.

Steiger, I. (2012): Medizinische Tafeln – medizinische Primärversorgung der Zukunft für Arme? In: Gillich, S. & Keicher, R. (Hg.): Bürger oder Bettler. Soziale Rechte von Menschen in Wohnungsnot im Europäischen Jahr gegen Armut und soziale Ausgrenzung. Wiesbaden: VS Verlag für Sozialwissenschaften, S. 209–220.

Süddeutsche Zeitung (2019): Mehr Menschen nutzen Hilfsangebote für Wohnungslose. Online verfügbar unter https://www.sueddeutsche.de/leben/soziales-stuttgart-mehr-menschen-nutzen-hilfsangebote-fuer-wohnungslose-dpa.urn-newsml-dpa-com-20090101-190222-99-95806, zuletzt geprüft am 31. 07. 2020.

Talman, I., Krebs, J. & Jankowiak, F. (2018): Wohnungslose Frauen mit Gewalterfahrungen. In: ASH Berlin (Hg.): Handbuch Wohnungslosenhilfe, S. 27–30.

Tambour, I. (2019): Der große Irrtum. In: Publik Forum (6).

Tießler-Marenda, E. (2016): Rechte von EU-Bürgern – in der Praxis mangelhaft. In: Neue Caritas (08).

Trabert, G. (1995): Gesundheitssituation (Gesundheitszustand) und Gesundheitsverhalten von alleinstehenden, wohnungslosen Menschen im sozialen Kontext ihrer Lebenssituation. Bielefeld: VSH-Verlag Soziale Hilfe.

Trabert, G. (2013): Das »Mainzer Modell« zur gesundheitlichen Versorgung wohnungsloser Menschen. In: Buttner, P. (Hg.): Wohnungslosenhilfe vor neuen Herausforderungen. Berlin: Dt. Verein für Öffentliche und Private Fürsorge, S. 51–57.

Trabert, G. (2010): Medizinische Versorgung wohnungsloser Menschen – ein vergessenens Thema?! In: Gillich, S. & Nagel, S. (Hg.): Von der Armenhilfe zur Wohnungslosenhilfe – und zurück? Gründau-Rothenbergen: TRIGA – der Verlag, S. 102–106.

Veith, G. & Schwindt, W. (1983): Medizinischer Beitrag zur Rehabilitation Nichtsesshafter. In: Gefährdetenhilfe 25 (4), S. 5–8.

Voigts, H. (2018a): Neues Hüttendorf im Gutleutviertel. In: Frankfurter Rundschau (78/2018).

Voigts, H. (2018b): Von Köln lernen. In: Frankfurter Rundschau 4. 9. 2018.

Voigts, H. (2020): Stadt Frankfurt hält Obdachlosen-Studie seit 2018 unter Verschluss – nun gibt es Streit (03.03.2020). Online verfügbar unter https://www.fr.de/frankfurt/frankfurt-stadt-haelt-obdachlosen-studie-unter-verschluss-sorgt-streit-13569609.html, zuletzt geprüft am 25.07.2020.

Völlm, B., Becker, H. & Kunstmann, W. (2004): Prävalenz körperlicher Erkrankungen, Gesundheitsverhalten und Nutzung des Gesundheitssystems bei alleinstehenden wohnungslosen Männern: eine Querschnittsuntersuchung. In: International Journal of Public Health 49 (1), S. 42–50.

Waltz, E. (1981): Soziale Faktoren bei der Entstehung und Bewältigung von Krankheit. In: Badura, B. (Hg.): Soziale Unterstützung und chronische Krankheit. Zum Stand sozialepidemiologischer Forschung. Frankfurt am Main: Suhrkamp (Edition Suhrkamp), S. 40–118.

Zeit Online (Hg.) (2020): Berlin zählt 1976 obdachlose Menschen, 07.02.2020. Online verfügbar unter https://www.zeit.de/gesellschaft/2020-02/obdachlosenzaehlung-berlin-wohnungslosigkeit-sozial verbaende-ergebnisse, zuletzt geprüft am 25.07.2020.

Zick, A., Klein, A., Groß, E., Hövermann, A. & Küpper, B. (2014): Fragile Mitte – feindselige Zustände. Rechtsextreme Einstellungen in Deutschland 2014. Bonn: Dietz.

# Die Autoren

*Sarah Morr* war nach ihrem Studium der Sozialwissenschaften und Sozialen Arbeit in der ambulanten Wohnungslosenhilfe beschäftigt, wo sie auch die aufsuchende pflegerische Sprechstunde begleitet hat. Seit 2018 ist sie in der Straffälligenhilfe tätig.
Kontakt: s.morr@gmx.de

*Dr. Alex Füller*, ehemaliger Vorstand von OBDACH e. V., arbeitete als Medizinsoziologe an der Universität Freiburg und war Leiter der Abteilung Gesundheitsförderung der Stadt Heidelberg. Als Lehrbeauftragter beschäftigte er sich mit den Themen Armut und Obdachlosigkeit.
Kontakt: alex_fueller@gmx.de